lonely planet

Provenza y la Costa Azul

Chrissie McClatchie, Michael Frankel y Ashley Parsons

SUMARIO

Puesta a punto

En ruta

Fête du Citron (p. 70), Menton.

Saint-Tropez (p. 104).

Niza (p. 54).

Guía práctica

Para saber más

Parc National du Mercantour (p. 244).

PROVENZA Y LA COSTA AZUL

EL VIAJE EMPIEZA AQUÍ

Están la Provenza y la Costa Azul de las revistas y las redes sociales: amplias llanuras de lavanda y sombrillas en la playa junto al azul Mediterráneo. Y luego están la Provenza y la Costa Azul que muchos quizá no hayan visto: estaciones de esquí poco conocidas y pueblos alpinos con interesantes tradiciones rurales.

Chrissie McClatchie

@chrissie_mcclatchie

Chrissie, hija de francesa, creció en Australia. Durante su infancia, pasó muchas vacaciones en el sur de Francia. Poco después de licenciarse en la universidad, se mudó a Niza y, 15 años más tarde, sigue allí.

Mi experiencia favorita
Una escapada de fin de semana al **Parc National du Mercantour** (p. 244), donde puedo cambiar las aglomeraciones de la costa por senderos alpinos solitarios en menos de 90 min. Una maravilla.

RINCONES FAVORITOS

Nuestros autores eligen los lugares que, en su opinión, definen Provenza y la Costa Azul.

HEMIS /ALAMY STOCK PHOTO ©

Mi experiencia favorita es ir en bicicleta por los **montes de Vaucluse** (p. 208). Hay menos tráfico que en otras zonas del Luberon, con muchas carreteritas que te permiten ir de un pueblo a otro. Me encantan los valles salvajes y las colinas de este lado de los montes, y pueblos tranquilos como **Venasque** (p. 208), apartados de las rutas habituales de los viajeros.

Ashley Parsons

@enselle.voyage

Ashley escribe sobre aventuras y viajes. Vive entre Provenza y los Alpes franceses. Se pueden seguir sus viajes a caballo, en bicicleta, a pie o en tren.

STEPHANE DEBOVE/SHUTTERSTOCK ©

Mi experiencia favorita es un almuerzo a base de navajas y vino en **Les Goudes** (p. 141), seguido de un paseo por el campo y un chapuzón en el Mediterráneo.

Michael Frankel

Michael es un redactor freelance *que vive en Marsella. Le encanta el leve chasquido de la puerta de una habitación de hotel a sus espaldas mientras baja a la calle.*

Châteauneuf-du-Pape
Catar el vino preferido de los papas (p. 188)

Mont Ventoux
Coronar una montaña rodeada de leyenda (p. 196)

Arlés
Quedar deslumbrado por LUMA Arles (p. 161)

Aix-en-Provence
Hacerse un sitio en el mejor panorama cafetero provenzal (p. 151)

Marsella
Zarpar al atardecer hacia las famosas *calanques* (p. 136)

FRANCIA
ITALIA
Moustiers-Ste-Marie
Aspirar el aroma de los campos de lavanda (p. 242)
Mónaco
Saborear el pescado del último pescador de Mónaco (p. 92)
La Mortice
Lago de Serre-Ponçon
St-Paul-sur-Ubaye
Le Lauzet-Ubaye
Barcelonnette
L'Ubaye
La Tête de la Sestrière
La Foux d'Allos
St-Étienne-de-Tinée
Mont Mounier
Punta Marguareis
Col de Tende
Barles
Reserve Geologique de Haute Provence
Parc National du Mercantour
Bléone
Guillaumes
Le Boreon
Tende
Thorame-Haute
Col de St-Michel
Mont Bégo
Digne-les-Bains
Gorges de Dalluis
Annot
Var
Villars-sur-Var
St-Andre-les-Alpes
Gorges de la Vésubie
l'Arpette
Lago de Castillon
FRANCIA
Auvestre
St-Martin du Var
Menton
Collet Barris
Rougon
Loup
Èze
MÓNACO
Parc Naturel Régional du Verdon
Verdon
Bargème
La Colle Loubière
Niza
Gran llanura de Canjuers
Grasse
St-Laurent-du-Var
Costa Azul
Montmeyan
Châteaudouble
Antibes
Lago de St-Cassien
Cannes
Col de la Grange
Mt Vinaigre
Cotignac
Islas de Lérins
Le Muy
Châteauvert
Argens
Agay
St-Raphaël
Le Luc
Les Issambres
Niza
Sumergirse en detalles de la belle époque (p. 54)
La Sauvette
Golfo de Saint-Tropez
Macizo de Maures
Saint-Tropez
Cuers
Collobrières
Domaine du Rayol
Costa Azul
Hyères
Bormes-les-Mimosas
Mar Mediterráneo
Puerto de Hyères
Porquerolles
Isla de Porquerolles
Caminar, pedalear y bañarse en un paraíso mediterráneo (p. 114)
Bormes-les-Mimosa
Viajar entre las flores en invierno (p. 119)

TINTO, BLANCO Y ROSADO

La tradición vinícola de Provenza se remonta a los antiguos griegos, quienes plantaron las primeras viñas de Francia en los aledaños de la recién fundada Massalia (Marsella). Ahora, más del 80% del vino que se hace aquí es rosado, que fluye todo el año en las terrazas soleadas. Pero la producción de la región no se reduce a este color, sino que se extiende de los tintos intensos de Vaucluse a los sofisticados blancos de Niza.

Visitar viñedos

Hay que llamar con antelación para asegurarse de que habrá alguien para recibir a los visitantes, especialmente en los viñedos más pequeños. Las catas suelen ser de pago.

Espíritu cooperativo

Si se tiene poco tiempo pero apetece conocer los vinos de la región, se recomienda visitar una cooperativa vinícola local.

La hora del 'rosé'

Para ir al corazón del rosado de Provenza, hay que visitar la Maison des Vins de Côtes de Provence en Les-Arcs-sur-Argens.

Châteauneuf-du-Pape (p. 188).

LAS MEJORES EXPERIENCIAS VINÍCOLAS

Probar los elixires de los papas medievales en **Châteauneuf-du-Pape** ❶ (p. 188) y llevarse a casa alguno; estos tintos complejos mejoran con el tiempo.

Dejarse hechizar por el Beaumes-de-Venise en el **Domaine de Ferme St-Martin** ❷ (p. 193), en Ventoux. Degustaciones dirigidas por un sumiller y un hipnotizador.

Admirar las magníficas vistas desde el **Domaine des Masques** ❸ (p. 158), a 15 km de Aix-en-Provence.

Conocer una pequeña comunidad monástica con gran tradición vitivinícola en la **isla de St-Honorat** ❹ (p. 80), en la costa de Cannes.

Decidir si Coco Chanel realmente encontró la inspiración para su icónico logotipo en el **Château de Crémat** ❺ (p. 63), en las colinas de Niza.

Gorges du Verdon (p. 238).

MUNDOS ACUÁTICOS

El sosegado Mediterráneo es precioso, pero se puede hacer mucho más que admirar las vistas. Las actividades dependen del estado de ánimo: tardes relajadas en un velero, baños tranquilos en islas vírgenes con gafas y tubo de buceo o inmersiones más profundas para ver pecios.

Temporada

La Semana Santa se ha considerado siempre el inicio de la temporada de submarinismo, que llega hasta octubre. Los barcos amarran en invierno, aunque los vecinos nadan todo el año.

'Pointus'

Los vistosos *pointus* son las barcas de pesca de madera típicas de la región. Se pueden ver en los puertos desde Marsella a Menton.

LAS MEJORES EXPERIENCIAS ACUÁTICAS

Navegar en busca de delfines en la réplica de un velero del s. XVI en **St-Jean-Cap-Ferrat** ❶ (p. 70).

Relajarse en un yate o dar una vuelta en un catamarán tripulado en el **golfo de Saint-Tropez** ❷ (p. 104).

Llevar material de buceo al **Écomusée Sous-Marin de Cannes** ❸ (p. 81), donde hay esculturas en el fondo marino.

Descender por los rápidos de las **Gorges du Verdon** ❹ (p. 238), lo mejor en *rafting* y barranquismo de Provenza.

Izar las velas y disfrutar de un *brunch* vegetariano a bordo del *pointu Coco*, que zarpa de **Marsella** ❺ (p. 141).

VIDA URBANA

Desde el ambiente cosmopolita de Marsella al glamur de Mónaco, los bulliciosos centros urbanos de Provenza y la Costa Azul son fascinantes. En ellos se puede degustar cocina creativa, buscar arte callejero o pasar horas a la sombra en la terraza de un café. Hay historia a raudales, pero también una muestra de lo que depara el futuro.

El principado

Con unas dimensiones inferiores a dos veces el parque del Retiro y una población de unos 36 000 habitantes, Mónaco es el segundo país más pequeño del mundo y uno de los más densos (p. 92).

Hora dorada

Las mesas de las terrazas se llenan sobre las 17.00 con grupos de amigos tomando un *apéritif*, conocido coloquialmente como *apéro* (p. 62).

Cerveza artesana

Hay un interesante panorama de cerveza artesana. Se recomienda explorar las cervezas locales hechas con ingredientes regionales, como limones de Menton (p. 70).

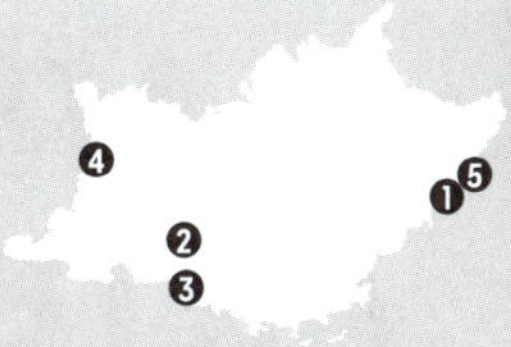

LAS MEJORES EXPERIENCIAS URBANAS

Levantarse con apetito en **Niza** ❶ (p. 60); desde cruasanes a la lavanda hasta tostadas con aguacate, hay una oferta cada vez mayor de desayunos creativos y *brunchs*.

Descubrir la cultura cafetera en una de las muchas terrazas de **Aix-en-Provence** ❷ (p. 153). Se recomienda llevar gafas de sol para observar a todo el que pasa.

Encontrarse rodeado de arte urbano en el **Cours Julien de Marsella** ❸ (p. 136), donde un *apéro* al atardecer puede llevar a una noche de fiesta.

Conseguir plaza en un bar con encanto de **Rue des Teinturiers de Aviñón** ❹ (p. 185) y disfrutar de la *happy hour*.

La noche del viernes, unirse a la multitud que sale del trabajo para tomar unas copas y cerveza ecológica en la **Brasserie de Monaco** ❺ (p. 97), en el puerto.

ARTE Y ARTESANÍA

Cézanne en Aix-en-Provence, Van Gogh en Arlés, Matisse y Chagall en Niza y Picasso en todas partes. La calidad de la luz y la forma en que colorea el paisaje han convertido Provenza en musa de maestros. Se pueden admirar sus obras en museos, capillas o en las casas que habitaron. Además, se recomienda descubrir otras tradiciones artísticas y artesanas, desde cerámica hasta galerías al aire libre, pasando por los pigmentos de la naturaleza.

Arte y naturaleza

La Route de l'Art Contemporain es una ruta artística al aire libre en la prehistórica Réserve Géologique de Haute-Provence, que empieza en Digne-les-Bains (foto, arriba, p. 234).

Una apuesta segura

Antes de que lleguen los jugadores a las 14.00, el Casino de Montecarlo abre a las visitas sus lujosos salones de juego de la *belle époque* (p. 96).

Hecho a mano

Sandalias de piel en Saint-Tropez, pastillas de *savon de Marseille* en Salon-de-Provence y cerámica de Vallauris son recuerdos preciados.

DESDE IZDA.: PHOTONATUREPAYSAGE/SHUTTERSTOCK ©, HORIZON IMAGES/MOTION/ALAMY STOCK PHOTO ©, MISTERSTOCKE/SHUTTERSTOCK ©. ARQUITECTOS: DE FRANK O. GEHRY Y GEHRY PARTNERS, LLP

LUMA Arles (p. 161).

LO MEJOR EN ARTE Y ARTESANÍA

Seguir los pasos de Pablo Picasso, que vivió en el pueblo ceramista de **Vallauris** ❶ (p. 87) y en Mougins.

Admirar el **LUMA Arles** ❷ (p. 161), de Frank Gehry, torre cubierta de acero que es un palacio de la cultura.

Dejarse seducir por los círculos monocromos de la **Fondation Vasarely** ❸ (p. 156) de Aix-en-Provence, dedicada al arte óptico.

Adentrarse en los acantilados ocres, chimeneas, circos glaciares y colinas del **Colorado Provenzal** ❹ (p. 218).

Codearse con los esnobs viendo la última exposición de arte en **Villa Noailles** ❺ (p. 113) mientras se admiran las vistas de Hyères.

MARCO BOTTIGELLI/GETTY IMAGES ©

Calanque d'En-Vau((p. 147).

ISLAS Y 'CALANQUES'

Es hora de descalzarse en playas de arena blanca y bañarse en aguas someras. Los ferris locales llevan a varias islas soleadas, tranquilas y sin coches. En tierra firme, no hay que perderse las maravillosas *calanques* (calas estrechas) de Marsella.

My Calanques

La *app* My Calanques ofrece rutas de senderismo, actualizaciones de tráfico, guías de flora y fauna e información práctica.

Sin plásticos ni basura

En las islas de Lérins, en Cannes, no hay papeleras; hay que llevarse la basura que se genere. A las islas Hyères hay que llevar agua.

LO MEJOR EN ISLAS Y 'CALANQUES'

Asolearse en las playas de ensueño de la **isla de Porquerolles** ❶ (p. 114), en Hyères.

Tomar el ferri hasta el Château d'If y las **islas de Frioul** ❷ (p. 142), islotes rocosos de la bahía de Marsella.

Sentirse como un náufrago pasando el día en la **Calanque d'En-Vau** ❸ (p. 147).

Montarse en el Train de la Côte Bleue y recorrer la costa de Marsella hasta la **Calanque du Jonquier** ❹ (p. 150).

Cambiar el ajetreo de Cannes por las sendas entre pinos de las **islas de Lérins** ❺ (p. 80), tras un corto trayecto en ferri.

PUEBLOS DE INTERIOR

Los constructores medievales sabían hacer edificios duraderos: los pueblos provenzales de la campiña son testigo de muchos siglos de historia y han resistido guerras e invasiones. Hoy, la única amenaza para la paz son los autobuses turísticos en verano, aunque muchos pueblos del interior siguen siendo muy tranquilos.

Buscar este distintivo

Les Plus Beaux Villages de France reconoce los pueblos más bonitos de Francia; hay 18 (de momento) en Provenza y la Costa Azul (p. 72).

Bistrot de Pays

La organización Bistrot de Pays fomenta bistrós rurales que sirven productos locales a precios razonables (p. 235).

Inaccesibles

En la Alta Edad Media, los habitantes de la costa se trasladaron a las cimas de las colinas para defenderse de los ataques sarracenos.

LAS MEJORES EXPERIENCIAS EN PUEBLOS

Probar la gastronomía de **Saignon** ❶ (p. 210), un tranquilo pueblo en lo alto de Apt con restaurantes de primera categoría.

Esconderse en **Cotignac** ❷ (p. 123), un pueblo encantador de Provence Verte con una atractiva oferta gastronómica y cultural.

Subir a **Ste-Agnès** ❸ (p. 72), el pueblo costero más alto de Europa, con su jardín medieval en unas ruinas del s. x.

Instalarse en **Moustiers-Ste-Marie** ❹ (p. 242) para visitar los campos de lavanda de la meseta de Valensole y los talleres de cerámica.

Recorrer en el Train des Merveilles una ruta cinematográfica de Niza a **Tende** ❺ (p. 74), un pueblo alpino en el rincón más oriental de Francia.

ENTORNO NATURAL

En Provenza y la Costa Azul, nunca se está demasiado lejos de la naturaleza. Se pueden recorrer a pie escarpados senderos costeros, nadar en el mar cristalino, ir a reservas de montaña para observar la fauna o subir en bicicleta a cumbres majestuosas. En las Gorges du Verdon, deporte y naturaleza se unen entre escarpados acantilados calizos sobre aguas turquesas.

Animales a la vista

Pueden verse marmotas, rebecos o cabras salvajes en el Parc National de Mercantour, buitres en las Gorges du Verdon y mariposas por Dignes-les-Bains (p. 243).

Límite de visitantes

Para preservar virgen la isla de Porquerolles, se limitan los visitantes a 6000 al día de finales de junio a principios de agosto (p. 114).

Ver las estrellas

La baja contaminación lumínica convierte los Alpes de Alta Provenza en un lugar ideal para contemplar las estrellas (p. 234).

Flamencos en el Parc Naturel Régional de Camargue (p. 169).

LAS MEJORES EXPERIENCIAS NATURALES

Enfrentarse al ascenso soñado por muchos ciclistas, el ventoso **Mont Ventoux** ❶ (p. 196), con siglos de tradición.

Ver fósiles en la **Réserve Géologique de Haute-Provence** ❷ (p. 234), la mayor reserva geológica protegida de Europa.

Recorrer las profundas **Gorges du Verdon** ❸ (p. 237) a pie, en bicicleta, en coche, haciendo *rafting* o barranquismo.

Emprender una ruta para observar fauna alpina a solo 1½ h de Niza, en **St-Martin-Vésubie** ❹ (p. 74).

En las salinas y marismas de la **Camarga** ❺ (p. 169) moran flamencos, toros negros y caballos salvajes.

FLORES Y JARDINES

Desde las hileras de lavanda púrpura que se pierden en el horizonte hasta las delicadas fragancias de rosas y jazmines con las que se crean los perfumes más reconocidos del mundo, la identidad de Provenza está entrelazada con su abundancia floral. Es hora de empaparse de olores y tradiciones en sus campos y jardines.

Lavanda y lavandín

La lavanda, algo más gris, crece en las montañas y es clave en muchos perfumes. El lavandín es un híbrido de tallo largo usado para perfumar productos domésticos.

Ritual de primavera

Los jardines de la Costa Azul se abren a los visitantes durante un mes en el Festival des Jardins de la Côte d'Azur (abril).

Poder púrpura

Tourrettes-sur-Loup, el pueblo de las violetas, se cubre de púrpura a principios de marzo en la anual Fête des Violettes (p. 86).

Campos de lavanda, Provenza (p. 210).

LO MEJOR EN FLORES Y JARDINES

No hay que perderse los **campos de lavanda** ❶ (p. 210), pero conviene elegir visitas sostenibles.

Emprender la **Route du Mimosa** ❷ (p. 119), un viaje de 130 km por la costa entre flores amarillas.

Oler las mejores flores del mundo en los **Jardins du Musée International de la Parfumerie** ❸ (p. 88).

Hallar sosiego en Mónaco en la **Roseraie Princesse Grace** ❹ (p. 95), un jardín inglés con más de 6000 rosales.

Pasear por los jardines del **Domaine du Rayol** ❺ (p. 117), con especies de ecosistemas áridos de todo el mundo.

HISTORIA VIVA

Las reliquias de la historia de Provenza y la Costa Azul van desde las primeras huellas de asentamientos humanos talladas en cuevas hasta los anfiteatros romanos o el palacio gótico que albergó el papado medieval. Los edificios de la *belle époque* y los detalles *art déco* cuentan cómo la costa sureste de Francia se convirtió en un destino para los primeros viajeros.

Cañonazo al mediodía

Cada mediodía, en Niza se escucha un cañón, tradición que se remonta a finales del s. XIX. Hoy, es pirotecnia (p. 56).

Campeones

El Olympique de Marsella (OM) es el único equipo de fútbol francés que ha ganado la Liga de Campeones (p. 140).

Una historia verdadera

Se pueden seguir las idas y venidas de los emigrantes de Barcelonnette en el Musée de la Vallée y en las villas mexicanas del pueblo (p. 244).

Pont St-Bénézet (p. 186).

LAS MEJORES EXPERIENCIAS HISTÓRICAS

Pasear por las calles Patrimonio Mundial de **Niza** ❶ (p. 54) y retroceder a una época en la que el invierno era la temporada alta para viajar.

Seguir las capas del tiempo en el **Palais Princier de Monaco** ❷ (p. 94), cuya restauración está revelando frescos renacentistas.

Investigar los 40 000 enigmáticos grabados rupestres de la Edad de Bronce del **Vallée des Merveilles** ❸ (p. 74).

Sentir el legado romano en las calles de **Arlés** ❹ (p. 164), que fue un centro económico, político y cultural de un imperio en expansión.

Perderse en las iglesias, jardines y abadías de la época en la que el papado cambió Roma por **Aviñón** ❺ (p. 186).

SABORES DE PROVENZA

Ya se busque alta gastronomía o comida callejera, se disfrutará con las cocinas de Provenza y la Costa Azul. Marsella aglutina sabores globales, mientras que los chefs de Niza reinventan la cocina tradicional. En la costa predominan los sabores frescos y de temporada; en el interior, el aire de la montaña crea platos contundentes. A cualquier hora, siempre alguien trae algo nuevo a la mesa.

Oro negro

El 70% de las trufas francesas proceden de Vaucluse, y Carpentras es su capital. La temporada va de mediados de noviembre a mediados de marzo (p. 190).

Mercados

En Provenza se organizan desde aromáticos eventos semanales hasta mercados especializados en un producto.

¿Quién lo hace mejor?

¿El mejor *panisse* (bastones fritos de garbanzos) es el de Marsella o el de Niza? Habrá que probarlos para decidir.

Arroz de la Camarga (p. 170).

LO MEJOR EN GASTRONOMÍA

Saborear una cocina rural olvidada en **Auberge St Martin** ❶ (p. 76), en La Brigue.

Confundir al paladar con un helado de vainilla con sabor a carbón en **Vanille Noire** ❷ (p. 139), Marsella.

Conocer el arroz de la Camarga en la **Maison du Riz** ❸ (p. 170). Se puede pernoctar.

Entonarse tras un día en las pistas con una **'fondue de l'Ubaye'** ❹ (p. 245), con tres quesos alpinos.

Degustar la captura del último pescador de Mónaco, Eric Rinaldi, en la **Pêcherie U Luvassu** ❺ (p. 98).

REGIONES Y CIUDADES

Lugares para todos los gustos.

Vaucluse y el Luberon

MONTAÑAS, VINO Y SOL

Aviñón mezcla historia papal con teatro moderno. El bello Gordes condensa la esencia de Provenza. Los ciclistas adoran el ascenso al Mont Ventoux o recorrer tranquilos caminos rurales entre campos de lavanda perfumados. Se puede llenar el cesto de productos frescos en los mercados de Carpentras o hacer catas en Châteauneuf-du-Pape.

p. 178

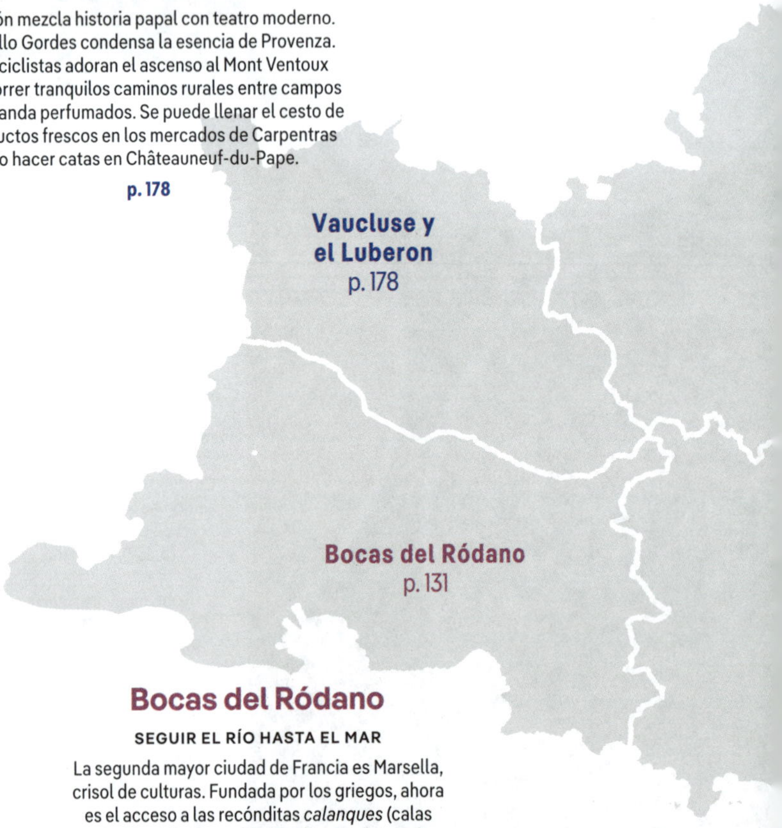

Bocas del Ródano

SEGUIR EL RÍO HASTA EL MAR

La segunda mayor ciudad de Francia es Marsella, crisol de culturas. Fundada por los griegos, ahora es el acceso a las recónditas *calanques* (calas estrechas). Luego están la cultura cafetera de Aix-en-Provence, los humedales de la Camarga, los monumentos romanos de Arlés y paisaje que inspiró a Van Gogh y a Cézanne.

p. 131

Alpes de Alta Provenza

DE VALLES ALPINOS A CAMPOS DE LAVANDA

Se puede vivir una aventura trepidante en las Gorges du Verdon, recorrer una vía *ferrata* en Digne-les-Bains, seguir huellas fosilizadas en la Réserve Géologique de Haute-Provence y esquiar en el valle de Ubaye. Los Alpes ofrecen un aspecto inusitado de Provenza.

p. 227

Costa Azul y Mónaco

DONDE LA MONTAÑA SE ENCUENTRA CON EL MEDITERRÁNEO

Niza es una gran ciudad que ofrece de todo, y Cannes y Mónaco rezuman glamur. Mougins, Èze y otros pueblecitos esconden estudios de artistas y buena gastronomía. Los jardines de Grasse perfuman el mundo. Y las montañas están muy poco concurridas.

p. 48

Var

PLAYAS, PUEBLOS CIMEROS Y MAR

De los ostentosos clubes de playa de Saint-Tropez al relajado ambiente surfista de la península de Giens, en Hyères, Var tiene playas para todos los gustos. Los viñedos del interior producen vino rosado pálido y Provence Verte aglutina pueblos elegantes y exuberantes paisajes verdes.

p. 100

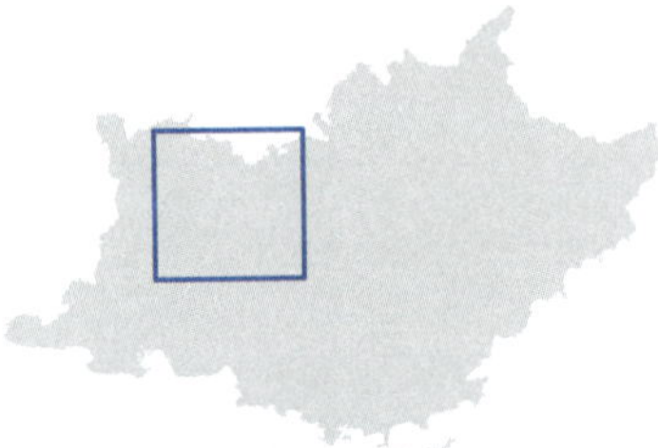

ITINERARIOS

Pueblos cimeros y mercados

Duración: 5 días **Distancia:** 105 km

Vaucluse y el Luberon son la quintaesencia de Provenza: lindos pueblos sobre las colinas, llanuras sembradas de viñedos, mercados bulliciosos y carreteras rurales por donde circulan viejos 2CV. Desde Carpentras, una carretera serpentea hacia el este pasando por pueblos antiguos, abadías rodeadas de lavanda, paisajes ocres e iglesias con frescos, antes de llegar al bello pueblo de Reillanne.

1

CARPENTRAS 1 DÍA

La ruta por el Luberon empieza con un festín gastronómico en las plazas sombreadas de **Carpentras** (p. 190), donde el aire huele a trufas y a fresas frescas (dependiendo de la estación). Todos los viernes se celebra un animado mercado. Y por la tarde se puede pasear entre los soleados viñedos del Ventoux, muy cerca en coche.

2

L'ISLE-SUR-LA-SORGUE 1 DÍA

Con sus adoquines y sus canales, **L'Isle-sur-la-Sorgue** (p. 202) rebosa encanto provenzal. Las barcas de madera *nègo-chin* y las norias son testimonio del pasado del pueblo, y las tiendas de antigüedades de sus estrechas calles denotan su estatus como uno de los principales destinos de Francia en la materia.

Desvío: *descubrir el nacimiento del río Sorgues en Fontaine-de-Vaucluse.* *5 h*

3

GORDES 1 DÍA

En un país donde no escasean los pueblos bonitos, **Gordes** (p. 206) suele votarse como el más atractivo, aunque habrá que compartir los callejones con las oleadas de turistas en pleno verano. Se recomienda caminar los 3 km que hay hasta la abadía de Notre-Dame de Sénanque, del s. XII, rodeada de lavanda.

4

COLORADO PROVENZAL ⏱1 DÍA

Se evita el calor saliendo temprano al **Colorado Provenzal** (p. 218), un paisaje espectacular de chimeneas y rocas desérticas teñidas de naranja, carmesí y óxido entre Roussillon y Rustrel. Fue una cantera de ocre entre 1880 y 1960. Hoy es un destino de senderismo con dos sendas aptas para familias (sin cochecitos). Obligatorio llevar botas de montaña, gorro, crema solar y agua.

5

SAIGNON ⏱½ DÍA

Epítome de la vida provenzal tradicional, el precioso pueblo de **Saignon** (p. 210) por encima de Apt, tiene vistas del Luberon y el Mont Ventoux; las mejores se obtienen siguiendo un sendero corto hasta las ruinas del castillo y el Rocher de Bellevue. Al bajar, pueden admirarse los frescos del interior de la iglesia de Notre-Dame de Pitié, del s. XII. En el pueblo se puede comprar comida.

6

REILLANNE ⏱½ DÍA

Cabe terminar el viaje en el Café du Cours, un animado restaurante-cafetería en el centro de **Reillanne** (p. 211) con una popular programación de música en directo. El Grand Marché de Reillanne de los domingos es uno de los mejores mercados de la región, con un festín de productos kilómetro cero: aceite de oliva, huevos de granja, garbanzos y tomates.

Moustiers-Ste-Marie (p. 242).

ITINERARIOS

Corazón alpino de Provenza

Duración: 6 días **Distancia:** 214 km

Carreteras poco concurridas se adentran en la región de Alpes de Alta Provenza. Se atraviesan mesetas soleadas cubiertas de lavanda, se contemplan los brillantes cielos nocturnos, se preparan aventuras trepidantes y se reponen fuerzas en baños termales, en una ruta fascinante desde el norte de Banon a Barcelonnette.

1

BANON ½ DÍA

Se empieza esta ruta de interior en **Banon** (p. 235), un bello pueblo en una colina con vistas a los campos de lavanda. Es conocido por su queso de cabra homónimo, envuelto en hoja de castaño. Se puede conseguir en el mercado matutino del martes o el sábado; y si se añade una *baguette*, tomates, embutidos y fruta de temporada... *voilà* un picnic *à la provençale!*

2

ST-MICHEL-L'OBSERVATOIRE ½ DÍA

El pueblecito de **St-Michel-l'Observatoire** (p. 234) es ideal para observar las estrellas. Se puede intentar ver constelaciones a simple vista, o bien pasar una noche de verano en compañía de los astrónomos (de habla inglesa) del Centre d'Astronomie.

Desvío: *observar aves de presa desde el sendero señalizado de 13 km que empieza y termina en Revest-des-Brousses. 3 h*

3

VALENSOLE 1 DÍA

Durante unas semanas a finales de junio y principios de julio, la meseta de **Valensole** (p. 240), de 800 km², queda bañada por los tonos púrpura de la lavanda. Las granjas están abiertas todo el año para visitar las destilerías, comprar recuerdos y explicar las diferencias entre los dos cultivos principales de la región: lavanda y lavandín.

4

MOUSTIERS-STE-MARIE 2 DÍAS

El pueblo de **Moustiers-Ste-Marie** (p. 242), acurrucado entre riscos, desprende encanto provenzal. Se recomienda dedicar un día a recorrer sus calles empedradas y a aprender más sobre la cerámica tradicional. El segundo día, se sale temprano para explorar las Gorges du Verdon, ya sea a pie, en bicicleta, haciendo *rafting* o barranquismo.

5

DIGNE-LES-BAINS 1 DÍA

Cada uno elige su propia aventura en **Digne-les-Bains** (p. 230): o relajarse en las aguas curativas que en su día curaron a los soldados napoleónicos o recorrer la vía *ferrata* que empieza a las afueras. La capital de los Alpes de Alta Provenza fue el hogar de la intrépida viajera Alexandra David-Néel.

6

BARCELONNETTE 1 DÍA

Se contemplan espectaculares vistas alpinas al cruzar los puertos de montaña de camino a **Barcelonnette** (p. 243), un pueblo acogedor lleno de suntuosas villas mexicanas (levantadas por los emigrantes que regresaron de México a finales del s. XIX). Tras una caminata entre pastos, al atardecer se puede degustar una de las famosas *fondues* de tres quesos del valle.

ITINERARIOS

Costa de Provenza

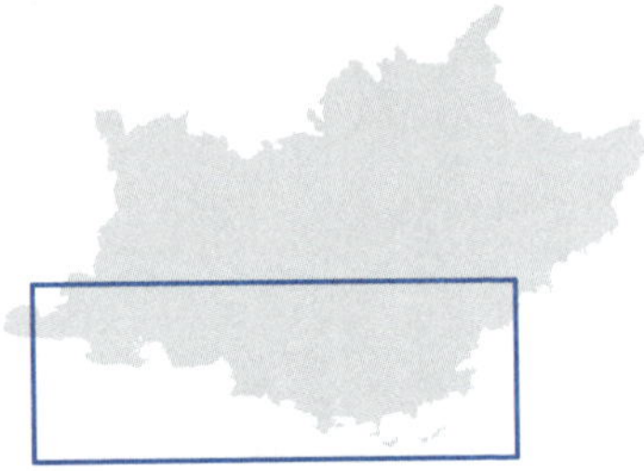

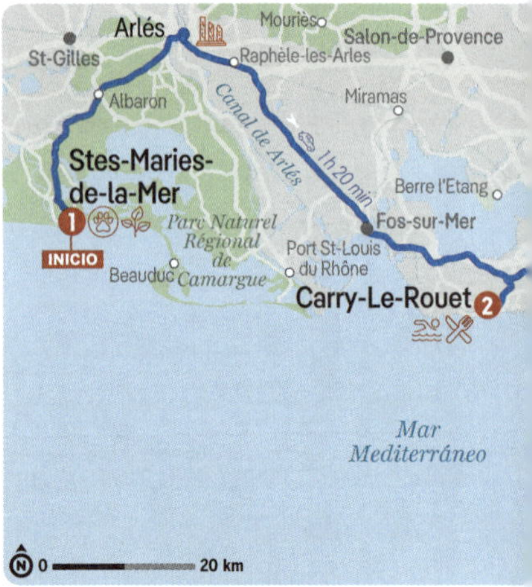

Duración: 7 días **Distancia:** 314 km

La belleza natural y los paisajes diversos de la costa provenzal revelan todo su esplendor en esta ruta litoral a través de las Bocas del Ródano y Var. Al este de Stes-Maries-de-la-Mer se hallan pantanos ventosos llenos de vida silvestre, calas rocosas, pueblos que han recuperado su chispa e interminables playas de arena.

1 STES-MARIES-DE-LA-MER 2 DÍAS

Se empieza en **Stes-Maries-de-la-Mer** (p. 172), una ciudad costera de amplias playas, heladerías y peregrinaciones romaníes, y se alquila una bicicleta para explorar los humedales de la Camarga, con flamencos rosados y jinetes. Los prismáticos desvelarán aves rapaces en el Parc Ornithologique du Pont de Gau.

***Desvío:** detenerse a comer entre historia romana en Arlés. 5 h*

2 CARRY-LE-ROUET 1 DÍA

La siguiente parada es la Côte Bleue (Costa Azul), un tramo costero al oeste de Marsella con pinos, calas de caliza, senderos y cabras montesas. Se duerme en **Carry-Le-Rouet** (p. 150), un tranquilo puerto pesquero que ahora es un popular centro vacacional, ideal para tomar *ourins* (erizos de mar) recogidos a mano, especialmente durante la celebración de las Oursinades (febrero), y bañarse en las aguas del Parc Marin Côte Bleue.

3 CASSIS 1 DÍA

Se omite Marsella para disfrutar del relajado **Cassis** (p. 148), un elegante pueblo de pescadores que permite acceder al majestuoso Parc National des Calanques. Hay que llevar botas (y bañador) para emprender en sendero a Calanque d'En-Vau (ida y vuelta). La recompensa es una copa de vino AOC Cassis, la primera denominación de origen de Provenza, en una terraza frente al mar.

4

HYÈRES ⏱1 DÍA

Mucha gente atraviesa **Hyères** (p. 113) sin parar en la isla de Porquerolles (una pena). Hoy, la moderna galería de arte de Villa Noailles y las diversas opciones gastronómicas están devolviendo la vida a esta ciudad turística. No hay que perderse la medieval *vieille ville* (casco antiguo), por encima del centro.

***Desvío:** dejar el coche para ir a la isla de Porquerolles (p. 114), cerca de Hyères en ferri. ⏱1 día*

5

GRIMAUD ⏱1 DÍA

Port Grimaud dista 7 km de **Grimaud** (p. 109) y se puede ver ambos en un día. El Grimaud medieval se alza sobre el golfo de Saint-Tropez y está lleno de buganvillas; el puerto moderno data de los años sesenta y es un lugar bonito para pasar unas horas paseando por canales y puentes de inspiración veneciana.

***Desvío:** zarpar en los Bateaux Verts para una jornada en Saint-Tropez. ⏱1 día*

6

ST-RAPHAËL ⏱1 DÍA

Este último tramo de carretera (que en invierno forma parte de la Route du Mimosa) pasa por el precioso Ste-Maxime, el animado centro de deportes acuáticos de St-Aygulf y Fréjus, con sus ruinas romanas. Donde termina Fréjus, empieza **St-Raphaël** (p. 112), con una atractiva playa. Se puede llegar a Cannes por la espectacular Corniche d'Or.

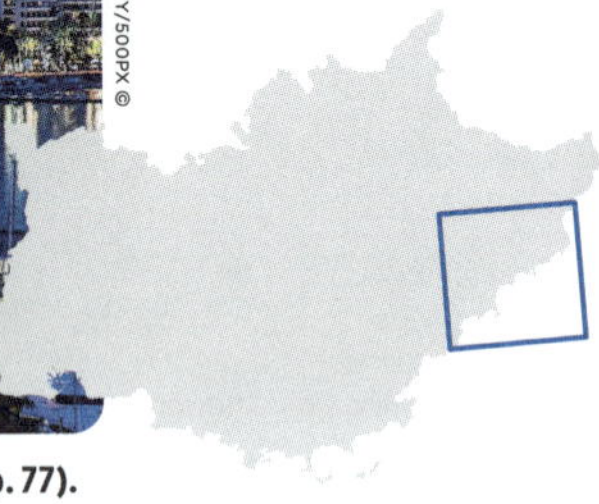

Cannes (p. 77).

ITINERARIOS

Clásicos de la Costa Azul

Duración: 4 días **Distancia:** 97 km

Se suceden los lugares clásicos al recorrer la Costa Azul, empezando en Cannes. El itinerario se adentra en el interior para detenerse en pueblos artísticos rodeados de jardines, y vuelve a la costa hasta la bonita ciudad color pastel de Menton, en la frontera italiana.

1

CANNES ½ DÍA

Se pasa la primera mañana admirando la deslumbrante **Cannes** (p. 77): paseando entre palmeras junto al mar por la Croisette, viendo los superyates del Vieux Port y tomando un tentempié en el Marché Forville, el mercado cubierto. Se sigue hasta Le Suquet, el barrio más antiguo de Cannes, lleno de casas de colores con floridos balcones.

Desvío: *huir del ajetreo en las tranquilas islas de Lérins.* *1 día*

2

MOUGINS ½ DÍA

Las piedras pulidas y las flores omnipresentes hacen de **Mougins** (p. 87) el sueño de un artista. Aquí fue donde Picasso pasó los últimos 12 años de su vida. Se puede echar una ojeada a la casa desde la vecina Chapelle de Notre-Dame, rodeada de cipreses. Y como colofón, tomar una comida *gourmet* en una terraza del casco antiguo.

3

GRASSE 1 DÍA

El viajero puede rodearse de un mundo de fragancias en **Grasse** (p. 88), que se extiende ladera arriba por encima de Cannes. Podrá visitar las magníficas perfumerías y crear su propio aroma, visitar museos interactivos dentro de casas de época y entrar en jardines encantadores donde crecen rosas, jazmines, violetas, iris y otras flores aromáticas.

4

VILLEFRANCHE-SUR-MER 1 DÍA

Se vuelve a la costa en **Villefranche-sur-Mer** (p. 64), un pueblo de pescadores al lado de Niza, tan bonito que sale en muchas revistas de viajes. Es un lugar ideal para hacer de *flâneur* (paseante) por callejuelas teñidas de sol hasta una hilera de restaurantes frente al puerto. Y para combatir el calor, se pueden visitar los cuidados jardines de la imponente Citadelle Saint Elme.

5

ÈZE ½ DÍA

En una costa llena de joyas cautivadoras, el pueblo de **Èze** (p. 64) quizá sea la más deslumbrante. Las sinuosas callejas llevan a la cumbre, donde hay un tranquilo jardín de cactus en las ruinas del antiguo castillo. Hay que asegurarse de tener mucha batería en el teléfono o la cámara: desde arriba, las vistas del mar Mediterráneo son sensacionales.

6

MENTON ½ DÍA

Desafiando los estereotipos de la falta de atractivo de las ciudades fronterizas, **Menton** (p. 70) posee un casco antiguo de tonos pastel que se alza sobre el Mediterráneo. A unos pasos de Italia, ha inspirado a artistas y escritores, y ahora, a estrellas culinarias como el chef Mauro Colagreco. Se puede reservar mesa en uno de sus tres restaurantes (incluido el Mirazur, de tres estrellas) y probar los jugosos limones locales.

STOCKBYM/GETTY IMAGES/ISTOCKPHOTO ©, IVANFIRST/SHUTTERSTOCK ©, GAB90/SHUTTERSTOCK ©

CUÁNDO IR

Muchos visitantes llegan durante las vacaciones llegan de verano, pero para otros el encanto es el invierno soleado o los días cálidos de primavera y otoño.

El invierno fue la temporada alta, sobre todo en Var y la Costa Azul, cuando artistas, aristócratas y demás iban a disfrutar del sol de Año Nuevo. Los meses de invierno siguen teniendo su encanto, desde las pistas de esquí de los Alpes de Alta Provenza hasta la Route du Mimosa de la costa, que en enero se llena de flores doradas. En primavera y otoño se puede respirar aire puro en excursiones por la montaña y rutas en bicicleta, o bien visitar galerías y museos sin aglomeraciones. Quizá parezca que todo el mundo acude al sur de Francia durante el verano en busca de fiesta, generando multitudes en playas y pueblos.

Alojamientos

Los precios de los alojamientos suelen ser más bajos en noviembre y enero, pero aumentan en Navidad y Año Nuevo, así como durante las fiestas de febrero. Los meses de julio y agosto son los más caros, pero se pueden encontrar buenos precios fuera de estas fechas, dependiendo del calendario de eventos locales.

MIRADA LOCAL

Les Filles du Verdon se conocen las Gorges du Verdon perfectamente. *@lesfillesduverdon*

El Verdon es muy popular en verano, pero quien vive aquí sabe que todas las estaciones son mágicas. Nuestra preferida es primavera, cuando despierta la naturaleza. Es la mejor época para correr, caminar o ir en bici, lejos del resto del mundo. Nuestra actividad favorita es el tradicional *jeu de paume* (tenis) en Artignosc.

El mistral sobre los campos de lavanda.

MISTRAL

Hay varias leyendas en torno al mistral, el viento más famoso de Francia, frío y sostenido, que sopla durante días por el valle del Ródano, por Provenza y hasta el Mediterráneo. Puede producirse todo el año, pero es más frecuente en invierno y a principios de primavera.

El clima mes a mes

ENERO	FEBRERO	MARZO	ABRIL	MAYO	JUNIO
Media máx. diurna: **10°C**	Media máx. diurna: **11°C**	Media máx. diurna: **15°C**	Media máx. diurna: **18°C**	Media máx. diurna: **22°C**	Media máx. diurna: **26,6°C**
Días de lluvia: **5**	Días de lluvia: **4**	Días de lluvia: **4**	Días de lluvia: **4**	Días de lluvia: **5**	Días de lluvia: **4**

NEVADAS

Son raras en la costa, pero la primera capa cubre las estaciones de esquí de la Costa Azul y los Alpes de Alta Provenza a principios de diciembre. Son más abundantes en enero; en marzo, casi toda la nieve ha desaparecido.

Planificar eventos y celebraciones

En Mónaco se reúnen los amantes de la Fórmula 1. El legendario **Gran Premio de Mónaco** (p. 92) ahora compite en el calendario de eventos con el **e-Prix de Mónaco** y, cada dos años, con el **Grand Prix Historique de Monaco.** May

Veleros clásicos y modernos compiten durante más de una semana en la regata **Les Voiles de St-Tropez** (p. 107), en el golfo de Saint-Tropez. Sep

Aviñón transforma en escenarios sus jardines, capillas y patios papales para su festival anual de artes escénicas, el **Festival d'Avignon** (p. 184). Jul

Estrellas de cine de todo el mundo lucen vestimenta en la alfombra roja para acudir a proyecciones de películas y ruedas de prensa durante el **Festival de Cannes** (p. 77). La atmósfera es efervescente. May

Celebrar la cultura y la tradición

Mandelieu-La Napoule se llena de color cuando florecen las mimosas. La **Fête du Mimosa** (p. 83) es una fiesta de cinco días con desfiles florales, animaciones nocturnas y fuegos artificiales. Feb

La Camarga se llena de guitarras, bailarines y jinetes cuando las comunidades itinerantes de romaníes, zíngaros y gitanos se encuentran en el anual **Pèlerinage des Gitans** (p. 172). May

Los conciertos acústicos improvisados en las esquinas y las grandes fiestas con DJ de la **Fête de la Musique** marcan la mitad del verano; se puede ir de fiesta hasta el amanecer en Niza y Marsella. Jun

Se han llegado a concentrar hasta 15 000 personas para ver la cosecha de lavanda de Provenza en el **Corso de Lavande** (p. 230) de Digne-les-Bains. ¿Código de vestimenta? Púrpura. Ago

MIRADA LOCAL

Jeany Cronk es enóloga y cofundadora de la Maison Mirabeau de Cotignac. *@MaisonMirabeau*

Las temporadas intermedias, cuando hace sol y hay menos gente, son perfectas para viajar. A principios de verano, los viñedos están exuberantes, el mar tiene buena temperatura y se disfruta de largos almuerzos. En septiembre, la luz adquiere una intensidad magnífica y todo lo baña de suavidad. Ambas épocas son magníficas para realizar rutas panorámicas y visitar los pueblos de la Costa Azul.

Cotignac (p. 123).

TORMENTAS OTOÑALES

Octubre y noviembre son los meses más lluviosos; las estaciones cambiantes pueden ocasionar fuertes tormentas. En el 2020, la tempestad Alex desbordó ríos, arrasó viviendas y se cobró vidas en las montañas de la Costa Azul. Las cicatrices aún son visibles.

JULIO	AGOSTO	SEPTIEMBRE	OCTUBRE	NOVIEMBRE	DICIEMBRE
Media máx. diurna: **29°C**	Media máx. diurna: **29°C**	Media máx. diurna: **25°C**	Media máx. diurna: **20°C**	Media máx. diurna: **14°C**	Media máx. diurna: **11°C**
Días de lluvia: **2**	Días de lluvia: **3**	Días de lluvia: **5**	Días de lluvia: **7**	Días de lluvia: **6**	Días de lluvia: **5**

Valensole (p. 240).

IZDA.: BTWIMAGES/SHUTTERSTOCK ©; DCHA.: JÉRÔME PRÉBOIS/PHOTO12/PRODUCTIONS DE GUÉVILLE/GAUMONT / ALAMY STOCK PHOTO ©

PREPARARSE PARA PROVENZA Y LA COSTA AZUL

Cosa útiles para llevar en el equipaje o en la cabeza.

Ropa

Ropa En Mónaco y Cannes hay que ir con camisa o vestido, pero en el resto de Provenza y la Costa Azul, el código de vestimenta es muy relajado.

Capas Las noches de verano en la costa de Provenza son bochornosas, pero un día soleado de primavera y otoño puede dar paso a un anochecer frío, así que va bien tener a mano una chaqueta. En los pueblos de los Alpes de Alta Provenza siempre hay unos grados menos, así que es mejor llevar varias capas (incluso en julio y agosto).

Calzado Las chanclas son el uniforme para días de playa, pero si se planea una excursión o una ruta en bici, es imprescindible llevar calzado de montaña o zapatillas deportivas. En las playas de Niza hay piedras incómodas; las tiendas de Promenade des Anglais venden sandalias de plástico.

Sombreros En una región con 300 días de sol, siempre es recomendable cubrirse la cabeza.

Costumbres

La covid-19 pausó la costumbre de **'la bise'** (besos en la mejilla), pero ha vuelto. En Provenza se da un beso en cada mejilla.

Se brinda por las nuevas amistades mirando a los ojos de los demás mientras se hacen chocar las copas. **'Santé!'**

El gesto del **dedo del medio** se considera muy ofensivo en Francia.

LIBROS

El sanatorio de la Provenza (Rosa Blasco; 2017) Un *thriller* histórico en el seductor paisaje de Provenza.

El hombre que plantaba árboles (Jean Giono; 1953) Poderosa alegoría medioambiental de este escritor nacido en Manosque.

Celeste 65 (José C. Vales; 2017) El glamur de la Costa Azul novelado entre intrigas y conspiraciones.

El conde de Montecristo (Alejandro Dumas; 1844) El Château d'If es la cárcel isleña de Dantès en esta historia épica de venganza.

Palabras y expresiones

Tal vez algún lugareño hable español, pero eso no significa que no haya que hacer un esfuerzo con algunas expresiones básicas. Aquí el acento tal vez sea bastante diferente: en torno a Marsella se puede escuchar el característico acento provenzal, especialmente lo que parece un sonido nasal al final de palabras que terminan en -ain, como *pain* (pan) o *demain* (mañana).

He aquí un vocabulario básico para empezar.

Bonjour significa "buenos días" y es la forma de decir "hola" en Francia.

Bonsoir significa "buenas tardes" y es la forma de decir "hola" a partir de las 18.00.

Au revoir significa "adiós", pero es muy formal. El universal *ciao* es más informal.

A bientôt significa "nos vemos pronto", aunque sea la semana que viene.

Ça va? significa "¿cómo estás?" y se repite como respuesta, para decir "estoy bien".

S'il vous plaît significa "por favor".

Merci significa "gracias".

De rien significa "de nada".

Je m'appelle... significa "me llamo...".

Parlez-vous espagnol? es la forma de preguntar educadamente "¿Habla Vd. español?".

Je ne comprends pas significa "no comprendo".

Excusez-moi significa "disculpe" al abrirse paso en una calle concurrida o al parar a alguien para pedir indicaciones.

CINE

La gloria de mi padre (1990; arriba) Basada en la novela clásica en dos partes de Marcel Pagnol sobre la madurez.

Brice de Nice (2005) Comedia de culto sobre un surfista teñido de rubio que busca la ola perfecta en el llano mar de Niza.

Marseille (2016) Gérard Depardieu protagoniza esta serie política dramática de Netflix.

El gendarme de Saint-Tropez (1964) Clásico bufonesco en el que un policía (Louis de Funès) se enfrenta a una comunidad nudista.

Atrapa a un ladrón (1955) La película que acercó a Grace Kelly al Mónaco del príncipe Rainiero III.

MÚSICA

FIP Se recomienda descubrir el ecléctico universo musical de esta emisora del grupo Radio France.

Mon Paradis (Christoph Maé; 2007) El pop francés de Maé, nacido en Carpentras, es una banda sonora ideal para el verano.

La Solitude (Léo Ferré; 1971) Melodía y melancolía del célebre poeta y cantautor monegasco.

13'Organisé (Jul; 2020) Un álbum que une a 50 raperos de Marsella; el single 'Bande Organisée' batió los récords de *streaming* de Francia.

Queso de Banon (p. 235).

SABORES LOCALES

Ingredientes sabrosísimos: la cocina provenzal lleva el sabor del sol a cada bocado.

La cocina de Provenza refleja su ubicación geográfica privilegiada en la intersección de dos grandes culturas gastronómicas. Los ingredientes que vienen a la mente al hablar de comida del norte de Francia, como la nata o la mantequilla, están ausentes. Su lugar lo ocupan el aceite de oliva y las hierbas aromáticas más asociadas con Italia. La *focaccia* o los tentempiés callejeros a base de garbanzos también comparten similitudes con su país vecino, lo cual no es raro teniendo en cuenta la fluidez de estas fronteras.

Los sabrosos ingredientes de temporada (como pimientos, calabacines, berenjenas o verduras de hoja) que prosperan en la tierra seca del Mediterráneo son la base de muchas especialidades, servidas junto a pescados pequeños capturados en la costa o, con menos frecuencia, carne. Los guisos y las sopas de cocción lenta que suavizan los cortes de carne más baratos o los pescados espinosos se han convertido en clásicos, lo que puede comprobarse tras probar la bullabesa en Marsella.

En esencia, se trata de cocina sencilla, fresca y local en su máxima expresión. Una cocina para todos los gustos.

La despensa casera

Si se echa un vistazo a una cocina provenzal, se encontrarán clásicos como una botella de aceite de oliva, quizá extraído de los olivares locales y comprado en el mercado semanal. Otros ingredientes esenciales son la sal gruesa de la Camarga, para cocinar o para espolvorear sobre tomates de verano

Los mejores platos provenzales

AÏOLI
El alioli acompaña una amplia variedad de platos.

ALCACHOFAS À LA BARIGOULE
Estofado de alcachofas que puede ser plato principal o guarnición.

DAUBE
Estofado de ternera, a menudo acompañado de polenta.

RAVIOLIS NIÇOIS
Pasta fresca rellena de *daube* y acelgas.

cortados en gajos. También algún bote de *tapenade,* una pasta para untar a base de aceitunas picadas, con otras variantes que incluyen garbanzos y anchoas. En la nevera no faltan los *raviolis niçois* (rellenos de carne) para almuerzos rápidos, mientras que en un bonito frutero de cerámica hay limones de la huerta.

Vegetarianos, veganos y sin gluten

Los dos protagonistas de la comida callejera de Provenza, la *socca* y el *panisse,* están hechos con poco más que harina de garbanzos, agua, aceite de oliva y sal, y son aptos para dietas vegetarianas, veganas y sin gluten. Pero la falta de ingredientes no disminuye el sabor, lo cual se comprueba al probar una fina y crujiente ración de *socca* o un palito de *panisse.* El barato y nutritivo garbanzo se utiliza mucho en ensaladas, sopas e incluso en pastas para untar. Otro plato local muy apreciado, el *ratatouille,* se cocina a fuego lento y rebosa sabores de la cosecha estival.

Carne y queso

En las tradiciones culinarias provenzales no figuran dos clásicos de la cocina francesa: la ternera y los quesos de vaca, al tratarse de una región donde el principal ganado son ovejas y cabras, criadas en pastos alpinos. El cordero de Sisteron (Alpes de Alta Provenza) es una denominación de origen conocida en todo el país, mientras que la Brigasque del valle de la Roya es una raza ovina productora de leche apreciada por sus productos lácteos. El queso más famoso procede del pueblecito de Banon; su cremoso queso de cabra se presenta envuelto en hojas de castaño.

KOKOFOUNDIT/SHUTTERSTOCK ©

'Socca' (p. 40).

ANNABREIT/GETTY IMAGES ©

Fête du Citron (p. 70), Menton.

FIESTAS DE COMIDA Y VINO

Fête du Citron (p. 70) Menton celebra una fiesta dedicada a sus jugosos limones durante el carnaval de febrero, con fabulosas carrozas hechas de cítricos.

Oursinade (p. 150) Se toman erizos de mar frescos junto al mar los tres primeros domingos de febrero en Carry-le-Rouet, cerca de Marsella.

Fête des Vendanges (p. 109) Se brinda por la nueva cosecha de rosado provenzal en la fiesta de la vendimia de Ste-Maxime, el 1er fin de semana de septiembre.

Fête du Fromage (p. 236) En mayo, el pueblo rodeado de lavanda de Banon celebra una gran fiesta en honor de su queso de cabra envuelto en hoja de castaño.

Fête de la Châtaigne (p. 126) En Collobrières, capital castañera en Provenza, los tres últimos domingos de octubre se tuestan castañas y se bebe dulce licor de castaña.

BOUILLABAISSE
Sopa de pescado de color óxido; emblemática de Marsella.

SOUPE AU PISTOU
Sopa rústica de legumbres y hortalizas.

LES PETITS FARCIS NIÇOIS
Verduras de mercado rellenas de carne picada y hierbas aromáticas.

SÜGELI
Una pasta inscrita en la lista francesa del Patrimonio Cultural Inmaterial.

Especialidades locales

Comida callejera y tentempiés

Pissaladière *Pizza* con cebolla caramelizada, aceitunas y anchoas.
Socca Tortita fina de harina de garbanzos al horno de leña, típica de Niza.
Panisse Buñuelos de harina de garbanzo, crujientes por fuera, cremosos por dentro.
Pizza moitié-moitié Mitad anchoas, mitad queso emmental; un clásico de Marsella.
Barbajuan Pequeños raviolis fritos, especialidad de Mónaco.

Dulces

Tarte Tropézienne Brioche cortado en dos, relleno de dos cremas y espolvoreado con azúcar perlado.
Tourte aux Blettes Sucrée Acelgas saladas en una tarta dulce.
Nougat Dulce de miel y almendra parecido al turrón, típico de Sault.
Tarte des Alpes Parece una tarta rellena de mermelada con cobertura de celosía.
Calissons d'Aix Dulce de almendra y fruta en forma de diamante, de Aix-en-Provence.

'Pissaladière'.

Para atrevidos

Saucisson de Taureau Salchicha de toro, especialidad de la Camarga.
Pieds Paquets Estofado a fuego lento de manitas de cordero y callos.
Merda di Can Si se supera el nombre, se disfrutará de un plato de ñoquis verdes frescos de Niza.

Licores

Genepi Potente licor de hierbas que calienta en los pueblos montañeses.
L'Orangeraie Licor de naranjas amargas de Mónaco.
Pastis Bebida anisada que Provenza ha exportado al mundo.
Liqueur de Lavande La emblemática lavanda de Provenza, en botella.

PARA DARSE UN HOMENAJE

L'Auberge de la Fenière (p. 221) El maravilloso restaurante rústico de Nadia Sammut en el Luberon es el primero sin gluten del mundo en recibir una estrella Michelin.

Ceto (p. 67) En el atractivo hotel Maybourne Riviera, en lo alto de Mónaco, es la carta de amor al Mediterráneo del chef argentino Mauro Colagreco.

La Chassagnette (p. 162) Comida con estrella Michelin en medio de la Camarga, todo de la granja a la mesa. Perfección provenzal.

La Petite Plage St-Tropez (p. 106) Ostras, caviar y cócteles de champán en el puerto lleno de yates. Imprescindible en Saint-Tropez.

Villa Morelia (p. 243) Magnífico comedor en valle de Ubaye que sirve una cocina refinada con ingredientes del mercado.

PRODUCTOS DE TEMPORADA

PRIMAVERA
Destacan espárragos, judías y acelgas; las alcachofas de Provenza, lo mejor de la cosecha, tienen las puntas violeta. En Semana Santa, las familias toman cordero de Sisteron.

VERANO
Los mercados se llenan de fresas, melones y tomates de todas las formas y tamaños. También abundan los pimientos, los calabacines y las berenjenas para el *ratatouille*.

OTOÑO
Las castañas crepitan en el fuego. Brotan calabazas y calabacines de todos los colores; se les sacan las semillas y se rellenan con setas del Luberon. Se cosechan y prensan las aceitunas.

INVIERNO
Los sibaritas buscan trufas en el Luberon, erizos de mar en Marsella y limones en Menton. El aire huele a *daube*. Se celebra la Navidad con ostras, *foie gras*... ¡y 13 postres!

'Calissons d'Aix-en-Provence'.

VOLKER RAUCH/SHUTTERSTOCK ©

Senderismo, Gorges du Verdon (p. 238).

AL AIRE LIBRE

Recorrer cordilleras majestuosas, caminar por llanuras con aroma a lavanda y tumbarse junto a un mar resplandeciente: en Provenza y la Costa Azul, se vive mejor al aire libre.

Allí donde los Alpes se precipitan hacia el Mediterráneo, los amantes de las actividades al aire libre tienen muchas opciones para cualquier nivel de experiencia. El clima es templado y hay rutas de senderismo y ciclismo para todas las épocas. En invierno, las sencillas estaciones de esquí de los Alpes de Alta Provenza cobran vida con las primeras nevadas. En primavera comienza la temporada de deportes acuáticos: buen *rafting* o barranquismo en las Gorges du Verdon, nadar o navegar por la Costa Azul.

Ciclismo

Hay ascensos míticos, como el Col de la Madone de Gorbio, el Col de la Bonette o el célebre Mont Ventoux, donde se han entrenado algunos de los mejores ciclistas del mundo. Pero cualquiera puede pedalear y disfrutar de las vistas: las tranquilas carreteras interiores del Luberon y Provence Verte recorren campos perfumados y pueblos fotogénicos, y nunca hay una pendiente demasiado lejos. La TransVerdon es una ruta clásica de bicicleta de montaña. En verano, las pistas de esquí que hay por encima de Niza y en los Alpes de Alta Provenza se convierten en sombreadas rutas ciclistas.

Por toda la región se pueden alquilar bicicletas de carretera *(vélo de route)*, de montaña *(VTT, vélo tout-terrain)* y eléctricas. Además de las oficinas de turismo, donde se consiguen mapas y guías, cada vez

Más actividades

ESCALADA
Los acantilados de piedra caliza de Buoux (p. 210) que dominan el Luberon son un destino legendario para escaladores.

BARRANQUISMO
Saltar, deslizarse y descender por barrancos y cascadas en las Gorges du Verdon (p. 238) y las Gorges du Loup (p. 89).

'KITESURF'
La preciosa playa de la laguna de Beauduc (p. 167) es un lugar salvaje y ventoso ideal para *kitesurfistas*.

AVENTURAS EN FAMILIA

Montar a caballo por los humedales llenos de flamencos y las playas de la **Camarga** (p. 168).

Nadar entre bancos de peces de colores y ver pepinos de mar en las salidas guiadas veraniegas de buceo en el **Domaine du Rayol** (p. 117).

Vivir de cerca un documental sobre la naturaleza en el **Parc Ornithologique du Pont de Gau** (p. 175), en la Camarga.

Ver marmotas preciosas y rebecos mientras se camina por el **Parc National du Mercantour** (p. 73) desde St-Martin-Vésubie.

Hacer una ruta con cables fijos y escalas en la **Via Ferrata du Rocher de Neuf Heures** (p. 232), de Digne-les-Bains.

Caminar con raquetas por hermosos bosques cubiertos de nieve en **Le Sauze** (p. 245), en el valle de Ubaye.

hay más *cafés vélo,* cafeterías que son un punto de encuentro para ciclistas, ideales para aprender sobre rutas locales, unirse a excursiones en grupo y disfrutar de un buen café.

Senderismo

Los fotogénicos paisajes de colinas, desfiladeros y costas rocosas de Provenza y la Costa Azul son una delicia para caminar. Hay travesías de larga distancia por GR (Grande Randonnée), ascensos costeros cortos pero empinados y senderos llanos por islas atravesando pinares. Incluso en las ciudades, nunca se está demasiado lejos de un *sentier balisé* (sendero señalizado). Las oficinas de turismo ofrecen mapas y guías, e informan sobre rutas de senderismo accesibles.

Es esencial llevar calzado de senderismo, agua, gorro y crema solar. No se garantiza tener cobertura. Los senderos más populares son calurosos y concurridos en verano. A veces, algunos caminos boscosos se cierran por riesgo de incendio. En primavera y otoño, las temperaturas y las condiciones son ideales.

PARA ROMPER EL HIELO

Para más actividades alpinas, véase p. 247.

Isola 2000 (p. 75).

ALEXANDER SCHMITZ/SHUTTERSTOCK ©

Esquí

El valle de Ubaye (Alpes de Alta Provenza) es un destino de esquí donde los que saben encuentran nieve incluso en inviernos secos. Con 180 km de pistas, Pra Loup (1600 m) es la estación más grande del valle.

También hay rutas para raquetas o esquí de fondo, e instalaciones modernas. La estación conecta con Foux d'Allos (1800 m).

La Costa Azul es uno de esos lugares donde uno puede darse un baño por la mañana (si se atreve) y estar en las pistas al mediodía, ya que las más cercanas están a 1½ h de Niza. Desde la cima de Isola 2000 (2610 m) se ve el Mediterráneo.

'RAFTING'

Los rápidos de aguas bravas de las Gorges du Verdon (p. 238) y el Ubaye (p. 244) prometen muchas emociones.

SUBMARINISMO

Pocos lugares hay mejores para sumergirse entre pecios que las zonas del *Grec* y el *Donator,* en la isla de Porquerolles (p. 114).

NATACIÓN

El Solarium de Mónaco (p. 99) es de hormigón, pero este lugar para nadar y tomar el sol en el rompeolas del puerto es realmente único.

VELA

Aprender a navegar en un catamarán en el golfo de Saint-Tropez (p. 104) y participar en la regata Les Voiles de St-Tropez (septiembre).

Dónde encontrar las mejores actividades al aire libre.

Senderismo

1. Calanque d'En-Vau (p. 147)
2. Gorges du Verdon (p. 238)
3. Moustiers-Ste-Marie (p. 242)
4. Réserve Naturelle de la Plaine des Maures (p. 111)
5. Isla de Porquerolles (p. 114)
6. Sentier Nietzsche (p. 64)
7. Gordes (p. 206)

Ciclismo

1. Stes-Maries-de-la-Mer (p. 172)
2. Gorges du Verdon (p. 237)
3. Valle de Ubaye (p. 246)
4. Isla de Porquerolles (p. 114)
5. Cotignac (p. 123)
6. Mont Ventoux (pp. 198, 200-201)
7. Coustellet (p. 216)

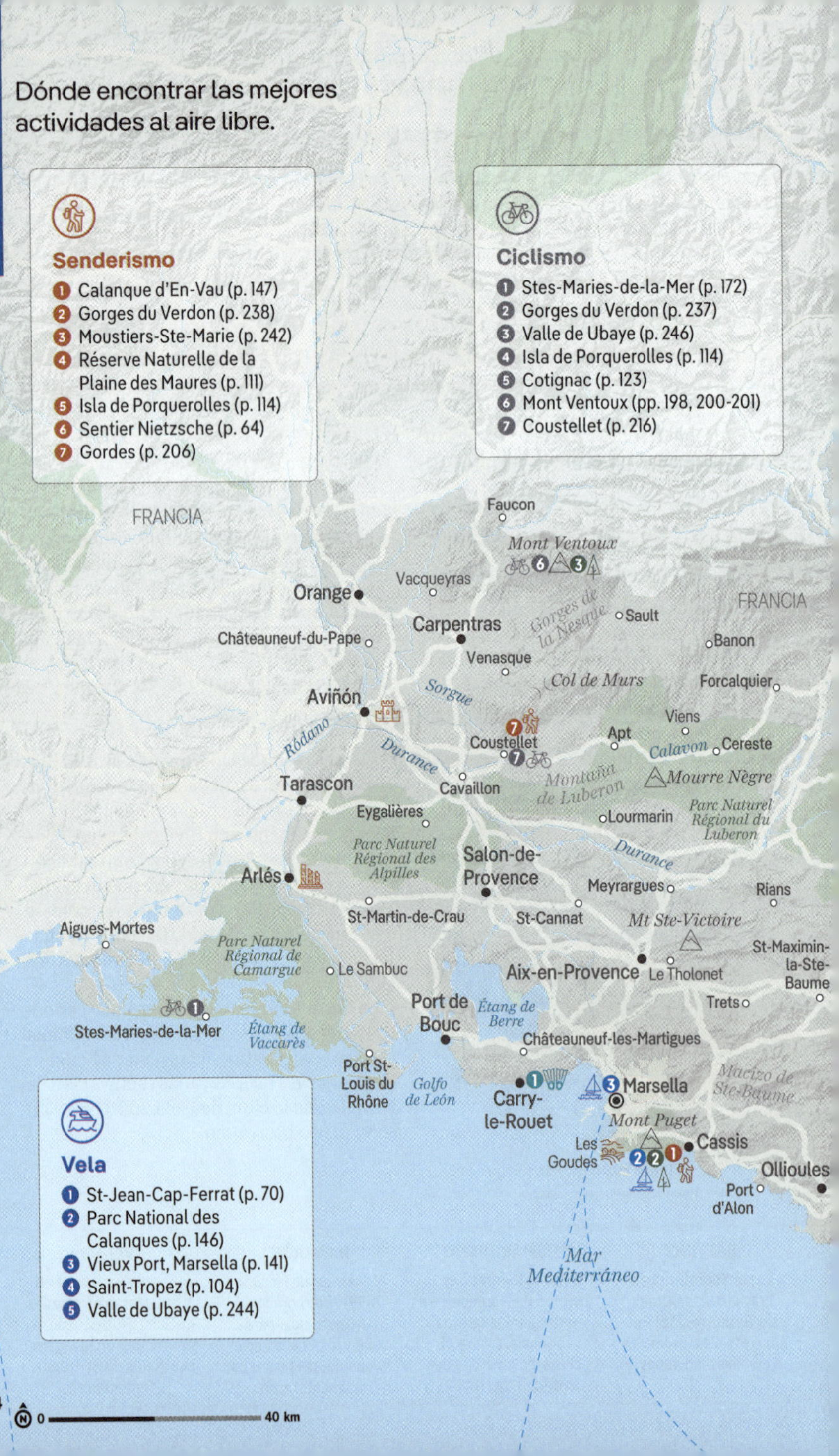

Vela

1. St-Jean-Cap-Ferrat (p. 70)
2. Parc National des Calanques (p. 146)
3. Vieux Port, Marsella (p. 141)
4. Saint-Tropez (p. 104)
5. Valle de Ubaye (p. 244)

Parques Nacionales
1 Parc National de Port-Cros (p. 116)
2 Parc National des Calanques (p. 146)
3 Mont Ventoux (p. 196)
4 Gorges du Verdon (p. 237)
5 Réserve Géologique de Haute-Provence (p. 234)
6 Parc National du Mercantour (p. 244)
7 Parc Naturel Régional des Préalpes d'Azur (p. 90)
Buceo/submarinismo
1 Parc Marin Côte Bleue (p. 150)
2 Ste-Maxime (p. 108)
3 Isla de Porquerolles (p. 114)
4 Islas de Lérins (p. 81)
5 Domaine du Rayol (p. 117)
FRANCIA
ITALIA
La Mortice
Lago de Serre-Ponçon
St-Paul-sur-Ubaye
Le Lauzet-Ubaye
Barcelonnette
L'Ubaye
La Tête de la Sestrière
St-Étienne-de-Tinée
La Foux d'Allos
Barles
Reserve Geologique de Haute Provence
Mont Mounier
Parc National du Mercantour
Col de Tende
Punta Marguareis
Le Boreon
Tende
Mont Bégo
Bléone
Digne-les-Bains
Thorame-Haute
Col de St-Michel
Guillaumes
Gorges de Dalius
Annot
Var
Villars-sur-Var
l'Arpette
St-Andre-les-Alpes
FRANCIA
Gorges de la Vésubie
Lago de Castillon
Auvestre
Rougon
Loup
St-Martin du Var
Menton
Verdon
Collet Barris
Parc Naturel Régional du Verdon
Bargème
La Colle Loubière
Niza
Èze
MÓNACO
Gran llanura de Canjuers
Grasse
St-Laurent-du-Var
Costa Azul
Montmeyan
Châteaudouble
Lago de St-Cassien
Cannes
Antibes
Col de la Grange
Mt Vinaigre
Cotignac
Islas de Lérins
Châteauvert
Le Muy
Argens
Agay
St-Raphaël
Le Luc
Les Issambres
La Sauvette
Macizo de Maures
Golfo de Saint-Tropez
Saint-Tropez
Cuers
Collobrières
Domaine du Rayol
Costa Azul
Hyères
Bormes-les-Mimosas
Puerto de Hyères
Mar Mediterráneo
Porquerolles
Parc national de Port-Cros

PROVENZA Y LA COSTA AZUL

EN RUTA

Los capítulos de esta sección están organizados por núcleos de población con sus respectivas zonas circundantes. Se entiende el núcleo como destino principal y se ofrece una selección de experiencias únicas, información local y consejos de expertos. También se incluyen propuestas para visitar los alrededores y será el viajero quien decida qué y cuánto puede explorar desde allí.

Vistas de Niza desde Èze (p. 67).

REMEDIOS/GETTY IMAGES ©

COSTA AZUL Y MÓNACO

DONDE LA MONTAÑA SE ENCUENTRA CON EL MEDITERRÁNEO

Una costa mundialmente famosa, pueblos fascinantes en las colinas y un interior interesante: la Costa Azul y Mónaco son una zona eternamente elegante que depara muchas sorpresas.

En 1887, el escritor francés Stéphen Liégard emprendió un viaje por la costa mediterránea oriental de Francia y narró sus experiencias en el libro *La Côte d'Azur*. Hasta unas décadas antes, este rincón del país había sido poco más que una parada para los intrépidos viajeros que iban a Italia, pero eso estaba cambiando con la nueva línea ferroviaria procedente del norte. El tren traía consigo a extranjeros en busca de una dosis saludable del sol invernal de la región. Pronto siguieron los artistas, la nobleza y la realeza, listos para alardear de sus mejores galas en los paseos marítimos y los casinos. El término "Costa Azul" de Liégard abarcaba una zona amplia desde Marsella hasta Génova, y caló hondo.

MATEJ KASTELIC/SHUTTERSTOCK ©

Aún no hay un punto claro de inicio y final. La Costa Azul puede extenderse hasta Saint-Tropez o Hyères en el Var, pero lo que nadie discute es el tramo de Cannes a Menton o el límite de los Alpes Marítimos. El Principado de Mónaco queda también dentro de este territorio.

La Costa Azul tiene un encanto fastuoso, con su embriagadora mezcla de sol, mar, cultura, gastronomía y vino, y un interior montañoso y verde que atrae a viajeros de aventura.

Recuadro: Casino de Montecarlo (p. 96); pág. opuesta: Villefranche-sur-Mer (p. 68).

ZONAS PRINCIPALES

NIZA
Playas, arquitectura y una oferta *gourmet* creciente.
p. 54

CANNES
Festivales selectos y lugares tranquilos.
p. 77

MÓNACO
Pequeño en tamaño, grande en *glamur*.
p. 92

SJOEMAN/GETTY IMAGES ©

Orientarse

Las animadas ciudades turísticas de esta costa contrastan con los pueblos del interior. Y tierra adentro, los vastos parques nacionales se extienden por paisajes montañosos.

Cannes, p. 77

El apretado calendario de eventos globales le da a Cannes mucha vida todo el año. Barrios como Le Suquet y el Marché Forville aportan un toque más discreto.

AUTOBÚS

La red de autobuses interurbanos Zou!, barata y completa, une Cannes y Niza con poblaciones más pequeñas de la costa y del interior. Los desplazamientos son más largos que en tren.

Niza, p. 54

Capital de la Costa Azul. Las atractivas calles de la *belle époque* han sido reconocidas por la Unesco y los *gourmets* están despertando su cocina.

Mónaco, p. 92

Un palacio principesco, un casino deslumbrante y un puerto lleno de yates. Es un principado minúsculo pero con un gran poder para fascinar.

AUTOMÓVIL

Conducir por Niza, Cannes y Mónaco es un lío, pero tener transporte propio es la mejor manera de ver la Costa Azul más allá de estos concurridos destinos.

TREN

La pintoresca línea de tren TER Sud Provence Alpes-Côte-d'Azur conecta los principales destinos de la costa entre Cannes y Menton (incluido Mónaco) y es mejor que usar el coche cada vez. Grasse también conecta con la costa por tren.

Planificarse

Disfrutar de la playa y de la cultura en la costa y hacer sencillas salidas de un día a pueblos del interior. Refugiarse en los paisajes montañosos de la Costa Azul para practicar senderismo y admirar la naturaleza.

SVETLANASF/SHUTTERSTOCK ©

Vieux Nice (p. 57), Niza.

Pausa de fin de semana

- Eligiendo **Niza** (p. 54) como base de operaciones, se disfruta de la ciudad con un *brunch* en **Marinette** (p. 61) y un paseo por **Vieux Nice** (p. 57).
- Se toma un autobús para dar un corto paseo por el cabo hasta el lindo pueblo pesquero de **Villefranche-sur-Mer** (p. 64), y se pasea por los callejones hasta una bahía esplendorosa.
- Se vuelve a Niza para el **'apéro'** (p. 62), seguido de cena en uno de los nuevos restaurantes que reinventan la **'cuisine niçoise'** (p. 61).
- Al día siguiente, tras un paseo matutino junto al mar, se toma el tren hasta el segundo país más pequeño del mundo, **Mónaco** (p. 92).

Destacado por temporada

Los inviernos de la Costa Azul son soleados y suaves. El calor del verano contrasta con las refrescantes brisas marinas.

ENERO

La **Route du Mimosa** se llena de flores alrededor de Mandelieu-La Napoule. La temporada de esquí está en pleno apogeo a solo 1 h de Cannes.

FEBRERO

Desatan las celebraciones de invierno, como el **Carnaval de Niza** o la **Fête du Citron** (p. 70) de Menton.

MAYO

Mayo está lleno de días festivos y, además, se celebran el **Festival de Cannes** o el **Gran Premio de Mónaco.**

DE IZDA. A DCHA.: MARINA VN/SHUTTERSTOCK ©, MICHELLE SILKE/SHUTTERSTOCK ©, FEATUREFLASH/SHUTTERSTOCK ©

Cinco días

- En Niza, se disfruta de un **desayuno local** (p. 60) y se aprende más sobre su reconocimiento por parte de la **Unesco** (p. 54).

- Con más noches, se puede visitar **Menton** (p. 70), la ciudad que huele a limón junto a la frontera italiana, y subir a **St-Agnès** (p. 72), el pueblo costero más alto de Europa, y a otros encantadores **pueblos cimeros** (p. 73).

- Se empieza el día temprano tomando el **Train des Merveilles** (p. 74) para pasar un día en el lado alpino de la Costa Azul. El tren también sirve para hacer escapadas rápidas a la glamurosa **Cannes** (p. 77) y la artística **Antibes** (p. 86).

Más de una semana

- Después de unas noches explorando Niza y Mónaco, se recorre la costa hacia el oeste hasta Cannes, donde se pueden ver las huellas de las manos de estrellas de Hollywood frente al famoso **Palais des Festivals et des Congrès** (p. 77).

- Se toma el ferri para hacer el corto trayecto hasta la **isla de Ste-Marguerite** (p. 80), un oasis con aromas de pino donde pasar el día contemplando la bahía.

- Después de catar unas *fleurs de courgettes* recién hechas en el **Marché Forville** (p. 81), se siguen los pasos de **Picasso** (p. 87).

- Se puede añadir una noche o dos más en la perfumada **Grasse** (p. 88), punto de acceso a las **Gorges du Loup** (p. 90).

JUNIO

El solsticio de verano se festeja por todo lo alto: **La Fête de la Musique** se celebra en toda Francia, sobre todo en Niza.

JULIO

Cada fin de semana hay un evento al aire libre: fuegos artificiales, música, cine... La región se llena hasta los topes.

SEPTIEMBRE

Los últimos días de verano son ideales para el senderismo y el ciclismo por el interior.

DICIEMBRE

Primeras nieves y primeras tazas de vino caliente en los mercados navideños, especialmente en Niza, Antibes y Mónaco.

JUERGEN NOWAK/SHUTTERSTOCK ©, LONGJON/SHUTTERSTOCK ©, JLF06/SHUTTERSTOCK ©, TRABANTOS/SHUTTERSTOCK ©

NIZA

En la última década, la capital de la Costa Azul ha experimentado una renovación total, con inversiones en una red de tranvía inteligente, zonas cívicas mejoradas y nuevos hoteles, y el ritmo del cambio no parece disminuir. No hay que sorprenderse si se encuentran ciertos lugares cerrados por renovación (o incluso derribados). El cemento da paso a la vegetación en la quinta ciudad más grande de Francia.

Desde que fue declarada "ciudad de vacaciones de invierno de la Riviera francesa", Niza tiene una nueva actitud. Ya no vive de su reputación de playas y sol. Hay una interesante oferta gastronómica a base de productos locales y cocina tradicional, además de bares de vinos geniales y *boutiques* en barrios de moda como Port o Libération. Hoy se da uno cuenta de que se está convirtiendo en su apodo: Nissa la Bella.

CÓMO DESPLAZARSE

Es mejor no ir en coche; conducir por el centro es frustrante e imprevisible. Muchos puntos de interés se pueden recorrer a pie. El tranvía Ligne d'Azur y la extensa red de autobuses utiliza billetes sin papel (1,70 €); hay que gastar 2 € extra en el primer viaje para adquirir la tarjeta de transporte urbano, La Carte, disponible en máquinas expendedoras y taquillas. Nice St-Augustin (cerca del aeropuerto) se está convirtiendo en el principal centro de transporte, pero siempre hay que comprobar el punto de salida de los autobuses interurbanos.

CONSEJO

Si se llega en avión y se viaja ligero, vale la pena caminar los 6 km de Promenade des Anglais desde el aeropuerto hasta el centro. El amplio paseo peatonal frente a la playa es perfecto para introducirse en el estilo de vida al aire libre de Niza. También hay un carril-bici; se puede conseguir una bici eléctrica de la red compartida en el aeropuerto.

Descubrir la historia de Niza

Lugares Patrimonio Mundial

Antes de que la Costa Azul se convirtiera en un destino para tomar el sol en verano, este tramo de costa mediterránea era la residencia de invierno de realeza, políticos, aristócratas y artistas de Gran Bretaña, el norte de Europa y Rusia. El rico legado de esa época (1760-1940) se puede ver en los cerca de 800 edificios de la ciudad. Niza, inscrita en la lista del Patrimonio Mundial de la Unesco, es conocida como la "ciudad de vacaciones de invierno de la Riviera francesa". Para entender lo que significa, un buen punto de partida es la **Mission Nice Patrimoine Mondial,** a la entrada de Vieux Nice. Hay paneles informativos dedicados al período y se hacen visitas guiadas del Centre du Patrimoine y de varios lugares importantes alrededor de la **Opéra de Nice,** del s. XIX. El guía también tiene la llave de Les Ponchettes, las tradicionales casitas de pescadores que en su día constituían el paseo marítimo original, hoy cerradas al público.

IMPRESCINDIBLE
1 Castel Plage
2 Colline du Château
3 MAMAC
4 Musée Massena
5 Musée National Marc Chagall
6 Opéra de Nice
7 Playa pública de la Ópera

ACTIVIDADES Y CIRCUITOS
8 La Boulisterie Club
9 Promenade des Anglais

DÓNDE COMER
10 21 Paysans
11 Banh Mei
12 Boulangerie roy Le Capitole
13 Chez Acchiardo
14 Chez Davia
15 Chez René Socca
16 Comme un Dimanche
17 D'Aqui
18 Fournil Zelienska
19 Gare Du Sud
20 La Maioun
21 La Merenda
22 La Réserve y Le Club Nautique de Nice
23 La Table Alziari
24 Le Safari
25 Marinette
26 Onice

DÓNDE BEBER Y VIDA NOCTURNA
27 Babel Babel
28 Blast
29 La Civette du Cours
30 La Plage Amour
31 Le Café de Chineurs
32 Le Garibaldi
33 Rue Bonaparte
34 Seen by Olivier

DE COMPRAS
35 Caves Caprioglio
36 Cours Saleya
37 Les Puces de Nice
38 Marché de la Libération
39 Nice Étoile

INFORMACIÓN
40 Centre du Patrimoine
41 Mission Nice Patrimoine Mondial

TRANSPORTES
42 Chemin de Fer de Provence

En la web patrimoinemondial.nice.fr hay un mapa interactivo que permite realizar una exploración urbana de los lugares de interés (Explorer > Description sectorielle), con un resumen histórico de cada zona. En casi todas las calles hay detalles *art déco* y adornos de la *belle époque,* pero la mayoría de los edificios son ahora residencias privadas que solo se pueden admirar desde fuera. Otros son restaurantes, como **La Réserve** y **Le Club Nautique de Nice,** al lado del puerto. El primero ofrece comida *gourmet* con precios acordes, mientras que el segundo ofrece carta y precios más informales. Ambos están junto al mar.

La Villa Massena, ubicada en un jardín sombreado frente a la playa, es un magnífico ejemplo de la arquitectura de la época. Alberga el **Musée Massena,** dedicado a la historia de Niza. El asentamiento original de la ciudad es la **Colline du Château,** un afloramiento boscoso entre Vieux Nice y Port Lympia, también protegido por la Unesco. Hay unas escaleras para subir a la cima (y un ascensor) para disfrutar de vistas de 360º de la ciudad y el mar.

CAÑONAZO AL MEDIODÍA

Los visitantes se sobresaltan la primera vez que escuchan al mediodía un fuerte estruendo que resuena en toda la ciudad. Esta ruidosa costumbre la inició el británico Thomas Coventry en el s. XIX. El cañón ha sido reemplazado por un fuego de artificio incoloro que se dispara haga sol o llueva desde un pequeño patio cerrado cerca del cementerio israelita en la **Colline du Château.** Lo disparan Philippe o Kelly Arnello, padre e hija que son expertos pirotécnicos. Para los vecinos, el cañonazo es la señal para parar a almorzar. Solo hay un día en que no se dispara: el 1 de abril.

Arte en el paseo marítimo

Esculturas cerca del mar

Promenade des Anglais (popularmente La Prom) es una amplia curva de costa que va del aeropuerto hasta el puerto. Este paseo peatonal por encima de la playa es el corazón de la ciudad, adonde acuden paseantes, corredores, padres con cochecitos, niños en patines, ciclistas y demás. Se ha convertido en una especie de instalación de arte al aire libre, con estatuas y esculturas entre las palmeras que vale la pena admirar con calma. Se empieza en el extremo este, antes de la curva que rodea Port Lympia, con un selfi en el muelle Rauba Capeu con la instalación **#ILoveNice.** Siguiendo hacia el oeste se halla una réplica de 1,3 m de altura de la **Estatua de la Libertad,** enfrente de la Opéra de Nice. A continuación, hay un grupo de barras de metal llamadas **9 Lignes Obliques,** que tiene tantos fans como detractores. Después, **La Chaise Bleue de SAB** es un homenaje a las sillas azules del paseo. Estas sillas de madera, instaladas por primera vez en los años cincuenta, se han convertido en uno de los símbolos de la ciudad. Más adelante, frente al Palais de la Méditerranée está **L'Ange de la Baie,** erigido en el 2022 como un monumento en memoria de las 86 personas que perecieron el 14 de julio del 2016 en los ataques terroristas de Niza.

DÓNDE VER ARTE EN NIZA

Cimiez
Este barrio en la ladera alberga el Musée Matisse y el Musée National Marc Chagall.

MAMAC
Obras vanguardistas europeas y estadounidenses desde los años cincuenta hasta hoy. Está prevista su renovación.

Les Puces de Nice
Una explosión de arte callejero decora las paredes de este pequeño mercado de antigüedades junto al puerto.

PASEO POR VIEUX NICE

Este paseo por el encantador casco antiguo de Niza empieza delante de la fachada amarilla de 1 **Nicolas Alziari,** un productor local de aceite de oliva cuyas latas azules adornan las mesas de los mejores restaurantes de la región. El tramo llano de la calle que rodea la gran 2 **Opéra de Nice,** del s. XIX, alberga tiendas especializadas como la preciosa tienda de dulces 3 **Maison Auer,** donde la misma familia lleva más de 200 años haciendo chocolate. Se sigue recto hasta 4 **Cours Saleya,** una calle animada llena de restaurantes donde se celebran mercados de productos frescos y flores (de martes a domingo) y un mercado de antigüedades (lunes). Este lugar inspiró a Henri Matisse, que entre 1921 y 1938 tuvo su estudio en el 5 **Palais Caïs de Pierlas.** Se gira a la izquierda para adentrarse en las concurridas y laberínticas callejuelas, pasando por el 6 **Centre du Patrimoine,** cuyos recorridos llevan a lo más profundo de la ciudad. En Rue Doite, el horno de leña de 7 **Chez Thérésa** lleva desde 1925 horneando *socca* (tortas de harina de garbanzo); bajan algunas bandejas a un puesto de los mercados de Cours Saleya.

Hay una suave subida hasta el 8 **Palais Lascaris,** una casa noble del s. XVII con frescos, ahora convertida en museo, un ejemplo bien conservado de arquitectura barroca. En la siguiente esquina espera otra lección de historia. La 9 **bala de cañón** incrustada en la pared fue disparada por las fuerzas turcas en 1543 durante el asedio de Niza. La ciudad logró repeler los ataques y convirtió a la lavandera Catherine Ségurane en la heroína de la victoria. En 10 **Place St-Augustin,** después de un ligero tramo de subida, se ve una placa en su honor.

NIZA: MAÑANA, MEDIODÍA Y NOCHE

La escritora y naturópata de Niza **Kalice Brun** comprarte un día perfecto en Niza.

Mañana
Lo mejor para empezar el día es lanzarse al mar cerca del **Club Nautique de Nice,** un lugar que recuerda a los "locos años veinte", con su promontorio griego y su trampolín con vistas a la bahía de los Ángeles.

Mediodía
Para un almuerzo memorable, tanto **La Maioun** en Place Garibaldi como **La Table Alziari** en Vieux Nice sirven platos caseros que me recuerdan a mi infancia.

Noche
Suelo volver al casco antiguo para tomar el *apéro* en **Banh Mei,** un lugar ideal de cocina fusión, o una cena íntima en **Onice,** donde la nueva generación está interpretando el Mediterráneo y el *terroir* nizardo.

La calle más animada

Bares, restaurantes y circuito LGTBIQ+

Desde Place Garibaldi hasta el puerto, un programa de gentrificación ha convertido **Rue Bonaparte** en el moderno distrito LGTBIQ+ de Niza. El primer paso de la transformación llegó con la apertura de **Malabar Station** (nº 10), un bar gay donde todo el mundo es bienvenido a tomar una copa en la terraza. La modernidad se consolidó cuando la antigua tienda de suministros eléctricos aneja se convirtió en el **Comptoir Central Electrique,** un bar de estilo bohemio con paredes de ladrillo visto y sillas desiguales (conservando casi el mismo nombre). La calle, apodada Le Petit Marais en un guiño al famoso barrio gay bohemio de París, está pintada parcialmente de azul, al estilo del distrito de Castro de San Francisco. El tramo entre Place Garibaldi y Place du Pin ahora es peatonal. Para celebrar el solsticio de verano (21 de junio) y la anual **Fête de la Musique,** hay una gran fiesta callejera hasta altas horas de la madrugada. Los 364 días restantes, el ambiente es siempre agradable. Personas de todos los ámbitos toman el *brunch* en **Clay** (nº 3), comida callejera mediterránea económica en **Kalōs** (nº 11) o charlan con sus amigos entre apetitosos platos del **Café Paulette** (nº 15). A la vuelta

DÓNDE DORMIR EN NIZA

Hostel Villa St-Exupéry Beach
Mezcla de dormitorios y habitaciones privadas, bar enorme y ambiente divertido. €

Arome Hôtel
Hotel seguro y céntrico dirigido por una maravillosa pareja francoitaliana, popular entre mujeres solteras. €€

Hôtel St Paul
Delante del rompeolas del puerto y gestionado por la Iglesia, tiene habitaciones frente al mar con la mejor relación calidad-precio de Niza. €€

ELENA ELISSEEVA/SHUTTERSTOCK ©

Promenade des Anglais (p. 56).

de la esquina, en el 5 de Rue Boyer está **21 Paysans,** tienda especializada en productos locales, como el *pastis*.

Un barrio a tener en cuenta

Ambiente local y grandes hallazgos

La Gare Thiers era el límite extraoficial para los visitantes, y todo lo que había al norte era de poco interés para ellos. Hoy, vale la pena aventurarse en Libé, apodo del barrio de Libération, que se extiende sobre la estación principal de trenes. En seguida se percibe la animación. El **Marché de la Libération** (Place Général de Gaulle) sirve a los vecinos de martes a domingo todo el año y está considerado el mejor de la ciudad. La **Gare du Sud,** la antigua estación de tren de la plaza, ha renacido como zona de restauración mediterránea; a su alrededor hay una mezcla ecléctica de pescaderías, comida callejera global y *boutiques*. También está **l'Altra Casa,** que sirve el mejor Aperol Spritz. El **Kiosk Tintin** atrae con su sabroso *pan bagnat* (ensalada nizarda en sándwich). **Beer District** ofrece más de una docena de cervezas de barril, y **La Brasserie Artisanale de Nice** sorprende con una cerveza de autor infusionada con garbanzos. Detrás de la Gare du Sud está la estación **Chemin de Fer de Provence,** punto de par-

NIZA LGTBIQ+

Jameson Farn, que lleva el blog de viajes LGTBIQ+ *Gay French Riviera*, explica la escena LGTBIQ+ de Niza. *gayfrenchriviera.com*

La comunidad LGTBIQ+ de la Costa Azul sigue floreciendo, y Niza se considera el epicentro. Durante el año, siempre hay algo que ver y hacer.

En verano, no hay que perderse eventos al aire libre como las **Dolly Parties** y el **Pink Parade** (Orgullo).

Lou Queernaval se celebra en paralelo al Carnaval de Niza en invierno.

La Costa Azul cubre una amplia gama de intereses, ya sean actividades al aire libre, negocios internacionales, compras de lujo, discotecas, saunas, cabarés y bares de cruceros.

DÓNDE DORMIR EN NIZA

Hôtel La Perouse
Hotel encantador aferrado a la Colline du Château con una piscina escondida. Es uno de los mejores de Niza. **€€€**

Hôtel Amour
Sofisticado hotel parisino con un estilo chic bohemio ecléctico y el bar de hotel de moda de la región. **€€€**

Le Negresco
El más majestuoso de los hoteles de Niza, ahora también con *spa* y club de playa. Cada habitación es una obra de arte. **€€€**

tida del **Train de Pignes,** una encantadora línea que traquetea por los pueblos del río Var, de camino a Digne-les-Bains.

Descubrir el renacimiento culinario de Niza

Aparte de ensalada nizarda

La comida callejera de Niza se basa en las verduras y legumbres de los suelos secos de la costa mediterránea. Se acerca más a la esencia y el sabor de Italia que a la pesada cocina a base de salsas del norte de Francia. Antes de ver la entrada de **Chez René Socca,** se ve la cola; este local alegre y barato es toda una institución de Vieux Nice, ideal para probar comida callejera de Niza. El recién llegado **D'Aquí,** en el puerto, ha causado sensación con sus *barbajuans* (raviolis fritos, considerados el plato nacional de Mónaco), para tomar allí o para llevar. Si se ve la pegatina de Cuisine Nissarde en la entrada de un restaurante, queda claro que sus platos respetan las tradiciones locales. Los grandes favoritos incluyen **Chez Acchiardo** y **Safari** en Vieux Nice y **Lou Balico,** muy cerca.

Más allá de los lugares tradicionales, una nueva ola de chefs de moda da un toque especial a los platos locales, elevándolos a una categoría casi *gourmet.* Frente a la playa, en Les Ponchettes, **Babel Babel** espolvorea *za'atar* casero sobre los *panisse,* preparados como una alternativa sin gluten a las patatas fritas. Para disfrutar de una de las 24 plazas de la rústica **La Merenda,** donde se sirve un potente *daube* (estofado de ternera) a fuego lento y servido con media luna de *panisse* crujiente pero cremoso, hay que reservar con antelación en sus redes sociales. También hay que reservar con antelación para saborear la elegante interpretación del chef Pierre Altobelli de clásicos como *soupe au pistou, salade niçoise* y *ratatouille* en el acogedor bistró **Chez Davia.**

CUANDO LA PETANCA SE PUSO DE MODA

A pesar de su imagen como pasatiempo de ancianos, la petanca (llamada *pétanque* o *boules*) es todo lo contrario. Se puede ver a gente de todas las edades practicando el deporte vespertino francés por excelencia.

Para jugar después del anochecer y ver lo popular que es, se recomienda una velada en **La Boulisterie Club,** bar y pista de petanca cubierta en un amplio garaje reformado de Rue Lascaris, en el puerto. Se puede acompañar el juego con un rosado provenzal frío o *panisse.*

El mismo equipo lleva una popular tienda de bolos y ropa *hipster* del mismo nombre en el centro comercial **Nice Étoile.**

La mejor comida del día

Dónde tomar un desayuno o un 'brunch'

La oferta de desayunos es cada vez más interesante, ya que los panaderos artesanos de barrio aportan ingredientes inusuales y de alta calidad para darle un giro a la *baguette* y el *croissant.* En la **Boulangerie Roy le Capitole,** Frederic Roy tarda tres días en preparar desde cero sus cruasanes de mantequilla, pero no se paga ni un céntimo más que en otras panaderías por sus productos hechos a mano. También es el único panadero de Francia (que él sepa) en preparar un delicado *croissant* con sabor a lavanda; hay que llegar

DÓNDE IR DE COMPRAS EN NIZA

Avenue Jean Médécin
La principal zona comercial de Niza para encontrar las mejores tiendas, además del centro comercial Nice Étoile.

Carré d'Or
Los *fashionistas* de Niza acuden a este barrio elegante de *boutiques* independientes que venden marcas parisinas.

Vieux Nice
Entre las tiendas para turistas que venden imanes de nevera y llaveros, se pueden descubrir tesoros únicos hechos a mano.

Erizos de mar, Babel Babel Restaurant.

temprano porque se agotan. En Vieux Nice, la historiadora polaca convertida en panadera Domenika Zelienska recupera harinas locales olvidadas, como la *pétanielle noire de Nice,* en su panadería **Fournil Zelienska.** Sus *tartines* no solo son ideales para un desayuno en la playa, sino que (como ella misma explica) los panes también son mejores tanto para la digestión como para el medio ambiente.

La oferta de *brunch* es igual de emocionante. En la sofisticada Rue Lascaris del puerto, los propietarios de **Comme un Dimanche** aportan el aprendizaje culinario de sus tres años en Australia, sirviendo platos favoritos de las antípodas como tostadas con aguacate aplastado o bollos con panceta y huevo, pero con un toque francés. La carta del *brunch* recomienda de dos a tres platos por persona, pero pueden ser potentes, así que conviene empezar con uno y juzgar. Si se prefiere el dulce al salado, se puede disfrutar de la oferta de creps, muesli y galletas hasta las 11.00 en **Marinette,** que sirve bonitos platos en la terraza de una azotea de Vieux Nice, lejos de las multitudes.

GLOSARIO DE COCINA DE NIZA

Socca Pan plano de harina de garbanzo (sin gluten y vegano) hecho en horno de leña.

Pan Bagnat Este 'pan húmedo' (en dialecto local) es una ensalada nizarda en un sándwich.

Les Petits Farcis Verduras regionales típicas (calabacines, pimientos, cebollas) rellenas de carne.

Pissaladière *Focaccia* con cebolla caramelizada y anchoas.

Beignets de Fleurs de Courgettes Deliciosas flores de calabacín rebozadas.

Panisse Esta versión más gruesa de la *socca* es un serio competidor a las patatas fritas.

Tourte de Blette Sucrée Torta dulce que lleva acelgas dentro.

Merda de Can Ñoquis verdes (también a base de acelga) muy sabrosos.

DÓNDE NADAR EN NIZA

Coco Beach
Que nadie diga a los vecinos que se ha desvelado la existencia de este lugar discreto para nadar en las rocas más allá del puerto.

Castel Plage
La playa privada más antigua de Niza, abiertamente LGTBIQ+, que recibe los últimos rayos de sol del día.

Playa pública de la Ópera
Popular playa pública de guijarros, ideal para jugar al voleibol durante el día o hacer un pícnic con amigos por la noche.

'Happy Hour'

Bebidas al atardecer

Sobre las 17.00, los nizardos acuden a la terraza más cercana en busca de un *apéro,* como se conoce el aperitivo previo a la cena. La animación está garantizada en plazas populares como Place Garibaldi: las mesas elegantemente colocadas junto a un hermoso carrusel de época hacen de **Le Garibaldi** un lugar popular para las familias. A la vuelta de la esquina, al principio de Rue Bonaparte está **Le Café de Chineurs,** que con su ambiente bohemio y sus tapas atrae a un público moderno después del trabajo. En el **Cours Saleya** de Vieux Nice se sirven pintas y rosados fríos, especialmente en las cafeterías y restaurantes del extremo oriental. **La Civette de Cours** ofrece una experiencia más clásica de bar francés. Y luego está **Blast** para quien busca un ambiente de bar estadounidense.

Para mucha gente, la mejor opción es montarse su propio *apéro* en la playa. El mejor lugar para comprar una botella fría es **Caves Caprioglio,** una cueva de Aladino llena de vinos. En verano, las playas privadas como **La Plage Amour** son opciones más caras y elegantes para tomar una copa y bailar toda la noche. Los bares de azotea como **Seen by Olivier** cobran caros los cócteles únicos con vistas de las montañas y el mar.

La Civette de Cours.

LOS MEJORES BARES DE VINOS

Rouge
Nueva incorporación en Port Lympia que sirve elegantes tapas modernas con vinos ecológicos directamente de sus productores.

Cave de la Tour
Banda sonora de *jazz* de los años cuarenta, un interior que apenas ha cambiado desde entonces y vino de Niza por copas.

La Part des Anges
Uno de los primeros bares de vinos de la ciudad, votado como el mejor de Francia en el 2020. Un sinfín de vinos naturales y ecológicos.

Fanfan and Loulou
Vinos naturales servidos con queso y embutidos de Auvernia en un ambiente *retro* de los años setenta.

DÓNDE COMER HELADO EN NIZA

Fenocchio
Sabores inverosímiles como albahaca y tomate, lavanda y oliva en Place Rossetti de Vieux Nice. €

Oui, Jelato
Abre hasta tarde para los segundos postres en Vieux Nice. Las galletas de helado son deliciosas. €

Arlequin Gelati
Heladería de barrio considerada a menudo la mejor de la ciudad. Dominan las combinaciones inventivas. €

Catar el vino de Niza

Los viñedos ocultos de la ciudad

Entre las villas provenzales del flanco occidental de Niza hay nueve viñedos de categoría que constituyen la AOC Bellet. Las peculiaridades de esta denominación de solo 50 Ha son el ser una de las más pequeñas de Francia y encontrarse dentro de los límites de una ciudad. Se cultivan dos variedades de uva, *folle noire* y *braquet,* que no crecen en ningún otro lugar. Aquí no se ven las extensas fincas típicas de las grandes regiones vinícolas, sino que muchas todavía desprenden esa sensación de *vin de garage.* En especial, el encantador **Domaine de la Source,** donde los hermanos Eric y Carine Dalmasso producen vinos en el patio de su casa familiar y hacen catas bajo los olivos. Los dos mayores productores ofrecen una perspectiva encantadora de la historia de la ciudad junto con una experiencia completa: el **Château de Bellet** es el más antiguo de los viñedos y las visitas empiezan en una íntima capilla privada construida en 1873 por los barones de Bellet. **Château de Crémat** está en una imponente fortaleza neomedieval de color terracota que data de 1906; se dice que las C entrelazadas del emblema inspiraron a Coco Chanel, que pasó noches glamurosas en esta vasta terraza en la década de 1920. Hay una visita de 1½ h por la propiedad, recientemente renovada y amueblada con piezas de museo de la suite privada de Chanel en el Ritz de París, que concluye con una cata e incluye los vinos del vecino **Domaine de Toasc.**

Restaurantes para cada día

Experiencias culinarias entre semana

Algunos de los restaurantes más populares de Niza solo abren de lunes a viernes. Esto incluye a **Chez Acchiardo** y **Chez Palmyre,** de Vieux Nice, ambos muy apreciados por su ambiente clásico de bistró. Cerca está **Lavomatique,** más reciente, que se ha ganado admiradores con sabrosos platos compartidos que revolucionan los códigos de cocina tradicionales, regados con vinos ecológicos. En el barrio de Carré d'Or está **Le Canon,** un clásico sin pretensiones con énfasis en lo hiperlocal.

MÚSICA EN DIRECTO EN NIZA

Did Kwo es un guitarrista y compositor local que ha tocado en bares y restaurantes de toda la ciudad. Comparte sus mejores lugares para la música en directo en Niza.

Wayne's Bar
Divertido *pub* inglés de Vieux Nice donde encontrar bandas que versionan canciones ideales para esas fiestas en que la gente baile sobre las mesas.

Shapko
Una gran apuesta nocturna en Vieux Nice para escuchar *jazz,* soul, R&B y *blues.* Gente de todas las edades.

La Cave Romagnan
Bar de vinos cerca de la Gare Thiers para escuchar *jazz* emergente los sábados por la noche.

La Zommé
Local *underground* de Libération con una programación ecléctica; consúltese la programación en sus redes sociales.

DÓNDE VER DEPORTES EN DIRECTO EN NIZA

Ma Nolan's
Animado *pub* irlandés, con sede en Vieux Nice y Port Lympia, que se llena rápidamente los días de grandes partidos. €

Van Diemen's
Este bar australiano de ambiente relajado en Cours Saleya tiene dos terrazas y 11 televisores. €

Waka Bar
Menos pantallas, pero una ubicación inmejorable frente a la playa y ambiente festivo durante los partidos. €

Alrededores de Niza

Los alrededores de Niza están llenos de bellas poblaciones, pueblos elevados, rutas de senderismo y experiencias alpinas inesperadas.

Para sentir que se ha dejado atrás la gran ciudad no hace falta alejarse demasiado de Niza; el ritmo ya baja un poco al llegar a Villefranche-sur-Mer, un encantador pueblo de pescadores unido a Niza por el este. El trío de sublimes *corniches* (carreteras de la costa) que se extienden entre Niza y Mónaco atraviesan varias poblaciones turísticas de la *belle époque,* pasan por pueblos elevados y permiten acceder a magníficas rutas de senderismo. Se unen en Menton, la última ciudad antes de la frontera italiana. Los alrededores de Niza también viven un buen momento. Inspirados en los paisajes prealpinos del Parc National du Mercantour, numerosos chefs están apostando por los productos de proximidad.

CÓMO DESPLAZARSE

Cuando el tren es puntual, la línea TER Sud circula rápido entre Niza y las paradas costeras; un trayecto muy pintoresco. El autobús 607 Zou! recorre las mismas curvas a un ritmo más lento, parando entre Niza y Mónaco. Ambos pueden llenarse en las horas punta de la mañana y la tarde. Un servicio de autobús conecta St-Martin-Vésubie con Niza; para ir a pueblos costeros como Ste-Agnès, lo ideal es instalarse en Menton. Para adentrarte en los paisajes montañosos de la Costa Azul, hace falta transporte propio, ya sea coche o bicicleta.

CONSEJO

Los restaurantes tienen un horario estricto para el almuerzo, generalmente entre 12.00 y 14.30.

Caminar por las tres Corniches

Senderos costeros y vistas magníficas

Las tres Corniches se pueden recorrer en coche o a pie. Si bien hay muchos senderos naturales señalizados que cruzan las colinas detrás de Villefranche-sur-Mer, Beaulieu-sur-Mer y Èze (la excelente web **Randoxygène** y la guía impresa de las oficinas de turismo los detallan en francés), la mejor ruta es el **sendero Nietzsche** que conecta Èze-bord-de-Mer y Èze. Lleva el nombre del filósofo alemán Friedrich Nietzsche, que encontró la inspiración para completar la tercera parte de *Así habló Zaratustra* recorriendo esta senda. La ruta de 2,1 km se puede abordar de arriba hacia abajo, pero el punto de partida clásico es la Basse Corniche. El ascenso empi-

LENUSH/SHUTTERSTOCK ©

Èze (p. 67).

nado desde la costa por un camino rocoso bien definido serpentea entre arbustos mediterráneos. La sensación es estar lejos de la civilización. Después de 1 h aprox. se llega al pueblo medieval de Èze, en la Moyenne Corniche. La gente suele hacer una pausa para disfrutar de esta joya de la Costa Azul antes de dar media vuelta, pero se puede subir al **Fort de la Revère,** fortaleza de 1870 que se alza sobre la Grande Corniche; es una reserva natural, ideal para un pícnic. El camino, señalizado como **Fuont Roussa,** comienza en Avenue Marne, 200 m más allá de la perfumería Fragonard. El ascenso es empinado a través de pinos y flores silvestres, pero la recompensa son magníficas vistas de la Costa Azul. Hay que calcular unos 30 min para llegar a la Grand Corniche y otros 15 min para el fuerte, dependiendo de cuántas paradas se hagan. Si hay ganas, docenas de senderos atraviesan la meseta; de lo contrario, se baja por el camino marcado.

PARA CICLISTAS

Los ciclistas de carretera más serios no pueden perderse los puertos de montaña que hay por encima de Niza. Los *cafés vélo,* o cafeterías para ciclistas, están apareciendo como lugares no solo para tomar buen café, sino también para conocer a otros aficionados a ese deporte y participar en rutas programadas.

El **Café du Cycliste** del puerto es el *café vélo* original. Se puede participar en las salidas semanales en grupo o ir por libre siguiendo un itinerario que empieza en la puerta. Es posible alquilar bicicletas de carretera y *gravel.*

The Service Course de Vieux Nice organiza paseos en grupo los fines de semana. La programación está disponible en su web. La salida del sábado es más larga que la del domingo. La participación es gratuita (con bici propia). También alquilan bicicletas de carretera.

DÓNDE HACER UN PÍCNIC EN LAS TRES CORNICHES

Jardin de l'Olivaie
Incluso en verano, en este sombreado olivar de Beaulieu-sur-Mer es fácil sentirse como en el propio jardín.

Plateau de St-Michel
Hay que llegar temprano para disfrutar de una mesa de pícnic con vistas panorámicas en este barrio alto de Villefranche-sur-Mer.

La Pinède
Una tranquila zona de pícnic llena de pinos antes de la Tête du Chien, en La Turbie, con bellas vistas de Mónaco.

CIRCUITO EN AUTOMÓVIL

Ruta por las tres Corniches

Las tres Corniches (carreteras costeras) se aferran a los acantilados entre Niza y Mónaco, brindando nuevas vistas tras cada curva. Las panorámicas del Mediterráneo pueden ser una distracción, pero hay muchos miradores. Se podría cubrir esta ruta sin parar en menos de 1 h, pero eso implicaría saltarse muchas joyas de la Costa Azul.

1 Mont Boron

Se empieza en la franja boscosa del este de Niza, el Parc Forestier de Mont Boron, bosque urbano que hace las delicias de los excursionistas. Se puede aparcar cerca del Fort du Mont Alban, del s. XVI, para disfrutar de las vistas de la bahía de Villefranche-sur-Mer, una muestra de lo que está por llegar.

La ruta: este tramo bastante llano de la Basse Corniche, de 5 km, va siguiendo la costa. Se para en el mirador Mémorial Princesse Grace, a la entrada de Villefranche-sur-Mer.

2 Villefranche-sur-Mer

La Citadelle St-Elme se alza en la entrada del pequeño puerto. Detrás de sus imponentes murallas se encuentra un encantador jardín de esculturas, acariciado por la brisa del Mediterráneo.

La ruta: se sigue por la carretera inferior 1 km más y se gira a la izquierda en la estrecha Avenue Léopold II, que serpentea hasta la Moyenne Corniche. Después, hay un tramo panorámico de 5 km hasta Èze.

Roquebrune-Cap-Martin.

3 Èze

A veces puede ser difícil aparcar, pero no hay que saltarse Èze, acurrucado entre las rocas casi 500 m sobre el mar. Es una joya de la Costa Azul, con estrechas calles medievales que conducen a un solo lugar: el Jardin Exotique d'Èze, un sereno jardín de varios niveles donde crecen cactus entre las ruinas del antiguo castillo.

La ruta: poco después de salir del pueblo, se gira a la izquierda en la carretera de la Turbie para subir aún más. En lo alto, se toma la Grande Corniche. Tras la primera curva aparecerá La Turbie.

4 La Turbie

Está tan alta que a veces la cubre una bruma suave. Cuando se despeja, se pueden distinguir tres países desde la Tête du Chien: Francia, Mónaco e Italia. No hay que perderse el Trophée d'Auguste, un monumento a la victoria erigido para el emperador romano Augusto. Se recomienda probar los cruasanes mantecosos de Ma Première Boulangerie, son de los mejores.

La ruta: siguiendo por la Grande Corniche, la carretera serpentea 5 km rodeando Mónaco.

5 Roquebrune-Cap-Martin

La aparición del acristalado Maybourne Riviera es deslumbrante, antes de la salida hacia Roquebrune. En la última planta de este elegante hotel de lujo espera Ceto, el templo de inspiración mediterránea del chef Mauro Colagreco. Se puede tomar pescado madurado dentro de una cámara de sal de roca, acompañado de vinos envejecidos bajo el agua. Desde la terraza, uno parece flotar sobre el mar.

Pasear por Villefranche-sur-Mer

Calles bonitas y vida pausada

La fotogénica **Villefranche-sur-Mer** empieza en el extremo oriental de Niza, pero parece muy lejos del bullicio de la urbe. Hay vida de pueblo pequeño, donde los vecinos charlan en los mercados de los miércoles y sábados por la mañana o juegan a la petanca a la sombra de la **Citadelle St Elme,** del s. XVI. Las calles peatonales del casco antiguo son ideales para hacer de *flâneur* (paseante ocioso). Se empieza admirando la buena mano de los vecinos de Rue Volti y Rue Baron de Brès con las plantas, pues han convertido sus fachadas de colores pastel en bellos jardines callejeros. Las escaleras que bajan hasta el mar ofrecen vistas de las brillantes aguas. Antes del paseo marítimo se halla Rue de Poilu, un hervidero de actividad con restaurantes y *boutiques* que huelen a lavanda y venden vestidos ligeros y pamelas. Más abajo está **Rue Obscure,** un callejón abovedado de 130 m de largo que ofrece una visión sombría del pasado medieval del pueblo. Se puede parar a comer en el muelle: los manteles blancos de **La Mère Germaine** enmarcan la clásica experiencia gastronómica (con precios a juego). Los vecinos prefieren la cocina *niçoise* de **Lou Bantry.** Las caprichosas pinceladas de Jean Cocteau cubren paredes y techos de la **Chapelle St-Pierre,** contando las tradiciones pesqueras de Villefranche. Al lado, el bar de la azotea de **Achill's** atrae a un público a la moda.

¿Quién quiere ser multimillonario?

Una villa de cuento y un jardín encantado

Las calles arboladas de **St-Jean-Cap-Ferrat,** que dan a las bahías de Villefranche-sur-Mer y Beaulieu-sur-Mer, albergan grandes residencias privadas. Los altos muros y las puertas cerradas ocultan la mayoría de estas mansiones multimillonarias. Sin embargo, el mayor tesoro arquitectónico de la península, la **Villa Ephrussi de Rothschild,** es una de las mejores atracciones de toda la costa. En cuanto se pone un pie en esta ornamentada villa rosa y blanca de la *belle époque,* encargada por la baronesa Béatrice Ephrussi de Rothschild y terminada en 1912, se retrocede a una época en la que estaban de moda los muebles Luis XVI y las pinturas de Fragonard. Hay que dejar tiempo para los nueve jardines temáticos que se abren desde la villa, un encantador paisaje de amplias escaleras de piedra, pérgolas cubiertas de rosas e incluso una fuente musical. Las vistas al mar desde todos los ángulos son sublimes.

POR QUÉ ME ENCANTA VILLEFRANCHE-SUR-MER

Cuando la serie de Netflix *Emily en París* llegó a la Costa Azul en la 2ª temporada, muchas de las escenas ubicadas en Saint-Tropez se grabaron en Villefranche-sur-Mer.

Para los residentes como yo, afirmaba lo que ya sabíamos: nuestro atractivo pueblo costero eclipsa a sus vecinos más glamurosos.

Si a la gran belleza natural de la bahía le sumamos los edificios de tonos pastel que bajan en cascada hacia el mar, el resultado es una escena clásica de la Costa Azul. Pero aquí el ambiente es más discreto y menos de *jet set.* No hay una vida nocturna estilosa ni *boutiques* de diseñadores, solo paisanos detrás de las barras y los mostradores de las tiendas, que acaban siendo tus amigos.

DÓNDE COMER Y DORMIR EN VILLEFRANCHE-SUR-MER

La Regence
La mejor relación calidad-precio del centro urbano. Habitaciones encantadoras de estilo provenzal y ambiente familiar. €

Hôtel de la Darse
Hotel de dos estrellas, básico pero elegante, en el tranquilo barrio portuario. Habitaciones con vistas al mar. €€

Le Serre
Restaurante escondido bajo arcos abovedados y apartado de las rutas turísticas del casco antiguo. *Pizzas* excelentes. €

La 'belle époque' de Beaulieu-sur-Mer

Entrar en una mansión aristocrática

Con sus espléndidas residencias de principios de siglo con querubines rosados y otros detalles, **Beaulieu-sur-Mer** es tan popular entre los extranjeros ricos como lo fue a finales del s. XIX, cuando los aristócratas rusos y británicos pasaban el invierno bajo el agradable sol de la Riviera. Se les ve tomando un café o champán en las cafeterías en torno a **Place du Général de Gaulle.** En la cercana **oficina de turismo** se puede conseguir un mapa del Beaulieu de la *belle époque* para dar un paseo y admirar la arquitectura de la época. En un futuro próximo está prevista una visita guiada. Hay más de una docena de paradas; algunas, como la **Résidence Eiffel** (construida en la década de 1880; propiedad de la familia de Gustave Eiffel hasta 1977), son suntuosas residencias privadas para admirar desde el exterior. Otras son tesoros nacionales abiertos al público. La vecina **Villa Kérylos** es un viaje a la Antigüedad, una fiel réplica de una casa griega del s. II a.C. construida en la Baie des Fourmis y llena de mosaicos. Cerca están **La Rotonde** y el **Casino de Beaulieu,** con

ANASTASIA KRUTIKOVA/SHUTTERSTOCK ©

Villa Ephrussi de Rothschild.

GASTRONETAS Y CHIRINGUITOS

Se puede disfrutar de algunas de las experiencias gastronómicas más memorables de la costa en estos lugares de comida informal al aire libre, con vistas magníficas y precios razonables. Abiertos solo en verano.

La Voile Bleue
Un local sencillo en la playa de Villefranche-sur-Mer, que sirve copas de rosado fresco y uno de los mejores *pan bagnat* de la costa. €

Le Cabanon
En medio de todas las mansiones se encuentra este quiosco sin lujos para estar con los pies en la arena, en pleno camino de la costa de St-Jean-Cap-Ferrat. €

Food'eze
Gastroneta en lo alto de la Moyenne Corniche, antes de Èze. La especialidad son las hamburguesas, con sensacionales vistas al mar. Aparcamiento al lado. €

DÓNDE COMER EN BEAULIEU-SUR-MER

Rotisserie Sandwicherie
Diminuto *snack bar* donde cortan el pollo asado y lo sirven en una *baguette* con patatas asadas. €

La Maison de la Sauce by Pignatelle
Lo más importante son los ingredientes frescos y las salsas sabrosas. Terraza preciosa. €€

Tennis Club
Restaurante junto a la cancha, abierto al público. Ensaladas de primera, pasta y platos de carne a buenos precios. €

VER EL MAR

Cerca de Niza no faltan negocios de alquiler de barcos y salidas marítimas, pero solo uno permite navegar hasta 35 km de la costa en una réplica de madera de un mercante mediterráneo del s. XVI. Y de paso, se puede ayudar a proteger el océano.

Durante más de tres décadas, la asociación local **SOS Grand Bleu** ha luchado por la protección de delfines y ballenas en el Mediterráneo. En el 2005 tomaron posesión del velero *Santo Sospir* de 23 m. Por 65 € por persona, se puede subir a bordo para una salida en grupo de todo el día (máximo 20 pasajeros) en busca de estos majestuosos animales marinos.

Hay que llevar pícnic, gafas de sol, sombrero, protector solar y bañador. De abril a noviembre.

Fête du Citron, Menton.

abundantes detalles de época. Se termina en el dorado Gordon Bennett Bar dentro de **La Réserve de Beaulieu,** de cinco estrellas, donde llegaban en hidroavión huéspedes como Walt Disney y Clark Gable.

Los limones de Menton

Festival cítrico

Las montañas y el microclima marino de **Menton** tienen algo especial. Esta última curva de Francia antes de la frontera italiana es uno de los lugares más septentrional donde pueden crecer limones. Siempre habían sido un pilar de la economía de la ciudad, pero en los últimos años, una combinación de factores ha causado la disminución de la producción. El cultivo del *citron* de Menton, apreciado por su sabor dulce y su gran tamaño, vive un renacimiento. Durante la anual **Fête du Citron** (febrero), las calles alrededor del paseo marítimo se llenan de amarillo y naranja. Se paga entrada para ver los animados desfiles callejeros de carrozas construidas con cítricos y bailarines vestidos con afectación, pero no hay que pagar para admirar las gigantescas creaciones a base de cítricos de **Jardins Biovès,** cada año con un tema diferente.

DÓNDE RELAJARSE EN LA PLAYA EN LOS ALREDEDORES DE NIZA

Baia Bella
La primera playa privada neutra en carbono de Francia, en Beaulieu-sur-Mer. Paneles solares y agua reciclada.

Plage Paloma
Emblemática playa privada de St-Jean-Cap-Ferrat que atrae a muchas estrellas del celuloide y es un lugar habitual de rodajes.

La Réserve de Mala
Playa escondida bajo acantilados escarpados, lejos de las multitudes, pero es un privilegio por el que hay que pagar.

Las dos semanas del festival son la única ocasión en la que **La Casetta,** el jardín municipal de Menton, abre sus puertas para hacer visitas guiadas. Reservas en la **oficina de turismo.**

Otra opción es visitar una granja limonera. Detrás del cementerio está la **Maison Gannac,** que hace un recorrido a las 9.00 por su vivero y huerto. Se aprende sobre diferentes variedades de cítricos, desde la lima dedo a la bergamota, e incluso se pueden recibir consejos para las plantas de casa. La visita dura 1 h aprox., y finaliza con una degustación de sus productos. Para visitar **La Ferme des Citrons** hay que reservar con antelación, ya sea por Instagram o en la tienda **Au Pays du Citron** (22 Rue St-Michel). La visita empieza en un punto de encuentro de Menton, donde un todoterreno lleva en un trayecto corto y empinado hasta la granja. Después de una visita guiada de 1 h entre aguacates, olivares y limoneros, hay tiempo para relajarse en una terraza soleada, con una zona de juegos infantiles a la sombra y buenas vistas del campo. El precio incluye un sabroso almuerzo tipo pícnic, aunque hay que pagar aparte la cerveza local con sabor a limón (La Mentounasc) y otras bebidas. Al reservar se puede pedir un guía en otra lengua.

El 'château' de Le Corbusier

Una casa extraordinaria junto al mar

Le Corbusier lo llamaba su "*château* en la Costa Azul": una pequeña cabaña de madera de pino de 14 m² junto al mar en **Cap Martin.** Conocida como **Le Cabanon** y Patrimonio Mundial de la Unesco, es la única estructura que el arquitecto de origen suizo diseñó para sí mismo. La construyó como su residencia de verano en 1952 en un terreno anexo a la **Villa E-1027,** diseñada por sus amigos, la decoradora de interiores irlandesa Eileen Gray y el arquitecto de origen rumano Jean Badovici. La villa data de 1929 y es un ejemplo temprano de arquitectura moderna. Con la muerte de Badovici en 1956 se inició un capítulo turbulento en la historia de la propiedad, incluido un período en el que muchos de los muebles y accesorios personalizados por Gray fueron subastados, para luego aparecer en museos de todo el mundo. La villa es ahora un monumento protegido y ha sido restaurada siguiendo la visión original de Gray (incluso hay una fiel réplica de los pomos de las puertas). El conjunto, que incluye el bar **Étoile de Mer** propiedad de Thomas Rebutat y las cinco cabañas de vacaciones diseñadas por Le Corbusier, ahora se conoce como **Cap Moderne.** Una visita guiada de 2 h por los cuatro edificios sale a pie cada día a las 10.00 y las 14.00 desde un

DEGUSTAR LA COCINA DE MAURO

Después de abrir **Mirazur,** un restaurante con tres estrellas Michelin a pocos pasos de la frontera italiana, el imperio de Menton del chef argentino Mauro Colagreco no ha hecho más que expandirse. Y no hay que pagar precios de alta cocina para disfrutar de la experiencia.

Enfrente del Mirazur está el lindo **Casa Fuego,** su parrilla argentina, que es el mejor lugar para una cita en la Costa Azul. En la recién renovada playa de Les Sablettes está **Pecora Negra,** su pizzería informal para familias. Y en la céntrica calle comercial peatonal paralela al paseo marítimo, su panadería ecológica **Mitron Bakery** recupera las harinas raras y olvidadas de Francia.

DÓNDE BEBER Y COMER EN MENTON

Ferdinand
Sabrosos cócteles de ron, música en directo y gran ambiente a dos pasos de Les Sablettes. **€**

L'Endroit
El mejor lugar para unas copas informales que se convierten en largas cenas con música en directo los fines de semana. **€**

Les Enfants Terribles
A pesar del nombre, los niños son más que bienvenidos en este familiar restaurante de pescado. **€€**

JARDINES DE MENTON

Menton, el pulmón verde de la Costa Azul, fascina con sus jardines.

Jardin Botanique et Exotique du Val Rahmeh
Cerca de la playa, más de 1700 especies florecen en este jardín en terrazas de 120 años de antigüedad, diseñado para el general británico sir Percy Radcliffe.

Jardin Serre de la Madone
Estanques, pérgolas y estatuas decoran este encantador jardín en la carretera a Gorbio. Data de 1924, cuando el angloestadounidense Laurence Johnston empezó a plantar flora recolectada de sus viajes por el mundo.

Jardin Fontana Rosa
Los vistosos azulejos dan un toque especial a este jardín de sabor español, que fue propiedad de Vicente Blasco Ibáñez. Abierto solo para visitas guiadas.

hangar de la estación de tren de Cap-Martin-Roquebrune. Se recomienda llegar 15 min antes para ver la exposición informativa. Hay que reservar con mucha antelación. Le Corbusier tuvo un ataque al corazón nadando más allá de las rocas del entorno de su cabaña en 1965 y está enterrado en el cementerio del pueblo medieval de **Roquebrune,** a 300 m de altura sobre su adorado "castillo" en la costa.

El estratégico Ste-Agnès

Jardín medieval en el cielo

Ste-Agnès, aferrado a una pared rocosa a 800 m sobre Menton, afirma ser el pueblo costero más alto de Europa y está clasificado como uno de Les Plus Beaux Villages. Las carreteras de acceso son estrechas y con curvas cerradas, especialmente llegando de La Turbie por **La Col de La Madone de Gorbio,** un puerto de montaña legendario entre los ciclistas. Desde los callejones de adoquines de este pintoresco pueblo, una subida de 10 min por unas escaleras lleva al asentamiento original, a una altitud aún más imponente. El castillo del s. x está en ruinas, pero una asociación de voluntarios cuida de él; detrás de las murallas han plantado un pequeño pero bonito jardín medieval. Unos carteles escritos a mano marcan el camino entre enredaderas, hierbas y flores silvestres. Las vistas son espectaculares. Quien sufra con las alturas puede sentirse algo incómodo, especialmente en lo alto del fuerte en ruinas, que ofrece vistas de 360º. Es como Èze, pero sin el lustre ni las multitudes, y ahí radica su encanto. Cabe destacar la fortificación militar de hormigón de la Línea Maginot excavada en la roca, equivalente a un edificio de cuatro plantas construido por debajo del pueblo. Las visitas guiadas a **Le Fort de la Ligne Maginot** son solo en francés.

Escapada a los picos

Naturaleza y pueblos de interior

La costa y el azul del mar acaparan la atención, pero el espectacular interior montañoso constituye más del 80% del *département* de Alpes Marítimos en la Costa Azul. **St-Martin-Vésubie** está a 1 h de Niza y a 1000 m sobre el nivel del mar. Ha sido apodada La Suisse Niçoise por su entorno verde y sus bonitos chalés de madera. En el 2020, la tormenta Alex azotó el **Vallée de la Vésubie** y el **Vallée de la Roya,** causando muertes y arrasando edificios y puentes. Las cicatrices siguen siendo evidentes, pero la comunidad se está recuperando de la devastación. El apoyo de los visitantes pue-

PASEOS POR LA COSTA EN LOS ALREDEDORES DE NIZA

Promenade Maurice Rouvier
Este paseo llano y asfaltado de 1,3 km une Beaulieu-sur-Mer con St-Jean-Cap-Ferrat y es totalmente accesible.

Sentier de Cap d'Ail
Popular sendero de 5 km que va desde la Plage Marquet (en el extremo occidental de Mónaco) hasta la bahía oculta de la Plage Mala.

Le Tour du Cap-Ferrat
Este sendero rocoso de 4,8 km que rodea el promontorio de Cap-Ferrat pasa por un faro, calas recónditas y el Grand-Hôtel.

Gorbio.

de contribuir a sus esfuerzos. En el centro del pueblo está el multimillonario **Vésubia Mountain Park,** un centro de aventura de interior donde niños y adultos escalan en el rocódromo, hacen barranquismo o disfrutan con el recorrido de aventura de la azotea.

Al hacer una pausa, es el momento de decidir si el agua de manantial del río Vésubie es lo que hace que sea tan refrescante la cerveza local de **Brasserie du Comté;** la cervecería ha sido reconstruida a las afueras del pueblo después de que una tormenta arrasara la original. En verano se hacen visitas guiadas y degustaciones; se puede reservar allí o a través de la **oficina de turismo de St-Martin-Vésubie.** Tienen las cervezas de barril más populares y en la tienda se venden cervezas y otros productos. El pueblo es el punto de partida para numerosas rutas de senderismo por el **Parc National de Mercantour,** que abarca 679 km^2 entre la Costa Azul y la Alta Provenza. En compañía de los amables guías del **Bureau des Guides Vésubie Mercantour,** se pueden descubrir los mejores senderos de montaña para acercarse a marmotas y majestuosos rebecos.

EL MEJOR DESCANSO: PUEBLOS CIMEROS

Gorbio
A la sombra de un olmo de 300 años que domina la plaza principal, es un pueblo provenzal de belleza clásica sobre una colina sin autobuses turísticos.

Castillon
Pintoresco pueblo de artistas reconstruido en otro emplazamiento en los años cincuenta, tras su destrucción (primero, por un terremoto y luego, por la guerra). Un paraíso para la escalada.

Castellar
Este pueblo de estilo italiano sobre una colina detrás de Menton rebosa de sabores locales las mañanas de domingo en el mercado semanal. La especialidad son los *barbajuans*.

Peillon
La mitad de la aventura es llegar por una sinuosa carretera de montaña. Hay que reservar con antelación para almorzar en el Auberge de la Madone.

DÓNDE COMER CERCA DE MENTON

Le Righi
Las vistas desde la terraza de esta institución de St-Agnès podrían ser las mejores de cualquier restaurante de la Costa Azul. €

L'HarTmonie
Este *bistrot de pays* en Castillon apoya el empleo para personas con discapacidad y hace hincapié en la cocina regional. €

Le Beauséjour
Un comedor sacado de una revista campestre francesa, con vistas al olmo de Gorbio. €€

POR EL VALLE DE LA VÉSUBIE

Guillaume Mathurin, del Bureau des Guides Vésubie Mercantour (bureau-guides-vesubie-mercantour.fr), recomienda algunas de sus rutas preferidas.

Salèse
Para paseos suaves bajo alerces que invitan a la reflexión; esta zona es ideal para relajarse.

Boréon
Más familiar. La majestuosa cumbre del Cougourde permite desde refrescarse en un arroyo o un lago alpino hasta la escalada más aventurera.

Madone de Fenestre
A un paso de Italia, esta excursión lleva a conocer a los animales que dominan el territorio: rebecos, íbices y marmotas.

Gordolasque
Su atractivo es la atmósfera alpina, con sus numerosos lagos glaciares. Es la puerta de entrada al **Vallée des Merveilles** y sus petroglifos de la Edad del Bronce.

El tren de las maravillas

Un viaje alpino mágico

El tren de cercanías que conecta Niza con los pueblos de montaña del valle de Roya se conoce como **Train des Merveilles.** Se extiende hasta la frontera con Italia y hace un trayecto espectacular por profundos desfiladeros, pinares y cascadas. La línea se terminó de construir en 1928 y conectaba Niza con Italia, pero ahora los trenes franceses solo pueden llegar hasta **Tende,** un pueblo a 800 m sobre el nivel del mar, en el rincón más oriental de Francia (donde se puede conectar con los de Trenitalia). Las hazañas de la ingeniería para hacer posible semejante ruta incluyen imponentes viaductos, numerosos túneles (incluido el segundo más largo del país) y bucles en espiral. De junio a septiembre, en el servicio diario de las 9.08, un guía aporta comentarios en directo sobre la ruta y su construcción, en francés e inglés, sin coste adicional (en abril y octubre, solo los fines de semana). Se llega a Tende a las 11.30, con dos servicios de vuelta a Niza por la

DÓNDE COMER Y DORMIR EN EL VALLE DE LA VÉSUBIE

Le St Mart'
Este bar de vinos y bistró, lejos de la plaza principal, sirve todos los clásicos ejecutados a la perfección. **€**

Relais de Merveilles
Acogedora posada para excursionistas con dormitorios y camas dobles a las puertas del Gordolasque. Abre de finales de abril a octubre. **€**

Pure Montagne
Resort nuevo y elegante que aporta un toque de glamur alpino a St-Martin-Vésubie. Es la mejor opción para familias. **€€€**

tarde. Es tiempo suficiente para pasear por el pueblo que se aferra a la ladera de la montaña como un anfiteatro. La ornamentada fachada barroca de la **Collégiale Notre-Dame de l'Assomption** se puede ver desde casi todos los ángulos; se accede por un laberinto de calles peatonales con aire italiano. Destaca el **Musée des Merveilles,** enfrente de la estación, con grandes paneles visuales y artefactos que trazan la historia de las tallas prehistóricas del **Vallée des Merveilles.** Otras paradas de la línea son **Breil-sur-Roya** (con un museo del transporte), el **Ecomusée du Train des Merveilles, St-Dalmas-de-Tende** (punto de acceso a **Casterino** y el Vallée des Merveilles) y **La Brigue.**

Recuperación de una cocina olvidada

Tradiciones que vuelven

Hace siglos, en otoño, los pastores del alto **valle de Roya** llevaban sus rebaños de ovejas Brigasque desde las montañas hasta la costa, volviendo a los prados altos en primavera.

Tende.

LA VALLÉE DES MERVEILLES

Thibaud Duffey (carambaam@yahoo.fr) es un guía de montaña cualificado afincado en Saorge, que realiza excursiones regulares al Vallée des Merveilles y al valle de Fontanalba.

En lo alto del **Parc National de Mercantour** se encuentran dos misteriosos valles formados por glaciares, con numerosos lagos cristalinos y más de 40 000 grabados del Neolítico y la Edad del Bronce. Se pueden ver las tallas después de una excursión de 2-4 h desde los aparcamientos de Les Mesches o Casterino (de finales de mayo a principios de octubre). Lo mejor es dormir en los cercanos refugios de **Merveilles** y **Fontanalbe.** Se toma el Train des Merveilles (desde Niza) o el autobús nº 25 (desde Menton) para llegar a St-Dalmas-de-Tende, desde donde el nº 23 conduce a Les Mesches y Casterino (4 al día).

DÓNDE ESQUIAR CERCA DE NIZA

Auron
Mucho encanto alpino y buen ambiente de *après-ski* a solo 1½ h de Niza.

Isola 2000
Lo bueno: grandes pistas con vistas al Mediterráneo desde lo alto. Lo malo: la aburrida arquitectura de los años setenta.

Valberg
La primera estación de esquí de la Costa Azul y una de las favoritas de los esquiadores de fin de semana de Niza.

OTROS PUNTOS DE INTERÉS

Roure
Este pueblo del interior es un destino inusitado para un jardín botánico a gran altitud. El Arboretum Marcel Kroenlein se merece un desvío. Se puede dormir y comer en el Auberge Lo Robur.

Gorges du Cians
Apodado el Colorado Niçois por sus vistosas rocas rojas, es un desfiladero imponente que supone un magnífico viaje por carretera.

La Colmiane
Centro de actividades alpinas veraniegas, incluida la tirolina más larga de Francia, trineo de verano, vía *ferrata* y parapente.

Valdeblore
Los parisinos estilosos acuden a este tranquilo pueblo de Mercantour para pasar largos fines de semana *gourmet* en el Auberge de la Roche.

CHRISTOPHE BOISVIEUX/ALAMY STOCK PHOTO ©

Santuario de Notre-Dame-des-Fontaines.

A lo largo de esta ruta de trashumancia se desarrolló una cocina particular. La **'cucina bianca',** llamada así por el aspecto blanquecino de los ingredientes principales (harina, patatas, puerros y lácteos), surgió de la necesidad de comidas simples que pudieran alimentar a los pastores y sus familias en el camino. Si bien la práctica de la trashumancia se ha extinguido, en el **Auberge St-Martin** de **La Brigue,** el propietario y chef Patrick Teisseire está recuperando la *cucina bianca*. Se puede almorzar o pasar la noche en una de las nueve habitaciones (sencillas pero con buena relación calidad-precio) y probar especialidades como *sügeli,* una pasta con forma de concha inscrita en el listado francés de Patrimonio Cultural Inmaterial, y *brousse,* un potente queso cremoso de oveja Brigasque. Teisseire también organiza clases de cocina (previa reserva). Se recomienda visitar el **santuario de Notre-Dame-des-Fontaines,** una iglesia del s. XV apodada la Capilla Sixtina de los Alpes mediterráneos por los detallados frescos que cubren cada centímetro del interior. Está a 4 km de La Brigue. Al tomar el Train des Merveilles, hay que tener en cuenta que La Brigue es la parada 5 min antes de Tende.

CANNES

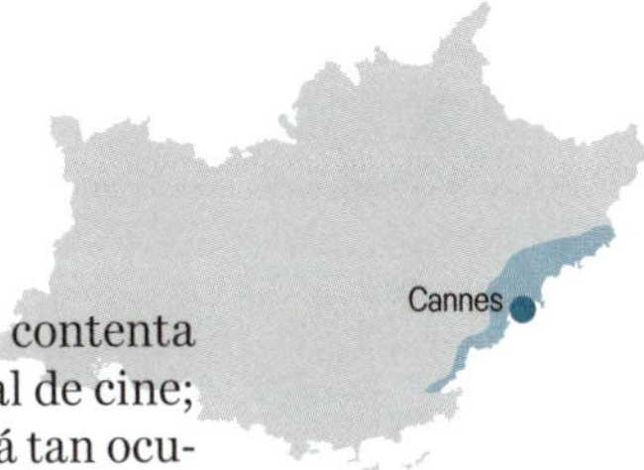

Cannes es el anfitrión más excelso. No se contenta con celebrar cada año el prestigioso festival de cine; su calendario de conferencias y eventos está tan ocupado que la mayoría de los meses está desbordado. Es un lugar que siempre se viste de gala y se llena con un público global, así que acaba apartando las tradiciones y experiencias locales.

Pero, a pesar de las primeras impresiones (la bahía abarrotada de superyates, coches de lujo aparcados en doble fila delante de las *boutiques* de diseñadores de La Croisette), Cannes tiene alma provenzal, como lo atestiguan las barcas de pesca de colores que se mecen en el puerto o las flores de calabacín rebozadas recién hechas en el Marché de Forville. En un mundo que ahora celebra la esencia única de cada destino, este poso empieza a brillar.

Fiebre de festivales

Desplegar la alfombra roja

Durante dos semanas de mayo, las estrellas se dan cita en el **Festival de Cannes.** El epicentro es el **Palais des Festivals et des Congrès,** frente al puerto. Meses antes, los cinéfilos envían una solicitud a festival-cannes.com para intentar conseguir uno de los pocos pases para acceder a las proyecciones: quien demuestre un interés verificado en el cine tiene más posibilidades de éxito. Si se está dispuesto a estar de pie durante horas vestido de gala delante del Palacio, quizá se encuentre a alguien que quiera deshacerse de una entrada para una proyección a la que no puede asistir. Un cartel improvisado que indique lo que se quiere ver aumentará las posibilidades. Después del atardecer, todo el mundo está invitado al **Cinéma de la Plage,** el cine al aire libre gratuito que ocupa la Plage Macé durante el festival. Se suelen proyectar clásicos y algún estreno mundial. Es posible codearse con algún actor o miembro del equipo. Hay que llegar temprano para conseguir los mejores asientos.

El resto del año, el glamur no se desvanece. Se pueden ver las huellas de las manos de más de 400 estrellas fundidas en acero inoxidable delante del Palais des Festivals et des Congrès, en el **Chemin des Étoiles.** Las fechas de las visitas del Palais se programan con seis semanas de antelación desde la **oficina de turismo** (en el mismo edificio), dependiendo del calendario de eventos. Las visitas (1 h 30 min) ofrecen una visión entre bastidores de uno de los lugares más míticos del mundo del cine.

CÓMO DESPLAZARSE

El Palm Bus A conecta Cannes y Mandelieu-La Napoule, con múltiples salidas cada hora; para Vallauris, se toma al autobús nº 9. Las líneas del interurbano Zou! 663 y 664 salen de Place Stephan Vahanian de Cannes y pasan por Mougins, aunque hay que caminar 1 km desde la parada de Qui Vend Bon hasta el pueblo.

El viaje en tren entre Cannes y Grasse dura solo 30 min; también es la mejor opción para ir desde Cannes hacia el oeste, a Antibes. Para las gargantas de Loup y más allá, se recomienda tener vehículo propio.

CONSEJO

Los restaurantes tienen un horario estricto para el almuerzo, generalmente entre 12.00 y 14.30.

IMPRESCINDIBLE
1 Chemin des Étoiles
2 Église Notre-Dame de l'Esperance
3 Le Suquet des Artistes
4 Musée des Explorations du Monde

ACTIVIDADES Y CIRCUITOS
5 La Croisette (playas privadas)

DÓNDE DORMIR
6 Carlton Cannes

DÓNDE COMER
7 L'Ardoise
8 Le Pompom
9 Pizza Cresci
10 Restaurant Bella

DÓNDE BEBER Y VIDA NOCTURNA
11 Charly's Wine Bar
12 Le Hive
13 Le Roof at Five Seas Hotel
14 Ma Nolan's
15 Morrison's Pub
16 The Quays

DE COMPRAS
17 Marché de Forville

INFORMACIÓN
18 Palais des Festivals et des Congrès

TRANSPORTE
19 Quai Des Iles

Un pueblo en una ciudad

Arte y miradores

El barrio más antiguo de Cannes es **Le Suquet** ("cumbre" en provenzal), con un apacible y relajante encanto. Lejos quedan las multitudes y la pompa de La Croisette al pasear por las calles tranquilas que se extienden desde el borde occidental del Vieux Port. Además de las vistosas casas de pueblo con balcones floridos, hay varios puntos de interés histórico, como el castillo medieval de los monjes de las islas de Lérins que, convertido en el **Musée des Explorations du Monde,** alberga tesoros de todo el mundo. El letrero de selfis de Cannes que hay delante de la entrada está deliberadamente inclinado para ofrecer unas vistas impresionantes de la bahía, aunque es mejor subirse a lo que queda de las murallas frente a la **Église Notre-Dame de l'Espérance,** del s. XVII, a la vuelta de la esquina. En la base de la colina, en una sala baja que en su día al-

DÓNDE DORMIR EN CANNES

Hôtel de Provence
Quien llega antes triunfa en este frondoso oasis del centro de Cannes. Se recomiendan las habitaciones 12, 14 o 15. **€€**

Hôtel Le Mistral
La amabilidad del propietario (Jean-Michel) y el precio por noche compensan la decoración algo anticuada. **€€**

Centre International de Séjour Îles de Lérins
Los dormitorios son simples, pero... ¡qué entorno! Está dentro de Fort Royal en la isla de Ste-Marguerite. **€**

PASEO DE ARTE MURAL

Mirando desde la Gare de Cannes, la primera pared pintada es fácil de ver, en Place du 18 Juin. Se llama **1 'Le 7ème Art'** y es un punto de partida apropiado para un recorrido por los murales dedicados al cine. Si se obserban de cerca las figuras, alguna resulta familiar. La siguiente obra es más difícil de detectar; está en la pared izquierda, en el nº 3 de Boulevard Victor Tuby. El tramo entre los dos, Boulevard de la Ferrage, no es muy atractivo y transcurre junto a una de las arterias más transitadas de Cannes, pero hay una vía peatonal que desciende tan rápido como asciende. Aquí se puede ver una imagen de un espadachín; es **2 Gérard Philipe,** actor francés nacido en Cannes.

En el nº 29 de la misma calle, 250 m más adelante, **3 Buster Keaton** parece salir de la pared. Al lado, en el nº 7 de Rue des Suisses, **4 'L'Envers du Décor'** muestra un rodaje entre bastidores; las vistas del macizo del Esterel desde aquí son espectaculares.

Se deja atrás el tráfico al entrar en Le Suquet, el tranquilo casco antiguo peatonal. En Place du Suquet, la plaza central del barrio, se puede admirar el **5 'Hôtel de la Plage',** pintado en memoria del director francés Jacques Tati, que dirigió películas tan populares como *Les Vacances de Monsieur Hulot.* El trampantojo **6 'Le Barbarella'** está realmente orientado hacia el oeste.

Desde allí, se baja rápidamente por Rue du Suquet y Rue St-Antoine, llenas de restaurantes, hasta el mural más fotografiado de todos en Place Cornut-Gentille: **7 'Cinéma Cannes',** que representa a algunos de los personajes más emblemáticos de Hollywood.

LEYENDAS DE LA TIERRA BATIDA

Se dice que el tenis de tierra batida nació en Cannes en la década de 1880, cuando los hermanos británicos Renshaw (dos veces ganadores de Wimbledon) descubrieron que las pistas de hierba no podían soportar el calor de la Costa Azul. Descubrieron la arcilla batida de la cercana Vallauris y cubrieron sus pistas con este nuevo material.

Y el tenis tuvo una nueva superficie. Tal vez no sea una gran historia, pero lo indiscutible es que en 1926 el emblemático hotel de la *belle époque* **Carlton Cannes,** de La Croisette, organizó el partido del siglo entre la francesa Suzanne Lenglen y la estadounidense Helen Wills en esta superficie (ganó Lenglen). Se puede ver terracota en polvo debajo del cristal del mostrador de recepción, entre otros guiños a esta historia deportiva.

bergó la morgue, está **Le Suquet des Artistes,** un pequeño espacio de exposición vanguardista que expone obras de artistas locales. Cuatro de los más destacados tienen ahí sus talleres.

ARTE EN ACCIÓN

Se pueden ver los grabados callejeros de Olivia Paroldi, una de las artistas de Le Suquet des Artistes, en los callejones de **Antibes** (p. 86).

Escapada a las islas

Historia, naturaleza y vino sagrado

Cuando se está entre el gentío de **La Croisette,** cuesta creer que exista un lugar en Cannes donde el ajetreo mercantil es sustituido por el aroma de los pinos y el rumor de las olas. Pero dirigiendo la mirada hacia el mar se ven las dos islas de Lérins. La mayor, la **isla de Ste-Marguerite,** es la que está más cerca de la orilla, y detrás está la pequeña **isla de St-Honorat.** Los ferris a ambas tardan unos 20 min y salen del **Quai des Îles,** en el extremo occidental del puerto. Como no hay ferri entre ambas, para visitar las dos hay que volver a Cannes. Es indispensable llevar bañador y crema solar.

Las dos están llenas de senderos y calas para darse un chapuzón, pero cada una tiene su carácter. La serena St-Honorat es propiedad de una comunidad monástica. Un grupo de 25 personas trabaja y reza lejos de miradas indiscretas. Aunque gran parte de la **abadía de Notre-Dame de Lérins,** del s. XIX, está cerrada al público, se permite a los visitantes entrar en la iglesia y oír misa. Hace falta 1 h aprox. para recorrer el perímetro de la isla (a la sombra de los eucaliptos), en la que, a diferencia de su vecina más grande, crecen vides. Una vez al mes, se hace un breve recorrido por los viñedos con cata de dos vinos. Las entradas para esta **Journée Vignes-Vins** deben reservarse con antelación (cannes-ilesdelerins.com); el precio incluye el ferri de ida y vuelta. También se puede degustar este vino sagrado en La Tonnelle, el único restaurante de la isla; se come con los pies en la arena pero con precios de alta cocina, y hay que reservar. Dentro hay un bar de aperitivos que despacha *panini* y bebidas para llevar.

La isla de Ste-Marguerite tiene más actividad. Está dentro del **Fort Royal,** del s. XVII, donde Luis XIV encarceló al misterioso hombre de la máscara de hierro. Se puede entrar en su celda y comprender la importancia estratégica de la isla visitando el **Musée du Masque de Fer et du Fort Royal.**

DÓNDE COMER EN CANNES

Le Pompom
Una carta de creativas raciones de temporada que cambia a diario. Ingredientes vistosos y bonita presentación. €€

Pizza Cresci
Legendaria pizzería popular por las *pizzas* de media luna que sobresalen del plato, recién sacadas del horno de leña. €

L'Ardoise
Entre semana, los trabajadores abarrotan este restaurante sin pretensiones que sirve comida regional a precios insuperables. €

St-Honarat, islas de Lerins.

Los fines de semana es muy visitada por familias y grupos de amigos, que van desde Cannes para hacer un pícnic y nadar en aguas poco profundas. Los senderos que, entre los cedros, recorren esta isla de 3,2 km de largo están poco transitados. También tiene dos restaurantes caros y dos chiringuitos que venden sándwiches y bebidas frescas, así como el punto de acceso al **Écomusée Sous-Marin de Cannes.**

De compras con los vecinos

El mercado de abastos de Cannes

En vez de al supermercado, hay que ir **Marché Forville,** detrás del Vieux Port, que abre de martes a domingo de 7.30 a 13.00 y es un paraíso de jugosas frutas, verduras y puestos de comida que sirven cocina de todo el mundo. Domina el producto de temporada; según la época del año, se puede llenar el cesto de fresas rubí de la cercana Carros o trufas negras llegadas de Var. Entre marzo y finales de octubre, la **Rotisserie du Marché** reboza y fríe ahí mismo las crujientes *beignets des fleurs de courgettes* (flores de calabacín rebozadas); hay que comer media docena de *beignets* recién hechas, ya que son mejores calientes y crujientes. En **Soupe Poisson Forville,** Alexandre Serre ha cambiado las cocinas *gourmet* (entre ellas la del Hôtel Hermitage de cinco estre-

MUSEO SUBMARINO

En el lecho marino a profundidades de 3-5 m, frente a la costa sur de la isla Ste-Marguerite, hay una galería submarina de esculturas de Jason de Caires Taylor.

Las seis estatuas sumergidas del **Écomusée Sous-Marin de Cannes** tienen 2 m de altura y representan los rostros de vecinos de la ciudad. El escultor submarino británico ha cincelado sus perfiles con cemento marino de pH neutro, un material texturizado donde puede crecer vida acuática.

La galería está a una distancia de entre 84 y 132 m de la costa; el acceso es gratuito desde la isla. Hay que llevar gafas y tubo de buceo.

DÓNDE BEBER EN CANNES

Ma Nolan's
El *pub* irlandés más popular de Niza lleva a Cannes la misma receta ganadora. Buena oferta de ocio y comida de *pub*.

The Quays
Este acogedor *pub* irlandés junto al puerto es una institución de Cannes: cerveza fría, *happy hours* y deportes en directo.

Morrison's Pub
Disfrutar con bandas en directo hasta tarde el fin de semana, o subir al escenario los martes de micro abierto.

MÍ DÍA PERFECTO EN CANNES

Carolyn Paul
@Ablacarolyn es una bloguera de Cannes. Estos son sus lugares preferidos de la ciudad.

Desayuno en Le Duplex
Este clásico local frente a la playa de Mouré Rouge tiene un ambiente como de relax californiano. Se puede tomar un café por la mañana disfrutando de un tazón de muesli o un cruasán mientras se contempla el Mediterráneo.

Almuerzo en la isla de St-Honorat
Un remanso de paz donde empaparse de belleza salvaje. Junto al embarcadero está el único restaurante de la isla, La Tonnelle, toda una institución.

Cena en el Restaurant Bella de Eyal Shani
Una de las azoteas más bonitas de Cannes. Al atardecer, se puede tomar un cóctel y compartir platos mediterráneos a base de verduras locales.

llas de Mónaco) por un puesto cerca del *carré des pêcheurs,* y antes del amanecer se pone a cocinar grandes ollas de *soupe de poissons* (sopa de pescado) para que esté lista a primera hora de la mañana (para la bullabesa, hay que reservar). La especialidad de **Socca'nnes** es el *panisse,* crujiente por fuera y cremoso por dentro, ya sea al natural o con sabores como trufa, hierbas provenzales o aceitunas verdes. Los lunes, el espacio se llena de curiosidades en el mercadillo semanal **Marché de Brocante.**

Descubrir Cannes de otro modo

Paseos por barrios y nuevos amigos

El barrio de Californie está en la falda de una colina, 20 min a pie al este del centro. Ha sido uno de los lugares más exclusivos de Cannes desde que se construyeron las primeras villas de lujo a mediados del s. XIX. Se empieza a sudar en la subida desde el paseo marítimo por Avenue de la Favorite: "Por eso *les cannois* no vienen hasta aquí", bromea Simone Revel, guía local. Se pueden recorrer los senderos de Californie por libre, pero alguien como Simone deleita con anécdotas que no aparecen en Google, como que la majestuosa **Villa Wenden** (ahora Villa Le Rouve), construida para la gran duquesa Anastasia Mecklembourg Schwerin (nieta del zar Nicolás I de Rusia) fue la primera de Cannes en tener electricidad. O que la reina Victoria construyó la **Chapelle St-Georges** en memoria de su hijo (el duque de Albany, que murió en Cannes en 1884 a los 30 años) utilizando materiales importados de Inglaterra. "Dentro no hay nada que sea francés", dice Simone. Las redes de vecinos que voluntariamente muestran a otros la ciudad a través de sus ojos existen en toda Francia, y Simone es una de las 10 personas en Cannes que ofrecen de forma gratuita diversas experiencias: desde senderos naturales poco transitados en las afueras hasta la Croisette, todo ello visto de la mano de alguien oriundo. Las 2 o 3 h que se pasa con el voluntario ofrecen una perspectiva nueva de la ciudad. Véase cannesgreeters.com.

VIDA NOCTURNA DE CANNES

Charly's Wine Bar
Hay que vestirse bien para ir a este bar de vinos de Le Suquet, donde se puede acabar bailando junto a la barra.

Le Hive
Se puede beber, comer y divertirse en este bar bohemio de barrio con una completa programación de noches de juegos.

Le Roof at Five Seas Hotel
Si solo hay tiempo para una azotea de Cannes, que sea este restaurante y *lounge bar* en el centro.

Alrededores de Cannes

Cannes puede ser el trampolín para visitar pueblos perfumados bañados en una luz que ha inspirado a varias generaciones de artistas.

Las carreteras costeras que salen de Cannes conducen a Mandelieu-La Napoule, la población que en su día exportó la aromática mimosa a los rincones más lejanos de Europa, y también hacia Antibes y Juan-les-Pins, dos ciudades turísticas que en verano se mueven a ritmo de *jazz*. Los paisajes a la sombra de los pinos han sido durante años un imán para artistas, y este patrimonio aún se puede sentir en bonitos pueblos del interior como Mougins, donde Picasso vivió sus últimos años. Detrás de ellos se eleva Grasse, cuyas fragancias florales se venden en todo el mundo, mientras que los paisajes de las Gorges de Loup y los Prealpes son de otro mundo.

Fiesta de flores invernales

Admirar las mimosas en flor

Entre enero y marzo, la franja entre Bormes-les-Mimosas (en Var) y Grasse queda cubierta por una gruesa pincelada amarilla de mimosas, una planta que se dice que llegó a la Costa Azul desde Australia en las maletas de los viajeros británicos. La Route du Mimosa es una ruta de 130 km que conecta las dos poblaciones, siguiendo carreteras de costa y de interior. La turística **Mandelieu-La Napoule,** en el extremo occidental de la bahía de Cannes, se considera la capital de la mimosa. Los principales eventos durante la temporada de floración incluyen la **Fête du Mimosa** (febrero), una celebración de cinco días con desfiles de flores, animaciones nocturnas, fuegos artificiales y fiesta. También se hacen excursiones diarias por el macizo de Tanneron, considerado el bosque de

ASCENSO AL COL DE VENCE

El ex velocista olímpico y entrenador personal **Marc Raquil** sube a la cima del Col de Vence.

Esta es una de las rutas ciclistas clásicas y más bonitas de la Costa Azul. Una carretera ancha recorre la montaña que se eleva detrás de Vence.

Las vistas son magníficas. Se pueden ver los coches desde lejos. Muchos campeones usan este ascenso para entrenar, los demás lo hacemos para divertirnos.

Desde la fuente del centro de Vence, que es el punto de partida no oficial, hasta el cartel de la cumbre hay 10 km. El récord es de 25 min; mi mejor tiempo es de 37 min.

CONSEJO

Vale la pena desviarse para ir a las oficinas de turismo *(offices de tourisme),* que ofrecen una gama cada vez más dinámica de actividades.

RUTA POR EL ESTEREL

Este recorrido por la Corniche d'Or, o Costa de Oro, es un clásico de la Costa Azul. Se empieza en el **1 Château de la Napoule,** una fortaleza medieval frente al mar que se convirtió en una magnífica villa con 6 Ha de cuidados jardines en Mandelieu-La Napoule. Ahora es una fundación de arte abierta a los visitantes. Se recomienda hacer una visita de 1 h antes de subir al coche para continuar hacia el oeste; desde aquí, en invierno la carretera forma parte de la Route du Mimosa (p. 119). Se llega a la bonita playa de Théoule-sur-Mer en pocos minutos (dependiendo del tráfico). La suave arena de la **2 Plage du Suveret** (pública) invita a un darse baño. También se puede seguir por la curva cerrada hasta **3 Pointe de l'Aguille,** una cala de aguas poco profundas y amplias vistas de las islas de Lérins (p. 80) y Cap d'Antibes. Según se avanza, el paisaje empieza a transformarse al entrar en el macizo del Esterel, la espectacular cordillera de color ocre rojizo que enmarca el borde oriental de los Alpes Marítimos. Durante los siguientes 20 km, la carretera va siguiendo los giros de la escarpada costa, atravesando las rocas rojas que se precipitan hacia el mar translúcido, en paralelo a las vías del tren. Hay quien dice que el barrio disperso de **4 Le Trayas** es el más bonito de la Costa Azul, con casas frente al mar que dan a preciosas *calanques* (pequeñas calas); muchas de ellas solo son accesibles en barco, otras por tierra, como la protegida **5 Calanque de Maubois** con su empinada escalera. La ruta sigue hasta St-Raphaël (p. 112), pero la mayoría de la gente se queda en la playa de **6 Agay,** con sus cafeterías y sus deportes acuáticos.

Macizo de Tanneron.

mimosas más grande de Europa, con guías locales cualificados como Maddy Poloméni (maddypolomeni.com). A principios del s. xx, en el barrio de **Le Capitou,** los cultivadores presentaban cuidadosamente las flores de mimosa cortadas en cestas de caña y sauce para llevarlas en tren a los mercados florales de Londres y Moscú. Se puede explorar la historia del cultivo en el **Parc Emmanuelle de Marande,** donde se plantan más de 100 variedades de todo el mundo; hay paneles informativos y un parque infantil. Hoy quedan unos pocos *mimosistes* (como se conoce a los cultivadores) en las estribaciones del macizo de Tanneron en Pégomas (al norte de Mandelieu-La Napoule). En la **Colline des Mimosas,** se pueden ver muchas flores recién cortadas y conocer la técnica ancestral de forzar la apertura de los capullos en habitaciones calientes y húmedas llamadas *forceries.*

SUAVE ES LA NOCHE

Hace un siglo, antes de convertirse en el destino preferido de las élites mundiales, la verde Cap d'Antibes, con sus villas multimillonarias y un fabuloso sendero costero de 5 km (el **Sentier de Tirepoil**), atrajo a escritores estadounidenses de la Generación Perdida como Ernest Hemingway o F. Scott Fitzgerald. Pasaban los días en la **Plage de la Garoupe,** hoy mitad privada y mitad pública. Otro de sus lugares favoritos era el legendario **Hôtel du Cap Eden Roc,** de cinco estrellas, inmortalizado como el Hôtel des Étrangers en *Suave es la noche,* de Fitzgerald. El libro fue escrito en una villa frente al mar en el otro extremo de la península, en Juan-les-Pins, que se convertiría en otro alojamiento de cinco estrellas, el **Hôtel Belles Rives.** Dentro de esta maravilla *art déco* está el Bar Fitzgerald, a pie de calle, amueblado aún con algunas piezas originales.

DÓNDE DORMIR Y COMER EN MANDELIEU-LA NAPOULE

Hôtel Casarose
Divertido hotel con ambiente californiano y decoración viva. Un clásico de Instagram. **€€**

La Boutique de l'Oasis
La pastelería de este refinado restaurante es la manera fácil de probar las creaciones del chef a bajo precio. **€**

Louise Glaces Mandelieu-La Napoule
Durante la temporada de floración invernal, la especialidad es el helado de mimosa. **€**

CIRCUITO POR ST-PAUL-DE-VENCE

St-Paul-de-Vence (40 min en coche al noreste de Cannes) es otro pueblo precioso sobre una colina, que en verano es un imán para los autocares de turistas. Se puede esquivar el gentío recorriendo el **Sentier des Fortifications Henri Layet,** un paseo por la base de las murallas que cuenta la historia del pueblo como bastión militar y núcleo agrícola.

Desde ahí se pueden ver hileras ordenadas de vides. Esta parcela municipal la cultiva el **Domaine des Claus,** unos viñedos biodinámicos del cercano Tourrettes-sur-Loup. El camino termina en el lado sur de las recias murallas medievales.

Desde aquí se puede volver al pueblo, pero antes de hacerlo, conviene recordar a **Marc Chagall,** que está enterrado en el cementerio.

Vallauris.

Arte urbano en Antibes

Vida nueva para una ciudad antigua

El festival anual Coul'Heures d'Automne de **Antibes** (20 min en coche al este de Cannes) transforma paredes desnudas y puertas de garajes en lienzos expresivos para artistas urbanos de todo el mundo, que luego se quedan como instalaciones permanentes. Se pueden ver algunas obras paseando por **Vieil Antibes,** el encantador casco antiguo de adoquines, que dan un toque moderno a esta ciudad tan querida por artistas y escritores como Pablo Picasso y Graham Greene. Frente a la noria Grande Roue, las figuras de *Le Jazz des Cigales,* de WilliaNN, parecen a punto de salir de la pared. Dos manzanas más al norte, en la esquina de Boulevard d'Aguillon y Rue Lacan, *Le Jardin d'Eden,* de Monkeybird, cubre el muro trasero del complejo Cineplanet, cautivando con su atrevido detalle geométrico. Se sigue por Rue Lacan; por encima del supermercado Utile, el artista nizardo Wanjah representa a un bebé alimentado con palabras de amor. El camino hasta los grabados urbanos de la artista local Olivia Paroldi lleva por las calles secundarias de Antibes hasta un delicado grabado en una puerta de garaje de madera en la calle Paul

DÓNDE BEBER EN ANTIBES

Absinthe Bar
Bar en un sótano ideal para tomarse la bebida verde más bohemia. Toda una institución en Antibes. Música en directo. €

Le Bam Éphémère
Bar de verano alrededor de la emblemática estatua de Le Nomade, con un entorno espectacular. €

Drinker's Club
La gente de los yates se congrega para tomar cócteles modernos y cerveza cerca de las murallas de Vieil Antibes. €

Bourgarel. Delante de la oficina de turismo, Astro ha convertido la pared del restaurante Chez Victoire en un moderno trampantojo. Se puede pedir un mapa en la oficina de turismo, aunque algunas ubicaciones no siempre están marcadas en los lugares exactos.

Tras los pasos de Picasso

Guerra y paz en Antibes

Pablo Picasso se instaló en la Costa Azul cumplidos los 60 años. Su vida aquí no fue un retiro tranquilo, como atestiguan las numerosas obras que produjo en ese tiempo. Se empieza la ruta en el **Musée Picasso** de Antibes, dentro del imponente castillo Grimaldi, del s. XIV, donde creó su estudio en 1946. El artista español afirmó: "Si quieres ver los picassos de Antibes, tienes que venir a Antibes a verlos". Eso habrá que hacer.

Unos 20 min tierra adentro se llega a **Vallauris,** un nombre tan vinculado a la cerámica que muchos de los carteles de las calles son pequeñas obras de arte. Picasso vivió allí entre 1948 y 1955, y disfrutó de una época muy prolífica; creó unas 4000 piezas de cerámica, experimentando con diferentes técnicas. Es el medio más presente en el **Château-Musée,** que son tres museos en uno: Musée National Picasso La Guerre et la Paix, Musée Magnelli y Musée de la Céramique. Lo mejor es estar rodeado de sus pinceladas de colores en la pequeña capilla del s. XII, que cuenta la historia de la guerra y la paz. Fuera, en Place Paul Isnad, el protagonista es *L'Homme au Mouton,* una estatua de bronce de un hombre con una oveja que el artista cedió a la ciudad. Hay lugares más bonitos en la Costa Azul, pero vale la pena parar en Vallauris para explorar los estudios de cerámica, especialmente en Avenue Georges Clemenceau.

Tras una breve estancia en Vauvenargues, cerca de Aix-en-Provence (donde está enterrado), en 1961 Picasso regresó a la Costa Azul, estableciéndose en **Mougins,** a 15 min en coche de Vallauris. En lo alto de la colina, *vieux village* hace las delicias de los fotógrafos con sus vistas provenzales de ensueño. En la entrada está la imponente escultura **Tête de Picasso.** Este pueblo soleado sigue siendo un lugar de arte (y gastronomía). Picasso pasó aquí sus últimos 12 años y falleció en 1973 en su finca de 800 m^2 llamada **Notre Dame de Vie** (ahora de propiedad privada). Se puede echar un vistazo a la finca desde la adyacente **Chapelle de Notre-Dame de Vie.** Esta apacible capilla del s. XII, flanqueada por olivos y altos cipreses toscanos, alberga una pequeña colección de fotografías en blanco y negro del artista en su casa. Durante los últimos

EL MEJOR SUBMARINISMO

Alex Diamond, director de cursos PADI e instructor independiente que trabaja en el sur de Francia desde el 2005, comparte sus lugares favoritos para sumergirse en la Costa Azul.

Principiantes
La Lauve, frente a Cap d'Antibes, es un lugar mágico para experimentar el submarinismo por primera vez. Las formaciones rocosas son preciosas y bajo la superficie hay una meseta poco profunda llena de vida.

Nivel intermedio
El Dromadaire y L'Enfer de Dante, cerca de La Fourmigue, en Golfe-Juan. Espectaculares formaciones rocosas y acantilados submarinos con meros, barracudas, dentones y jardines de gorgonias.

Nivel avanzado
Los pecios del *The Grec* y el *Donator,* en la isla de Porquerolles, son muy especiales. Las cubiertas están a 40 m de profundidad y el lecho marino es impresionante, con una vida marina riquísima.

DÓNDE DORMIR Y COMER EN MOUGINS

La Lune de Mougins
Espacioso tres estrellas con piscina, *spa,* pista de tenis, restaurante y zona de juegos infantiles. €€

Brasserie de la Méditerranée
Comida con estilo en un entorno elegante. Al mediodía, el bar sirve deliciosas tortillas y ensaladas. €€

La Cave de Mougins
Bar de vinos chic con una terraza soleada en la entrada del pueblo; tablas de degustación para picar. €€

JARDINES PERFUMADOS

Jardins du Musée International de la Parfumerie
Vale la pena el desvío de 20 min al cercano Mouans-Sartoux para visitar los preciosos jardines del Musée International de la Parfumerie. En este jardín táctil crecen las flores perfumadas más grandes del mundo: es especialmente encantador en primavera, cuando la rosa de mayo está en plena floración.

Domaine du Mas de l'Olivine
Audrey y Thierry Bortolini han transformado los terrenos en terrazas de la *bastide* familiar de Peymeinade en una explosión de rosales, lavandas, violetas, menta y otras maravillas. Esta profusión de plantas aromáticas se transforma en una variedad de dulces perfumados, desde caramelos hasta mermeladas. Hay que reservar con mucha antelación las visitas y los talleres de confitería.

cientos de metros, la carretera de acceso está asfaltada pero es estrecha. En julio, el lugar se convierte en un escenario del **Festival de Musique** anual de Mougins.

Guiarse por el olfato en Grasse

Perfumerías y museos

El estatus de **Grasse** como capital mundial del perfume se consolidó con el reconocimiento de Patrimonio Cultural Inmaterial de la Unesco en el 2018. Tres fábricas de fragancias dominan esta ciudad, que se extiende por encima de Cannes (a 40 min en coche hacia el sur). La más visible es **Fragonard,** con su histórica fábrica a la entrada del casco antiguo peatonal. Con las visitas guiadas gratuitas de 20 min, se puede ver el material original de extracción y destilación; en las dos plantas superiores hay una preciosa *boutique* y un pequeño museo de perfumes. A 10 min a pie por Boulevard Victor Hugo está la *bastide* (casa de campo) **Molinard,** de color cereza, que tiene un techo de cristal construido por Gustave Eiffel. Saliendo de la ciudad (Route de Cannes) está la fábrica **Gallimard,** que también ofrece visitas guiadas gratuitas.

Pero lo mejor de Grasse es la experiencia de jugar a ser perfumista. Las actividades duran entre 20 min y 1 h. Se pueden

Botella de perfume personalizado, Galimard.

DÓNDE COMER Y BEBER EN ST-PAUL DE VENCE

La Cave de St-Paul
Una bodega medieval de varias plantas con vinos locales, incluido el del viñedo que hay debajo de las murallas. €€

Café de la Place
El servicio puede ser flojo, pero este bistró francés con vistas a las pistas de petanca es ideal para observar a la gente. €€

Le Tilleul
Una terraza a la sombra y una carta de sabores frescos invitan a disfrutar de un largo almuerzo en las murallas. €€

reservar por internet los talleres en las tres fábricas de perfumes (pero la más accesible a pie es la céntrica Molinard). En una sala azulejada de techo alto se mezclan y combinan docenas de notas altas, medias y bajas para crear un aroma personalizado que llevarse a casa. La breve experiencia Petit Parfumer ofrece a los niños de 4-8 años una introducción al maravilloso mundo de las fragancias.

El **Musée International de la Parfumerie** es interesante, incluso para quien no sea un amante de los perfumes. Recorre tres milenios de historia del perfume a partir de la vista, el oído, el olfato e incluso el tacto. Los elementos interactivos tienen mucho éxito entre los niños. También vale la pena ver los museos independientes de Fragonard. En un antiguo *hôtel particulier* (residencia privada) al principio de Rue Jean Ossola (adornada con paraguas) está el **Musée Provençal du Costume et du Bijou,** que exhibe ropa y joyas tradicionales provenzales. Unos metros más abajo, en otra antigua residencia, está el **Musée Jean-Honoré Fragonard,** dedicado a este pintor de Grasse; en vida, la temática de las obras de Fragonard (1732-1806) escandalizó a la sociedad francesa.

Pueblos preciosos a orillas del Loup

Un paisaje impresionante y delicias gastronómicas

Desde las llanuras montañosas por encima de Cannes, el río Loup desciende hasta el Mediterráneo. Su punto más espectacular es al noreste de Grasse, cuando serpentea por un paisaje de acantilados, pueblos de montaña, cascadas y bosques espesos, una zona conocida como las **Gorges du Loup.** La palabra *loup,* que significa “lobo”, ha dado nombre a varios pueblos encantadores, empezando por el soleado **Le Bar-sur-Loup,** que tiene una rica tradición de cultivo de naranjas amargas (que el Lunes de Pascua se celebra con la anual **Fête de l’Oranger**). También es el punto de partida para el **Chemin du Paradis,** una ruta de senderismo de 1½ h por un antiguo camino de herradura que termina en Gourdon. El siguiente ‘lobo’ es la aldea de **Le Pont du Loup.** La cerveza artesana elaborada en **Bacho Brewery** atrae a gente de Niza y más allá. Esta microcervecería tiene una atractiva terraza de naranjos iluminada por farolillos, ideal para tomar una bebida tranquila o pasar una noche de fiesta, según el estado de ánimo. **Tourrettes-sur-Loup,** el pueblo de las violetas, se está convirtiendo en un gran destino gastronómico del interior de la Costa Azul. Está corriendo la voz sobre la cocina *gourmet* del chef Raphaël Grima, así que hay que reservar para conseguir una mesa en **Spelt.** Sus platos incluyen un divino *risotto* de espelta con langosta, servido en cuencos de

BARRANQUISMO EN LAS GORGES DU LOUP

Lionel Richard es guía de escalada y barranquismo del Bureau des Guides LesGeckos (lesgeckos.eu) de Courmes.

Le Pont du Loup es el punto de partida ideal para aventuras increíbles: excursiones, chapuzones, escalada y barranquismo. La mayoría de los puntos de escalada son para escaladores experimentados, aunque cerca de Gourdon está **Belvédère,** que es adecuado para principiantes. El barranquismo es nuestra actividad más popular en verano. En una excursión de medio día, empezamos en la parte inferior de la cascada de **Courmes** y hacemos rápel por el desfiladero, seguido de muchos saltos y toboganes. En un momento dado, ¡puedes sumergirte 8 m en el agua! Nuestras excursiones de medio día duran unas 3 h y son para mayores de 8 años.

DÓNDE COMER EN GRASSE

L’Arrosoir
Restaurante familiar creativo en Grasse que ha ganado muchos fans con su sabrosa cocina casera. €

Café des Musées
Carta diaria de quiches, ensaladas, *croque monsieur* y *plat du jour* en una cafetería popular y bien ubicada. €

Les Delicatesses de Grasse
Parte restaurante, parte tienda de delicatesen en Place aux Aires. Tablas de queso, charcutería y *tapenade.* €

madera de olivo hechos a mano. Hay que dejar espacio para un helado de violeta en **Tom's Glacier.**

Paisajes de los Prealpes

El lado salvaje de la Costa Azul

Siguiendo por la ventosa D6 desde **Le Pont du Loup,** muy pronto se obtiene la primera visión de las imponentes caras montañosas del **Parc Naturel Régional des Préalpes d'Azur.** Este parque nacional con vistas a la costa abarca un vasto territorio de casi 900 km². La ruta de 50 km discurre por muchos de los puntos más destacados y es ideal para recorrerla sobre dos o cuatro ruedas. El primer pueblo de interés es **Gréolières** (800 m), con un animado mercado los sábados por la mañana que atrae a los horticultores locales y a los productores de miel. Se sigue el ascenso por la Route Gréolières, al borde del acantilado escarpado, hasta que se abren las llanuras cubiertas de flores silvestres de la meseta. Se comparte el tramo llano de la carretera (RD2) con grupos de ciclistas y motoristas, además de algún superdeportivo a toda velocidad. **Gréolières les Neiges** es una pequeña estación de esquí familiar, especialmente popular entre los lugareños cuando llega la temporada de nieve.

En la rotonda, nada más pasar la entrada a la **Réserve Biologique des Monts d'Azur,** se sigue hacia el sur por la D5 hacia Caussols, pasando por el **Col de Castellaras** (1248 m), un puerto de montaña con amplias vistas del profundo valle. La carretera va siguiendo la cresta y ofrece vistas aún más espectaculares, antes de llegar a otra extensión plana alrededor de **Caussols,** un pueblecito de montaña que, según el folclore local, posee el terreno ideal para los aterrizajes de ovnis. El Mediterráneo vuelve a aparecer antes de empezar el sinuoso descenso hacia **Gourdon,** un pueblo fortificado sobre las Gorges de Loup. Antes de llegar, el aparcamiento de grava que hay a mano izquierda es el punto de partida de la excursión al **Plateau de Cavillore;** es un sendero corto que a primera vista parece empinado, pero va zigzagueando hasta la cumbre y es una subida bastante suave, lo cual la convierte en una excursión popular entre familias. Hay vistas magníficas desde todos los ángulos, y es una excursión matutina ideal antes de llegar a Gourdon. Gréolières está a 1 h en coche de Cannes.

FLORA DE LOS PREALPES

Beth-Jane Marshall está creando un pequeño jardín botánico en el corazón de los Prealpes: el **Jardin Botanique de la Flore des Alpes-Maritimes.** *jbam.fr*

La flora de los Alpes Marítimos es magnífica. Se trata de un punto de gran biodiversidad, en la zona de transición entre los Alpes y la cuenca mediterránea, y contiene más del 60% de toda la flora de Francia. Solo en esta zona se pueden encontrar unas 3300 especies. Debido a su posición geográfica única, a su altitud, su geología y su clima, la región alberga muchas especies que no se encuentran en ningún otro lugar.

Erodium rodiei y *Campanula albicans,* por ejemplo, son dos especies de plantas preciosas que solo crecen en los Préalpes d'Azur.

DÓNDE DORMIR EN LAS GORGES DU LOUP

Hôtel Particulier des Jasmins
Habitaciones rústicas pero románticas en una antigua casa de perfumistas con vistas al valle. €€

Auberge Les Gorges du Loup
Buena relación calidad-precio en Pont du Loup, con mucho encanto provenzal. Se admiten mascotas. Muy popular entre los motoristas. €

Auberge de Tourrettes
Elegante hotel-*boutique* con piscina y 10 habitaciones estilosas, algunas con vistas al mar, que parecen salidas de una revista de diseño. €€€

Hacia rutas salvajes

Bisontes, jabalíes y naturaleza

En 1993, el veterinario francés Patrice Longour fundó la **Réserve Biologique des Monts d'Azur** con el fin de lograr su visión: la resilvestración de mamíferos en riesgo de extinción, como el bisonte europeo, el caballo de Przewalski y el alce. Esta reserva de 700 Ha se encuentra nada más pasar el desvío a Greolières-les-Neiges en Thorenc (poco más de 1 h en coche al norte de Cannes). Al visitarla, da la sensación de que las vallas son para evitar que la gente entre más que para que los animales salgan. El acceso a la extensa reserva es a pie (2 h) o en un carro tirado por caballos (75 min). Ambos recorridos están dirigidos y narrados por un guía cualificado, versado en el seguimiento del jabalí salvaje que vive en el parque y en juzgar lo mucho que pueden acercarse los visitantes a la majestuosa manada de 50 bisontes. El grupo de edificios de la entrada formaba parte de una pequeña aldea y ahora incluye varios servicios para visitantes, como un *snack bar* que sirve bebidas calientes y creps, una zona de juegos infantiles, un pequeño museo al aire libre y un restaurante dedicado a los ingredientes ecológicos. Se puede dormir en una de las tiendas de campaña de *glamping* que dan a la pradera (solo de mayo a octubre), o bien reservando una habitación en uno de los dos completos alojamientos ecológicos (todo el año), especialmente acogedores cuando quedan cubiertos de nieve. Un momento particularmente memorable para hacer una visita es durante la *brame du cerf* (temporada de apareamiento), a partir de septiembre.

Gourdon.

LO MEJOR DE LA ROUTE NAPOLÉON

Pascal Brochiero, director de la oficina de turismo de Pays de Grasse, habla de la Route Napoléon.

El 1 de marzo de 1815, Napoleón huyó de la isla de Elba y desembarcó en Golfe-Juan con la intención de ir a París y recuperar Francia. La mítica Route Napoléon sigue su viaje desde la Costa Azul a través de los Alpes. Pasando por **Cannes,** se dirigió hacia **Grasse** y se detuvo en **St-Vallier de Thiey,** donde se encuentra la Columna de Napoleón. Luego se dirigió a **Escragnolles** para admirar su grandioso entorno montañoso. En **Séranon,** pasó la noche en la **Bastide du Broundet,** que sigue en pie hoy en día.

DÓNDE COMER EN LOS PREALPES

La Vieille Auberge
Restaurante delicioso en el pueblo de Gréolières, que sirve los platos familiares clásicos en una plaza arbolada. €

Les 3 Vallées
Un lugar agradable para comer platos clásicos de bistró junto a la carretera en la Route Napoléon, en Seranon. Es fácil aparcar. €

Restaurant Les Chasseurs
Mucha gente recomienda este restaurante familiar de Andon con *pizzas* y una terraza soleada con amplias vistas. €

MÓNACO

Mónaco está en constante evolución. Las grúas son tan omnipresentes como los superyates y los coches deportivos. El principado se extiende hacia el mar para maximizar cada centímetro de su limitado espacio. En ningún otro lugar de la Costa Azul se ve tanta construcción, pero, en realidad, más del 20% del territorio de Mónaco está formado por jardines. El principado, regentado por el príncipe Alberto II, alberga ambiciones ecológicas aún mayores: tiene el objetivo de alcanzar la neutralidad de carbono para el 2050. "Lo verde es el nuevo glamur" es el eslogan de Mónaco. Sostenibilidad sin olvidar la sofisticación.

El segundo país más pequeño del mundo se forjó su reputación gracias al lujoso casino de la *belle époque* y al matrimonio de un príncipe Grimaldi con una princesa de la gran pantalla. El lujo es tan omnipresente como siempre, pero ahora está equilibrado por experiencias y sabores locales que añaden otra perspectiva de la verdadera identidad y cultura monegascas.

CÓMO DESPLAZARSE

Caminar es la mejor manera de moverse por Mónaco, ya que todas las distancias son de menos de 1 h. Hay subidas y bajadas pronunciadas, pero se pueden cambiar las escaleras por los 79 ascensores públicos o las 35 escaleras mecánicas. La Compagnie Autobus de Monaco opera seis líneas de autobús que dan servicio a todos los rincones del principado; los tiques se pueden comprar a bordo. MonaBike es la excelente red de bicicletas eléctricas compartidas de Mónaco; hay que apuntarse con antelación en la *app* de Monapass. Si se va en coche, conviene evitar las horas punta, ya que hay muchos atascos. El aparcamiento público se llena rápidamente y puede ser caro durante el día (la tarifa por hora se reduce bastante al anochecer).

CONSEJO

Descargar la aplicación Monapass antes de llegar para comprar billetes para los autobuses, reservar entradas para el Musée Océanographique o los Salones de Estado del Palacio, utilizar la red de bicis eléctricas MonaBike o pagar el aparcamiento en la calle.

Deportes de motor en mayo

Carreras de lujo

En mayo, hay quien adora Mónaco y hay quien lo odia..., todo depende de su opinión sobre las carreras de coches. La mayoría de los residentes salen de la ciudad, pero, para los amantes de las carreras, no hay mejor lugar donde estar cuando llega el espectáculo de la **Fórmula 1.** Las entradas para los cuatro días de carrera salen a la venta en la web del **Automobile Club de Monaco** unos seis meses antes. Se puede conseguir un asiento en los entrenamientos del jueves por 30 €, pero el domingo se pagan tres cifras incluso por los asientos más baratos. Aunque no se tenga entrada, vale la pena ir a Mónaco ese fin de semana. El eco de los motores resuena en todos los edificios y la emoción aumenta en la zona de fans de Place d'Armes con la aparición de cada piloto. Muchos restaurantes transmiten la carrera en directo para no perderse la acción. Desgraciadamente, es casi imposible encontrar un lugar para ver la carrera de forma gratuita, a menos que

IMPRESCINDIBLE
1 Casino de Montecarlo

PUNTOS DE INTERÉS
2 Automobile Club de Monaco
3 Cathédrale de Monaco
4 Jardin aux Canards
5 Jardin Exotique
6 Jardins St-Martin
7 Musée d'Anthropologie Préhistorique de Monaco
8 Musée Océanographique de Monaco
9 Palais Princier de Monaco
10 Parc Princesse Antoinette
11 Plage des Pêcheurs
12 Plage du Larvotto
13 Biblioteca Irlandesa Princesa Gracia
14 Roseraie Princesse Grace
15 Villa Paloma
16 Villa Sauber

ACTIVIDADES, CURSOS Y CIRCUITOS
17 Académie Monégasque de la Mer
18 Solarium
19 Stade Nautique Rainier III

DÓNDE COMER
20 Beef Bar
21 Cantinetta Antinori
22 Marché de la Condamine
23 Pecherie U Luvassu
24 U Luvassu

DÓNDE BEBER Y VIDA NOCTURNA
25 Bar Américain
26 Brasserie de Monaco
27 Coya

OCIO
28 Stade Louis II

DE COMPRAS
29 La Distillerie de Monaco
30 La Maison du Limoncello

DURANTE LOS 11 MESES RESTANTES...

¿Qué pasa en Mónaco cuando no es mayo? La parrilla de salida y las posiciones están marcadas en el asfalto delante del nº 17 de Boulevard Albert 1er, en Port Hercules.

En el nº 23 se encuentra el **Automobile Club de Monaco,** exclusivo para socios. Se puede echar un vistazo a los recuerdos que hay en el escaparate. En la calle de atrás (Rue Grimaldi) hay una elegante tienda de recuerdos.

En Route de la Piscine, de Port Hercules, se puede ver la espléndida colección de coches del príncipe Rainiero III **(Collection de Voitures de SAS le Prince de Monaco),** que incluye el coche de caballos con el que solía cortejar a Grace Kelly, así como una planta completa de coches de *rally.*

Una placa marca la famosa curva cerrada delante del **Fairmont Monte-Carlo,** cerca de Place du Casino. Es la curva más lenta de cualquier circuito de F1.

CRISTIANO BARNI/SHUTTERSTOCK ©

Gran Premio de Mónaco, Montecarlo.

se vaya con unos prismáticos potentes a la Moyenne Corniche en **Beausoleil,** el pueblo francés que hay por encima de Mónaco. Una versión abreviada del famoso circuito urbano se ha convertido también en un clásico del calendario anual con el e-Prix (mayo). Las entradas para el **e-Prix de Mónaco** cuestan 30 €, independientemente de la ubicación. Para quien prefiera los clásicos *vintage* a las versiones modernas, el **Gran Premio Histórico de Mónaco** se celebra cada dos años, dos semanas antes de la carrera de Fórmula 1 (toca en el 2026). Se puede ver a antiguos campeones compitiendo por diversos de trofeos. Las entradas se venden a partir de 50 €, también a través del Automobile Club de Monaco.

Descubrir el pasado del palacio

Frescos renacentistas ocultos

Desde el **Palais Princier de Monaco,** en lo alto de Monaco Ville (o Le Rocher, como los monegascos llaman al barrio más antiguo de Mónaco), la familia Grimaldi ha gobernado el principado desde finales del s. XIII. Sigue siendo la residencia oficial de la familia soberana. Solo los **Grands Appartements** (Salones de Estado) están abiertos al público, y solo

DÓNDE DORMIR EN MÓNACO

Hôtel de France
El más barato de Mónaco, con 26 espaciosas habitaciones de techos altos, bien equipadas; no hay ascensor. **€€**

Columbus Hôtel
Este elegante tres estrellas en Fontvieille apunta hacia una categoría superior con su piscina y sus vistas excelentes. **€€€**

Hôtel Miramar
Hotel-*boutique* de Port Hercules con elegante decoración náutica y un agradable bar en la azotea. **€€€**

entre abril y octubre para visitas con audioguía (a excepción del fin de semana del Gran Premio de Fórmula 1, a finales de mayo). Estos salones, que todavía tienen una función ceremonial, muestran la predilección principesca por las cortinas pesadas, los revestimientos de pan de oro y las bellas artes.

Toda la experiencia se ha vuelto más interesante con el descubrimiento de más de 600 m² (y van aumentando) de cautivadores frescos renacentistas que representan a tres héroes de la Antigüedad: Hércules, Ulises y Europa, ocultos durante siglos bajo capas de pintura. El trabajo continúa (como atestiguan los metros de andamios) utilizando disolventes naturales y soluciones respetuosas con el medio ambiente para devolver gradualmente a las paredes y los techos su decoración original. Es un proyecto que, según el personal del palacio, durará toda la vida del actual soberano, Su Alteza Serenísima el príncipe Alberto II. Se recomienda visitarlo en torno al cambio de guardia (a las 11.55 diario).

Tras los pasos de la princesa Gracia

Una princesa en su principado

Cuando Grace Kelly conoció al príncipe Rainiero III de Mónaco, en una sesión fotográfica en el Palais Princier de Mónaco, en 1955, se escribió el primer capítulo de un cuento de hadas que fascinó al mundo entero. Cuatro décadas después de su muerte, se conserva el legado de la estrella de Filadelfia convertida en princesa mediterránea. Con el **Palais Princier de Monaco** a sus espaldas, el viajero puede adentrarse en el encantador laberinto de callejuelas que es **Monaco Ville.** Puede curiosear en su colección personal de libros en la **Biblioteca Irlandesa Princesa Gracia,** que conserva sus preciosos tomos de literatura irlandesa y partituras hiberno-estadounidenses. En los días de lluvia, el amplio rincón infantil es muy acogedor. A la vuelta de la esquina está la **catedral de Mónaco,** en cuyo coro se encuentra la tumba de la princesa junto a la de su príncipe.

En el barrio de Fontvieille, una estatua de Gracia preside la **Roseraie Princesse Grace,** un jardín sereno de estilo inglés donde, en primavera, florecen 6000 rosales. En 1960, la princesa diseñó la famosa camiseta roja y blanca del equipo de fútbol local, la A. S. Monaco. El estadio del equipo, el **Stade Louis II,** está un poco envejecido; entre junio y octubre se hacen visitas. Uno de los lugares más exclusivos del principado es Avenue Princesse Grace, al otro lado de Mónaco, dominado por los lujosos edificios de viviendas que dan a la Plage du Larvotto. Aproximadamente a mitad de camino,

POR DÓNDE SALGO EN MÓNACO

Philip Culazzo fundó la primera destilería, La Distillerie de Monaco, en el 2017, y cuenta cuáles son sus bares preferidos. *@distillerie-demonaco*

El más glamuroso de los bares de Mónaco es el **Bar Américain** del Hôtel de Paris, con su encanto añejo, excelente música en directo y un personal muy preparado, que es capaz de confeccionar cualquier cóctel que le pidas. En la carta hay una bebida de autor llamada La Condamine, que lleva el nombre de la ubicación de nuestra destilería en Mónaco.

Para los noctámbulos, el Coya y el recién inaugurado Maona son locales animados con muy buenos cocteleros, pero estoy igual de feliz sentado en **Place d'Armes** bajo un algarrobo tomando algo refrescante al atardecer.

DÓNDE COMER EN MÓNACO

Les Perles de Monte-Carlo
Las ostras se crían aquí mismo, en este centro de investigación marina convertido en bar de marisco en Fontvieille. **€€**

Le Petit Bar de Monaco
Bistró francés dirigido por un chef australiano en el barrio más antiguo de Mónaco. Se recomienda el *plat du jour* del mediodía. **€**

Sexy Tacos
La cocina mexicana picante y los margaritas potentes lo convierten en el lugar más popular de la Plage du Larvotto. **€€**

LOS MEJORES MUSEOS DE MÓNACO

Musée Océanographique de Monaco
Museo marino de primera categoría, con varias plantas. Incluye un acuario y espectáculos multimedia. A los niños les encanta.

Nouveau Musée National de Monaco-Villa Sauber
Dos interesanets exposiciones temporales al año llenan una de las pocas villas independientes de la *belle époque* que siguen en pie en el principado.

Nouveau Musée National de Monaco-Villa Paloma
La misma idea que Villa Sauber, en lo alto del barrio del Jardin Exotique.

Musée d'Anthropologie Préhistorique de Monaco
Conectado con el Jardin Exotique, es un museo pequeño pero interesante que exhibe tesoros prehistóricos desenterrados en excavaciones alrededor del principado.

en Place Josephine Baker, se encuentra la fuente escultórica **'Hommage à la Princesse Grace'.** La localización de la fuente no es una mera coincidencia. Estas dos mujeres eran buenas amigas; Grace ayudó a Baker, una bailarina estadounidense y activista de los derechos civiles, a establecerse en el principado.

La joya de la corona

Casino y obra de arte

Dato curioso: los ciudadanos de Mónaco no pueden apostar en el **Casino de Montecarlo,** la maravilla de la *belle époque* que puso al principado en el mapa cuando se inauguró en la década de 1860. Para todas las demás nacionalidades, el juego empieza a las 14.00. Hay que ser mayor de 18 años y llevar documento de identidad con foto. Existe un estricto código de vestimenta (ropa elegante, sin pantalones cortos, ropa deportiva o chanclas). Por la mañana (10.00-13.00; última entrada 12.15) se puede disfrutar de los salones privados de mármol y pan de oro sin arriesgar ni un euro en una visita por cuenta propia. Permite admirar los elaborados detalles de cada una de las 10 salas donde incluso los accesorios son obras de arte. En la Salle Europe, la sala de juegos más antigua, las ruletas giran debajo de ocho espléndidas lámparas de cristal de Bohemia, que pesan 150 kg cada una. La Salle Blanche (privada) cuenta con mosaicos y cariátides. En la Salle Médecin, de estilo Imperio, los grandes jugadores originales del casino apostaban lejos de miradas indiscretas. Hizo acto de aparición en dos películas de James Bond, *Goldeneye* y *Nunca digas nunca jamás*. El casino también ofrece una de las experiencias gastronómicas clásicas de Mónaco. En plena zona de juegos está **Le Train Bleu,** una alcoba decorada como un vagón-comedor de la época dorada de los viajes en tren, con manteles blancos impecables y revestimientos de madera. Abre de jueves a domingo solo para cenar. Sirven delicados platos italianos de alta gama. Es fácil superar los 40 € requeridos para el reembolso de la entrada del casino (18 €).

¿Qué se bebe en Mónaco?

Probar el licor local

La agricultura fue el alma de la economía de Mónaco hasta mediados del s. XIX, cuando la familia Grimaldi cedió el 95% de su territorio a Francia. Actualmente todavía se pueden ver restos de este patrimonio, como los 600 árboles de naranjas amargas que decoran algunos bulevares del principado (en

DÓNDE TOMAR UNA CERVEZA FRESCA EN MÓNACO

La Rascasse
Legendario bar junto al puerto en la famosa curva homónima. *Happy hour* tranquila y fiestas bulliciosas a altas horas de la noche.

Slammers Monaco
Pequeño *pub* con grandes pantallas deportivas y reputación por su ambiente, sobre todo en el fin de semana del Gran Premio.

Gerhard's Café
No hay que pasar por alto este *pub* veterano y agradable en la zona de bares y restaurantes de Fontvieille.

especial Rue Grimaldi, detrás de Port Hercules). En lugar de desperdiciar la fruta, **La Distillerie de Monaco** transforma este cítrico en un potente licor, llamado L'Orangeraie. Desde su apertura en el 2020 en Rue de la Turbie, detrás de La Marché de La Condamine, se han añadido dos bebidas al repertorio de licores monegascos: el Carruba, un sedoso licor de chocolate hecho con el árbol nacional de Mónaco, el algarrobo; y un Gin aux Agrumes de siete cítricos. Hay que reservar con antelación para hacer una visita a sus reducidas instalaciones. También tienen barra para catar sus productos.

En Le Rocher se puede ver cómo se embotella un *limoncello* de color intenso en **La Maison du Limoncello.** También hacen versiones de lima, mandarina, pomelo y naranja amarga. Habrá que probarlas todas para decidir cuál es la mejor. Los cerveceros no pueden perderse la **Brasserie de Monaco.** Esta concurrida microcervecería de la zona de bares y restaurantes frente al puerto sirve *pale ales* ecológicas y cervezas de trigo elaboradas aquí; además, tienen una carta de típica comida de *pub.* La gente que sale de trabajar llena el local durante la *happy hour* (18.00-20.00).

HORIZON IMAGES/MOTION/ALAMY STOCK PHOTO ©

Casino de Montecarlo.

LOS MEJORES JARDINES DE MÓNACO

Parc Princesse Antoinette
Un clásico para toda la familia con pimpón, campo de minigolf, granja infantil y mucha sombra.

Jardin Exotique
Este mágico jardín de plantas crasas y cactus, junto a la pared de roca, ha estado cerrado por reformas hasta finales de 2024.

Jardins St-Martin
Al primer jardín público de Mónaco le da sombra el árbol nacional, el algarrobo. En el borde sur de Le Rocher.

Jardin aux Canards
A los patos les encanta la fuente central de este frondoso espacio verde junto a la Roseraie Princesse Grace. Apto para cochecitos y sillas de ruedas.

DÓNDE CATAR VINO EN MÓNACO

Supernature
Este moderno bar de vinos de La Condamine es una interesante incorporación a la oferta (a veces rígida) de Mónaco.

Les Grands Chais Monégasques
Una tienda mágica para que los amantes del vino se pierdan durante un rato. En una calle lateral cerca del puerto.

Lounge Solaire
Este camión de champán en Montecarlo (en temporada) rezuma un glamur exclusivo de Mónaco.

EL ÚLTIMO PESCADOR

Antiguamente había una docena de familias de pescadores en Mónaco. Sus barcas de madera compartían el puerto con los primeros yates. Hoy, solo Eric Rinaldi continúa la tradición y es conocido como el último pescador de Mónaco. Sus dos barcas de fibra de vidrio, amarradas en el muelle Hirondelle, contrastan con los lujosos yates de al lado. Al igual que su padre, su abuelo y su bisabuelo antes que él, Rinaldi se hace a la mar casi cada mañana y pesca especies pequeñas como salmonete, besugo y escorpena cerca de la costa, especies más grandes como el pez espada y el atún, más lejos. La pesca diaria de Rinaldi se vende fresca o cocinada al momento en **Pêcherie U Luvassu,** la pescadería y restaurante que hay detrás de su atracadero, de la cual es copropietario.

Donde comen los monegascos

Una plaza pequeña, un mercado grande

A pesar de su imagen fastuosa, no hace falta pedir un préstamo para comer bien en Mónaco. El mejor lugar para comer barato es el concurrido **Marché de la Condamine** de Place d'Armes. Esta animada plaza cerca de Port Hercules, en el barrio de Condamine, se llena cada mañana de frutas, verduras y flores frescas. La zona de restauración del interior empieza a llenarse cuando los trabajadores de las oficinas cercanas llegan para almorzar, pero las persianas se levantan mucho antes, para el desayuno. Si el viajero necesita una dosis de cafeína para ponerse en marcha por la mañana, puede pasar por **Le Comptoir** para tomar un buen café italiano (incluso una buena *focaccia,* especialmente si acaba de salir del horno). Los más golosos no pueden perderse la sucursal de la célebre panadería ecológica del chef argentino Mauro Colagreco, **Mitron Bakery,** que permite probar su *tarte au citron* (tarta de limón) sin tener que ir a Menton. A la hora de comer, la gente acude en masa a **La Maison des Pâtes** en busca de raviolis o *tagliatelle* frescos. Suele haber cola, pero vale la pena esperar. La comida callejera regional también está representada. La *socca* y la *pissaladière* de **Chez Roger** son tan famosas que no hay necesidad de vender nada más.

CHRISPICTURES/SHUTTERSTOCK ©

Stade Nautique Rainier III.

DÓNDE TOMAR CAFÉ Y TÉ EN MÓNACO

Costadora Social Coffee Monaco
A elegir entre Espresso, Chemex, V60 y Plunger en esta cafetería italiana.

Mada One
Tomar un *latte macchiato* en esta elegante terraza cerca del casino es un lujo de Mónaco a un precio asequible.

Le Teashop
Bonita cafetería de barrio en Boulevard des Moulins, con más de 100 tés y muchos complementos.

A Roca sirve *barbajuans,* los sabrosos raviolis fritos que están considerados el plato nacional del principado. Muchos de los puestos cierran después del almuerzo, pero algunos también tienen vida al atardecer, como el **Bar Le Zinc,** que sirve la que seguramente sea la copa de vino más barata de Mónaco (2 €).

Días de playa en la ciudad

De cabeza al agua

Casi nadie piensa en Mónaco como un destino de playa, pero el principado tiene la capacidad de adaptarse a cualquier uso, así que es mejor llevar el bañador, aunque solo se vaya a pasar un día. Se puede tomar el sol con los monegascos en la **Plage du Larvotto,** al este de Port Hercules, que recientemente ha vivido importantes mejoras. Las tumbonas de la playa privada y restaurante **La Note Bleue** son un clásico (al igual que las sesiones de música en directo los fines de semana en verano). Además, hay muchas playas públicas. Entre mayo y octubre, se pueden alquilar tablas de surf con remo en la **Académie Monégasque de la Mer.** Varias generaciones de niños monegascos han aprendido a nadar en el **Stade Nautique Rainier III,** en Route de la Piscine. Esta piscina olímpica al aire libre, con trampolín y tobogán, se encuentra entre los yates de lujo de Port Hercules. Es relativamente barato el acceso de un día: 12 € para no residentes. Los 6 € adicionales para una tumbona y una sombrilla son una inversión que vale la pena, ya que hay poca sombra. Ha aparecido un lugar interesante para nadar en el hormigón del lado occidental del puerto, detrás de la terminal de cruceros. Es conocido simplemente como **Solarium.** Sus amplios escalones son ideales para refrescarse en un día caluroso. La aparición del restaurante y bar con tumbonas **Maliza Mar** lo ha convertido en un buen lugar para pasar el día. Hay que tener en cuenta que aquí el agua es profunda y no hay vigilancia. Muy cerca, en **Promenade des Pêcheurs,** unos escalones bajan hasta la **Plage des Pêcheurs,** una playa de guijarros acurrucada en el acantilado, que es maravillosa con marea baja y el mar tranquilo (pero no con marea alta).

PASIÓN LIMONERA

Mauro Colagreco conquistó Menton con **Mirazur,** el restaurante que le valió tres estrellas Michelin. Pero el chef argentino sigue expandiendo su imperio de Menton con **Casa Fuego** y **Les Sablettes** (p. 71), donde no hay que pagar precios a la altura de las estrellas.

"OFERTAS" DE MEDIODÍA

Aunque siguen siendo caros en comparación con otros destinos, las cartas de los restaurantes de gama alta de Mónaco que sirven cenas exorbitantes ofrecen almuerzos más razonables entre semana. Esto es lo que se puede comer por unos 30 €.

Song Qi
Genial diseño *art déco* de Shanghái con un menú de dos entrantes, plato del día, arroz y una copa de vino. **€€**

Beef Bar
Legendario emporio carnívoro de Fontvieille que sirve un entrante, tartar de ternera con patatas fritas y copa de vino. **€€**

Cantinetta Antinori
Antipasti, plato principal y copa de vino toscano en esta sucursal del clásico restaurante florentino, en Larvotto. **€€**

DÓNDE IR DE COMPRAS EN MÓNACO

One Monte-Carlo
Marcas selectas de diseñadores en el atractivo espacio comercial que rodea el casino.

Metropole Shopping Monte-Carlo
Con mármol pulido y lujosas lámparas de araña, es ideal para mirar escaparates.

La Condamine
Las *boutiques* independientes comparten Rue Grimaldi con las grandes marcas y las tiendas de recuerdos.

VAR

PLAYAS, PUEBLOS CIMEROS Y MAR

Desde las aguas y las playas del Mediterráneo hasta los bosques y los pueblos elevados del interior, el sur de Provenza rebosa vida.

Glamur y sofisticación en el golfo de Saint-Tropez, playas para familias cerca de Hyères, ciudades medievales desde el mar hasta el extremo norte de la región... Var es mucho más que litoral, pero también es la costa.

NEWPHOTOSERVICE/SHUTTERSTOCK ©

Quien quiera ostentación, que vaya a Saint-Tropez a disfrutar de las mejores playas, cócteles, hoteles y yates de lujo. No solo tiene tiendas de alta gama, sino también algunas de las mejores *boutiques* artesanales de la costa. En lugar de centrarse en las etiquetas, es mejor buscar la calidad de la manufactura.

Es posible pasear por alegres jardines mediterráneos y deleitarse con la temporada de floración de la mimosa en invierno. Quien busque un ambiente más relajado, que pruebe con la península de Giens o en una de las islas de Oro (Porquerolles, Levante y Port-Cros), ideales para caminar, pedalear y bucear. Un día en la subestimada ciudad de Hyères complacerá a los que ya lo han hecho todo en la Costa Azul. Y es fácil enamorarse de pueblos como Cotignac, con sus acantilados, cuevas y calles envejecidas llenas de restaurantes.

Los más sibaritas disfrutarán del pescado y los cócteles de la costa. En el interior, se disfruta de comidas provenzales abundantes, como guisos y verduras rellenas. Y hay que dejar espacio para un helado de castañas y luego levantar una copa de vino rosado para brindar por la puesta de sol. Colinas, costa y mucho más en Var.

Recuadro: en bicicleta, Hyères (p. 113); pág. opuesta: Saint-Tropez (p. 104).

ZONAS PRINCIPALES

SAINT-TROPEZ
Capital de la pompa y el glamur.
p. 104

HYÈRES
Ciudad medieval subestimada con islas extraordinarias.
p. 113

PROVENCE VERTE
Pueblos del interior en alto y botellas de vino rosado.
p. 121

TRABANTOS/SHUTTERSTOCK ©

Orientarse

En las ciudades costeras, lo mejor es desplazarse sin coche, al contrario que en el interior. La estación principal de trenes es la de Hyères y las hay más pequeñas en Saint-Tropez y Sainte-Maxime.

Provence Verte, p. 121

Llanuras vitivinícolas y pueblos de las colinas donde escapar de las multitudes y el calor.

Hyères, p. 113

Todos los elementos de un pueblo clásico de la Costa Azul, sin prisas ni lujos. Y también hay islas.

Saint-Tropez, p. 104

A la capital de las calurosas noches de verano se va a vivir los sueños de la Riviera francesa.

AUTOMÓVIL

Ventaja: moverse fácilmente por el interior de Var. Desventajas: la transitada carretera costera y el caro aparcamiento en las ciudades costeras.

BARCO

En el golfo de Saint-Tropez, el ferri cruza desde Ste-Maxime, Grimaud o Saint-Tropez. El operador principal es Les Bateaux Verts (bateauxverts.com).

TRY MEDIA/SHUTTERSTOCK ©

Saint-Tropez desde la ciudadela (p. 106).

Planificarse

Por mucho que guste el sur de Francia, no hay que intentar verlo todo. He aquí algunas ideas para planificar el tiempo sin forzarlo.

Fin de semana en Saint-Tropez

- Pasar la mañana en un catamarán recorriendo el golfo (p. 104) y comer en un club de la **Plage de Pampelonne** (p. 107).
- Salir de fiesta hasta el amanecer, terminando en uno de los **clubes de Saint-Tropez** (p. 108).
- Descansar en una tumbona en otro club de playa y luego ir de *boutiques* para comprar **recuerdos de categoría** (p. 107).

Cuatro días por el interior

- Conectar con la naturaleza durmiendo en **Montrieux-le-Vieux** (p. 125), donde se camina por bosques impolutos.
- Hacer una **cata de vinos** (p. 122) para encontrar el rosado favorito antes de dormir bajo los acantilados de Cotignac.
- Por la mañana, pedalear por pistas de grava hasta **Barjols** (p. 123) y volver.
- Al día siguiente, explorar las **cuevas troglodítas de Villecroze** (p. 122) antes de ir a la costa.

Destacado por temporada

PRIMAVERA
Las mimosas florecen al acabar el invierno y se celebra la **fiesta de la mimosa** (p. 120) en Bormes-les-Mimosas.

VERANO
Al principio, bucear en la costa de Porquerolles. En temporada alta, reservar temprano y unirse a la multitud de bañistas.

OTOÑO
Les Voiles de St-Tropez (p. 107) invade el golfo y el puerto durante 10 días; se pueden ver los mejores yates del mundo.

INVIERNO
Es el mejor momento para pedalear por el interior de Var: carreteras tranquilas, gente amable y temperaturas suaves.

SAINT-TROPEZ

Saint-Tropez es el destino más deseado de la Riviera francesa, donde se puede navegar por el golfo, cenar en restaurantes ostentosos, tomar el sol en tumbonas y bailar hasta el amanecer. Profundizando un poco, también se encuentra arte, compras, diseño y fiestas. Al otro lado del golfo, Ste-Maxime es un lugar más relajado, perfecto para familias y para quien no quiera gastarse una fortuna. En medio está Grimaud, pequeño pero con suficientes calles estrechas, bonitas flores y arte accesible para pasar un gran día lejos de la playa. Saint-Tropez es seductor y llamativo, pero en verano está hasta los topes. Aunque eso no debería desanimar a nadie para disfrutar, llenar los días con actividades satisfactorias, conocer a agradables lugareños y viajeros de todo mundo. La Riviera francesa es lo que cada uno hace con ella... así que hay que hacer que sea fabulosa.

CÓMO DESPLAZARSE

La carretera de la costa que une Saint-Tropez con Grimaud y Ste-Maxime se llena temprano en temporada alta. El trayecto marítimo dura lo mismo que por carretera, pero es más relajante.

Hacerse a la mar

Contratar un capitán y a navegar

Es buena idea sustituir las lanchas rápidas por un catamarán para surcar el golfo de Saint-Tropez. Zarpan temprano para ir a las impresionantes *calanques* (calas) de Cap Taillât.

Gael y Bruno (sport-decouverte.com; en francés) ofrecen diversas aventuras marítimas: navegar ayudando con las maniobras, kayak, surf de remo o buceo. Se pueden ver criaturas marinas como lábridos, besugos, estrellas de mar y a veces caballitos o meros. Algo más tranquilo es relajarse en las redes suspendidas del catamarán. Las salidas son de medio día (55 €/persona) o día completo (95 €/persona).

Puestas de sol en la costa

El día se transforma en noche

Al atardecer, Saint-Tropez pasa de los días de playa perezosa a las noches de playa salvaje. Hay que planificar con antelación el momento para conseguir el mejor asiento. El mejor lugar para ver la puesta de sol es la **Plage de Gigaro,** en La Croix Valmer (17 km al sur de Saint-Tropez).

En la ciudad, la **Plage de la Bouillabaisse** es un lugar agradable para tomar una copa al atardecer y empaparse del ambiente del puerto. Los bares de la playa suelen estar repletos; salvo si se ha estado en uno todo el día, no se puede contar con ir a tomar una copa.

Los más aventureros pueden llevar un bocadillo o una botella al **faro de Cap Camarat,** en el borde de la península.

CONSEJO

Si no entra en los planes salir de fiesta hasta el amanecer, un buen momento para visitar la región es a finales de mayo y junio, ya que la mayoría de los clubes de playa están abiertos para pasar el día, pero con un ambiente sosegado. Conviene evitar conducir: el aparcamiento cuesta una fortuna y los atascos son legendarios.

De compras por Saint-Tropez

Elegancia y estilo

Muchas marcas de lujo tienen una *boutique* en las callejuelas de Saint-Tropez. Pero buscando más allá de los grandes nombres se pueden descubrir tiendas fantásticas. Al igual que en Capri y Menorca, Saint-Tropez tiene su propia sandalia de autor: **Rondini.** La familia Rondini lleva más de 80 años fabricando las emblemáticas sandalias de cuero de Saint-Tro-

PUNTOS DE INTERÉS
1 Bel-Air Fine Art Gallery
2 Fondation Linda et Guy Pieters
3 La Citadelle
4 La Vielle Mer
5 Plage de la Bouillabaisse

DÓNDE BEBER Y VIDA NOCTURNA
6 Hôtel Cheval Blanc
7 Pearl Beach St-Tropez

DE COMPRAS
8 Be-Store
9 La Cabane d'Anoé
10 Les Galeries Tropéziennes
11 Marinette Décoration
12 Rondini Sandals

LINE HOLTERMANN-JUGE/SHUTTERSTOCK ©

Velero clásico, Saint-Tropez.

MÚSICA EN DIRECTO EN LA CITADELLE

Los clubes de playa tienen DJ residentes e invitados que hacen sonar música en la playa en verano y hay clubes para bailar toda la noche..., pero los amantes de la música no pueden perderse **La Citadelle** durante su estancia en Saint-Tropez.

Esta fortaleza, construida en 1602 para defender la costa de los españoles, se alza en la ladera que domina Saint-Tropez al este. Las vistas son espléndidas, como los pavos reales que deambulan por el recinto. Las mazmorras albergan el excelente **Musée de l'Histoire Maritime.** A los amantes de la música les gustarán sus conciertos al aire libre. Este lugar emblemático alberga conciertos y minifestivales todo el año.

pez. Sus modelos, en versión baja, franciscana o de tobillera, pueden hacerse a medida.

Para que toda la familia vaya elegante, **La Cabane d'Anoé** ofrece una experiencia de compra única para padres e hijos, con una amplia selección de artículos de las mejores marcas, incluida la popular Louis Louise. Para mejorar la decoración del hogar, **Marinette Décoration** se especializa en ideas elegantes e inspiradoras, que combinan elementos modernos y auténticos.

Los hombres pueden pasar por **Be-Store,** una *boutique* dedicada a los pantalones cortos. Además de los de bolsillos o de golf, también los hay de algodón de Loïc Berthet en una amplia variedad de colores, estilos y tallas.

Los cazadores de gangas no pueden perderse **Les Galeries Tropéziennes.** Sin sacrificar la calidad, esta tienda tipo bazar ha sido un pilar de la vida comercial de Saint-Tropez desde 1903. Por un lado, un espacio práctico reúne accesorios cotidianos (mercería, telas, cepillos, ropa de hogar), mientras que el otro lado personifica la elegancia de Saint-Tropez (trajes de baño, alpargatas, suéteres de cachemira, sombreros de paja y vajillas).

DÓNDE COMER ENTRE GENTE ESTILOSA

La Petite Plage St-Tropez
Aperitivos refrescantes, ostras y caviar. Y eso es solo la carta de entrantes. **€€€**

La Sauvageonne
Bar-restaurante chic y relajado en el bosque, que además tiene piano-bar. De gestión local. **€€€**

Zetta
Italiano fácil y elegante que sirve *pizzas*, ensaladas grandes y postres *gourmet*. Una ganga. **€€**

De galerías en Saint-Tropez

Una dosis de cultura

Los amantes del arte también encontrarán cosas interesantes. La **Fondation Linda et Guy Pieters** (gratis) tiene una de las colecciones de arte contemporáneo más prestigiosas de la Costa Azul; está al lado de Place des Lices, en el centro. Se sigue con la tendencia contemporánea visitando la **Bel-Air Fine Art Gallery,** del grupo de galerías de arte más grande de Europa; las piezas están seleccionadas para satisfacer los gustos de Saint-Tropez, a la vez que destacan las tendencias internacionales del mundo del arte.

Si se opta por la nostalgia marinera, se puede pasear por los callejones hasta llegar a la villa que alberga **La Vieille Mer,** donde se exhibe una colección de faroles de barcos, timones, telescopios, relojes y parafernalia marina.

El **Musée de l'Annonciade** alberga una colección impresionante de arte moderno en una capilla del s. XVI reconvertida elegantemente, centrada en la obra del puntillista Paul Signac.

Cuando llegan los yates

Los mejores barcos del Mediterráneo

A finales de verano, soplan los vientos mediterráneos y con ellos llega la mayor regata de la costa: **Les Voiles de St-Tropez,** que ocupa el golfo y el puerto durante 10 días a finales de septiembre. Se puede presenciar la regata desde el mar en uno de los barcos de **Les Bateaux Verts** o bien observar la gran salida por la mañana desde el puerto de Saint-Tropez. Y quien tenga aptitudes de marinero, puede buscar un capitán en **Vogavecmoi** (vogavecmoi.com) para navegar y ver la regata de cerca.

Una guía para los clubes de playa

Con los pies en la arena

Los clubes de playa echaron raíces en Saint-Tropez en los años cincuenta, cuando una Brigitte Bardot de 22 años convirtió la ciudad en un destino para ricos y famosos.

La **Plage de Pampelonne** es la más famosa y la que tiene la mayor selección de discotecas. Es de visita obligada tanto para los visitantes primerizos como para los que repiten. Es el lugar ideal para ver y ser visto, con un ambiente de relax y lujo, y vale la pena reservar tumbona y almuerzo. Tiene filas ordenadas de sombrillas y tumbonas, y una hilera de discotecas delante. Hay zonas públicas para la mayoría de las playas de la ciudad (incluida Pampelonne).

POR QUÉ ME ENCANTA SAINT-TROPEZ

Ashley Parsons, redactora de Lonely Planet

No a todo el mundo le gusta el lujo de Saint-Tropez, pero si le das una oportunidad, descubrirás que todo el año impera un ambiente de amabilidad, estilo atemporal y gusto refinado.

Me encanta visitar Saint-Tropez en primavera o en otoño y charlar con los camareros del Café de París.

En la temporada más lenta, cuando el sol pega menos y ya no quieres pasarte el día en la playa, me encanta pasear de cafetería en cafetería, mirar las tiendas o parar a comer una *tarte Tropézienne*.

MERCADOS DE FIN DE SEMANA EN EL GOLFO

Viernes
Ste-Maxime todo el año; Le Rayol (al oeste por la costa) de abril a septiembre.

Sábado
Saint-Tropez y Cogolin (pueblo del interior) todo el año.

Domingo
Port Grimaud, La Garde-Freinet (pueblo del interior) y Ramatuelle (al sur de Saint-Tropez), todo el año.

LOS PRECIOS EN SAINT-TROPEZ

Al ser un destino de la *jet set* en la Costa Azul, visitar Saint-Tropez puede devorar todo el presupuesto de las vacaciones, aunque se intenten buscar las opciones más baratas. Los hoteles en la ciudad cuestan unos 200 € por noche, y las tumbonas de los clubes de playa, entre 50 y 150 € (y algunas requieren comer o cenar en el club). Para controlar el gasto, es mejor saltarse la tumbona de la playa de Pampelonne y llegar temprano para conseguir espacio en uno de los tramos de playa pública. Y para comer, se puede reservar mesa en el bistró **Le Sporting,** que tiene *pizzas* desde 11 €.

Una copa de vino rosado es el punto de partida de la experiencia de Pampelonne. Se recomienda reservar tumbona y almuerzo en **La Réserve à la Plage,** un club bohemio y elegante de la península, que tiene ingeniosos cócteles, *boutique* y bar.

Para tomar el sol temprano, el mejor club es **Cabane Bambou,** con servicio de desayuno y tumbonas desde 29 €.

Para una experiencia de playa más tranquila sin sacrificar el lujo (algo más lejos de Saint-Tropez), se puede reservar con antelación en **La Cabane Méditerranée,** junto a la Plage d'Héraclée (tumbonas desde 24 €), más salvaje que la de Pampelonne; el club está junto a las rocas.

Si el viajero no se aloja en Pampelonne, lo mejor es tomar un taxi para llegar a esta zona exclusiva (y volver). Hay un servicio local de autobuses (línea 3) desde la estación principal de autobuses de Saint-Tropez.

Playas, paseos y puertos

Descubrir Ste-Maxime con elegancia

Ste-Maxime se halla al otro lado del golfo desde Saint-Tropez. Esta ciudad tiene largas playas de arena blanca, ideales para pasar un día con la familia y los amigos. A diferencia de los clubes de playa de Saint-Tropez, Ste-Maxime tiene un ambiente más igualitario y atrae a quien quiere escapar del ajetreo y el bullicio de la costa y permite disfrutar de una experiencia más relajada.

La privada **Barco Beach** tiene un rincón especial para niños y organiza actividades familiares en verano. Es perfecto para familias con padres que buscan diversión organizada con los niños. Para los amantes de la naturaleza, en la **Plage de la Madrague** hay gran variedad de vida marina y con unas gafas de buceo se pueden contemplar los asombrosos peces de roca que nadan en las calas.

La proximidad de esta larga costa ofrece a los visitantes de Ste-Maxime la oportunidad de realizar largos paseos por la zona. Antes o después de la cena, se puede pasear bajo los pinos de **Promenade Aymeric Simon Lorière,** cerca del puerto, que es el corazón de

PLAYAS PARA FAMILIAS

Saint-Tropez es conocido como lugar de fiesta y vacaciones de lujo. Si se buscan clubes de playa más familiares, es mejor ir a **Ste-Maxime**, la **península de Giens** (p. 115) o **Niza** (p. 61).

CLUBES PARA DESPUÉS DE LA PLAYA

Le Piaf St-Tropez
Cena, cócteles y baile. Los compartimentos rojos forman parte de la exclusiva familia A Table Paris.

L'Esquinade
El club gay definitivo de Saint-Tropez (junto al puerto) es la última parada para los fiesteros. Mucha vida hasta el amanecer.

Club le Gaïo
Las estrellas han salido a esta pista de baile desde 1958. Cocina *nikkei*. Abierto hasta las 6.00.

la ciudad. Los miércoles se celebra allí un mercado de antigüedades, y en las noches de verano suele haber música en directo gratis.

Atracados en el **puerto de Ste-Maxime** hay más de 800 barcos, desde veleros y barcas de pesca hasta megayates, lanchas a motor y algún bote de remos; es un hervidero de movimiento y actividad marina. En verano, el **Théâtre de la Mer** (junto al puerto) organiza espectáculos musicales o teatrales casi todas las noches (gratis).

Para moverse entre Ste-Maxime y Saint-Tropez, hay barcos lanzadera de Les Bateaux Verts (bateauxverts.com; 15 min).

Fotografía en Grimaud y el puerto

Venecia en la Costa Azul

Para sacar buenas fotos fuera de la ciudad, esta es una buena posibilidad. Entre Saint-Tropez y Ste-Maxime está **Port Grimaud,** un moderno puerto resguardado de la transitada N98, con fotogénicos puentes de arco y bonitas lanchas a motor.

Subiendo 7 km se encuentra **Grimaud,** un pueblo medieval sobre una colina, rodeado de viñedos y olivos en las estribaciones del macizo de Maures, con sus robles y sus hayas.

JUERGEN WACKENHUT/SHUTTERSTOCK ©

Ste-Maxime.

LOS MEJORES RESTAURANTES ECONIMICOS DE STE-MAXIME

La Maison Bleue
Este célebre restaurante tiene un nuevo propietario, pero mantiene los mismos valores familiares. Asientos cómodos y cocina inspirada, como pulpo con chorizo o *aïoli* provenzal. €€

Le Carillon
Comida típica de la costa italo-francesa, buena relación calidad-precio en *pizzas,* platos a la parrilla y especialidades diarias. Cerca de la iglesia. €€

La Casa Mia
Restaurante familiar sin pretensiones con comida casera de *brasserie:* ensaladas generosas, especialidades diarias como mejillones y patatas fritas, calamares rellenos y tartar de carne, todo a precios inmejorables. €

CELEBRACIONES DE SAINT-TROPEZ

Fête des Vendanges
A principios de septiembre se celebra la fiesta de la vendimia.

Fête de la Libération
El 15 de agosto marca el día en que Ste-Maxime fue liberado en la II Guerra Mundial. Fuegos artificiales sobre el golfo.

Fête du Vélo
Celebración dedicada a la bicicleta, iniciada en el 2022. A principios de abril.

LA TORTUGA MEDITERRÁNEA OCCIDENTAL

La *Testudo hermanni hermanni* es una especie en peligro de extinción que se encuentra en pequeños reductos de la costa mediterránea. Vive sobre todo en Italia, Cerdeña y Córcega, pero se pueden ver algunas en Var, especialmente en Grimaud.

Un buen lugar para buscar esta tortuga es a las afueras del pueblo, cerca del Pont des Fées. Es bastante pequeña (entre 7 y 18 cm de largo), pero el característico patrón negro y amarillo de su caparazón las hace fáciles de reconocer (si no están camufladas en la maleza).

Para conocerlas mejor, se puede visitar el santuario de tortugas **Village des Tortues** de Carnoules, a 30 min en coche hacia el interior.

PHOTO-SAINT-TROPEZ/SHUTTERSTOCK ©

Pont des Fées, Grimaud **(p. 109).**

Siguiendo **Rue de la Treille,** en primavera se pueden sacar fotos de la explosión de flores y luego capturar desde abajo el pequeño y bien conservado **Pont des Fées** (puente de las Hadas) para que parezca más grande de lo que es.

Un paseo tranquilo por el pueblo permite empaparse de las vistas, los sonidos y los olores de las flores y el mar. Es toda una aventura culinaria comer en **Chez Jeff et Ju,** un acogedor restaurante de tapas del casco antiguo con una carta única y sabrosa; y terminar con los helados de **J'aime les Glaces.**

Grimaud cobra vida en verano, cuando se invita a artistas callejeros de todo el mundo a participar en un festival de arte al aire libre. Incluso se pueden ver nombres conocidos. Ese ambiente singular continúa en agosto con **Les Grimaldines,** un festival anual de músicas del mundo y artes de calle.

El autobús nº 887 conecta Saint-Tropez con Grimaud. Para llegar a Port Grimaud, lo más fácil es tomar un ferri.

DÓNDE DORMIR EN SAINT-TROPEZ

Lily of the Valley
Reconocido hotel de cinco estrellas con un nuevo club de playa exclusivo e íntimo. **€€€**

Lou Pinet
Hotel *vintage* chic y relajado; algunas habitaciones tienen jardín privado. Hay un *spa* secreto dentro de una cueva. **€€€**

La Bastide d'Antoine
Hotel algo más barato, con habitaciones elegantes, suites y villas. **€€€**

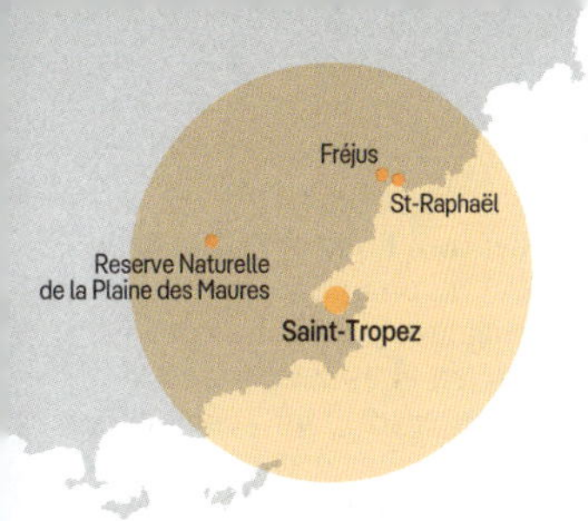

Alrededores de Saint-Tropez

Aventurarse tierra adentro para ver una reserva natural o explorar lugares menos caros, como Fréjus o St-Raphaël, para pasar un día de playa.

Al norte de Saint-Tropez se encuentra la Réserve Naturelle de la Plaine des Maures, un buen lugar para disfrutar de aire fresco lejos de la costa. Hay un sinfín de excursiones por la reserva y es un escaparate de la vida rural del interior de Var.

Al este de Saint-Tropez hay largas franjas de costa que conducen a Antibes y Niza. Los más aventureros pueden lanzarse a la caza de la cala perfecta. St-Raphaël y Fréjus son una buena combinación para familias o viajeros relajados, y un poco más amables con el presupuesto. No hay que obsesionarse con Saint-Tropez: hay muchos otros lugares por visitar en la Riviera francesa.

Reserva Natural de Maures

Refugio salvaje a tiro de piedra

Si se busca una actividad al aire libre divertida y fácil para toda la familia, se puede emprender la ruta circular de 12,6 km en la **Réserve Naturelle de la Plaine des Maures.**

Caminando por la reserva entre pinos, alcornoques y matorrales, es posible avistar algunos de los animales que la habitan: jabalíes, zorros, ciervos y muchas especies de aves, tanto sedentarias como migratorias.

También se pueden ver las aves migratorias que anidan cerca del hermoso **lago Escarcets,** un punto culminante del sendero. Está rodeado de juncos, hábitat de aves acuáticas como patos y fochas.

CÓMO DESPLAZARSE

No hay límite real entre Fréjus y St-Raphaël; si el viajero se aloja en el centro de cualquiera de los dos, podrá moverse a pie. Para salidas a puntos más lejanos, lo mejor es el coche, pero implica invertir tiempo y dinero en encontrar aparcamiento.

CONSEJO

Tanto Fréjus como St-Raphaël tienen buenas opciones para pernoctar en el viaje entre Niza y Saint-Tropez.

Vida urbana de costa

Ir a la playa en la ciudad

Siguiendo la costa, al este se encuentran Fréjus y St-Raphaël. Aunque no gocen del mismo nivel de pompa y glamur que Saint-Tropez, tienen sus propios encantos y atractivos únicos.

Fréjus, fundada por Julio César en el 49 a.C., posee muchas ruinas romanas, como un anfiteatro y un acueducto. También se puede explorar el barrio medieval, con calles estrechas y edificios singulares como el **claustro de la catedral,** de estilo gótico.

La **Plage de St-Aygulf** es popular para nadar y tomar el sol, mientras que la **Plage de Port-Fréjus** ofrece un entorno más tranquilo con aguas calmas y orilla arenosa.

St-Raphaël, en cambio, es una ciudad más moderna con playas concurridas. Hay un largo tramo de playa de arena, perfecta para nadar, tomar el sol y practicar deportes acuáticos. En la animada zona del puerto deportivo se encuentran muchos restaurantes y tiendas.

RESTAURANTES RELAJADOS

Le Baïa
En el puerto de St-Raphaël, no hay nada como una velada en este bar, restaurante y club de verano en la azotea. La fusión asiática y los platos mediterráneos son deliciosos y no muy pesados. €€

Le Touring
Es la viva imagen de la Riviera francesa. Con su ambiente chic, el restaurante de la azotea es un remanso de paz en el concurrido centro de St-Raphaël. €€€

Seventh Heaven
Restaurante y bar de azotea (4ª planta) en Fréjus, con vistas del puerto de St-Raphaël y hasta Saint-Tropez. Servicio de comedor, bar y música hasta las 2.00. €€

A.FREUND/SHUTTERSTOCK ©

Claustro de la catedral de Fréjus.

HYÈRES

Hyères es una ciudad de costa al oeste de Saint-Tropez con una rica historia, gran actividad playera y un castillo medieval. Los miradores, que en su día fueron puntos estratégicos, son ahora lugares magníficos para disfrutar de vistas panorámicas. Y la dosis de cultura la aportan las viviendas antiguas y las galerías contemporáneas.

Cerca de Hyères en ferri está el paraíso natural de la isla de Porquerolles; se pueden alquilar bicicletas para explorar sus numerosas playas, calas y senderos. Para una experiencia más aventurera, la cercana isla de Port-Cros ofrece algunas de las mejores rutas de senderismo de la región, con impresionantes vistas del Mediterráneo y las islas circundantes.

Para las familias, Hyères y sus alrededores ofrecen una amplia gama de opciones de acampada, con muchos *campings* clásicos a unos pasos del mar. A los niños les encantará pasar el día en la playa y explorar la impresionante belleza natural de la región.

CÓMO DESPLAZARSE

Para desplazarse por Hyères y entre el centro y las playas, se puede utilizar la red de autobuses Mistral. La línea 67 conecta el centro con la península de Giens. Entre ciudades costeras, las opciones de transporte son la red de autobuses Zou! o el tren.

Hyères a pie

Un día en la ciudad

Si solo se dispone de un día para conocer los 2400 años de historia de Hyères, estos son los aspectos más destacados.

Lo primero es explorar la **Vieille Ville** (casco antiguo), llena de calles pintorescas, fachadas de colores y monumentos conservados durante siglos. Se empieza en el lado occidental de Place Georges Clemenceau, en la **Porte Massillon,** del s. XIII. Al oeste, por la empedrada Rue Massillon, se encuentra Rue des Porches, con losas pulidas y arcadas. Se pueden pasar horas recorriendo las estrechas callejuelas y admirando la bella arquitectura.

Después se sube al **Château d'Hyères,** en lo alto de la colina de Castéou. La construcción original se remonta al s. X. Se continúa hasta el **Castel Ste-Claire,** una espléndida mansión neorrománica construida sobre los cimientos de un antiguo convento. El contiguo parque homónimo está clasificado como jardín notable, con 6500 m² de flores y vegetación tropical.

Los más *gourmets* pueden comer en **L'Enoteca,** un restaurante de lujo en el casco antiguo dirigido por una pareja apasionada. La cocina es moderna, auténtica y generosa.

CONSEJO

Para disfrutar al máximo del viaje a la isla de Porquerolles, se recomienda reservar lugar temprano; la isla limita el acceso de visitantes a 6000 por día. Lo mismo ocurre con el alojamiento en temporada alta.

INSPIRACIÓN ARTÍSTICA

Hyères tiene todos los elementos para disfrutar de unas vacaciones irresistibles en el sur de Francia y lo mejor es que sigue siendo un destino relativamente desconocido. Para algunos viajeros, la ausencia de las distracciones de las ciudades más modernas lo hará mucho más atractivo. Durante generaciones, escritores y artistas han ido allí a trabajar.

Joseph Conrad menciona la península en su obra final, *El pirata;* F. Scott Fitzgerald corrigió ahí el manuscrito de *El gran Gatsby.* Robert Louis Stevenson escribió varias de sus novelas, entre ellas *Aventuras y desventuras del príncipe Otto,* en el Grand Hôtel des Îles d'Or en 1884. ¿Podría ser el retiro de escritores que uno ha estado buscando?

Se sigue hasta la **Villa Noailles,** un centro de arte nacional que alberga el Museo de Arte Moderno. La arquitectura moderna y el jardín cubista fueron diseñados por Gabriel Guévrékian. En este lugar atípico se celebran exposiciones rotativas de arte moderno; también hay una colección permanente de obras de arte y muebles. Se termina el día en **Vinoteer Happy,** un bar de vinos con tapas ligeras, vino natural y buen ambiente.

Encontrar el paraíso en Porquerolles

Bañadores y bicicletas

La **isla de Porquerolles** está cerca del continente, pero tiene una personalidad única. Es un paraíso para las familias y los amantes de la naturaleza. Solo se puede visitar a pie o en bicicleta, cuyo alquiler puede reservarse con el billete del ferri y así llegar a las playas más alejadas sin tener que caminar durante horas. Se recomienda aprovechar al máximo la bicicleta pedaleando por toda la isla hasta la **Calanque de l'Oustaou-de-Diou.** Después de dedicarle unas horas, se da media vuelta, haciendo un pequeño desvío a las playas negras del extremo oriental.

Un *souvenir* perfecto es una botella de rosado del **Domaine d'Île,** uno de los tres viñedos insulares.

DÓNDE COMER Y BEBER EN HYÈRES

Vola Cafe
Cafetería veterana en el centro, con bonitas persianas azules y una frondosa *terrasse.*

Vinoterre Happy
Enoteca con una buena selección de vinos naturales, vinos locales y tapas para picar.

Au Fil de L'eau
Restaurante refinado de pescado con buena selección de pesca del día, como lubina, dorada o lenguado. Hay que reservar.

Otro gran ejemplo del arte francés de nombrar las cosas: el buceo se llama *randonnée palmée* (literalmente, "excursión palmeada"). Se pueden pasar unas horas buceando en la costa de Porquerolles. La **Calanque de Bréganconnet** es un lugar de fácil acceso para ir sin guía. Otra opción es reservar embarcación y guía con **Ileo Porquerolles** (ileo-porquerolles.fr) por 65 € y dedicar varias horas a descubrir el fascinante y delicado ecosistema submarino del litoral. Los peces que más frecuentemente se ven son pequeños blénidos, chuclas de colores y la gran lubina negra.

Hay ferris de **TLV** (tlv-tvm.com) todo el año (20 min); salen de **La Tour Fondue,** en el extremo sur de la península de Giens. Algunos senderos pueden estar cerrados en temporada alta debido al riesgo de incendios.

Días de playa en la península de Giens

Nadar o hacer 'windsurf'

Giens está al sur de Hyères, frente a la isla de Porquerolles. La península tiene playas impresionantes y salinas que en su día se utilizaban para cosechar sal marina. Aunque ya no están en uso, recorrer la carretera de la sal sigue siendo una actividad popular, y es un buen lugar para la observación de aves. Se pueden ver varias especies, como los flamencos rosados que se alimentan en las piscinas de agua salada.

Para practicar *windsurf* o *kitesurf*, es ideal la **Plage de l'Almanerre,** en la orilla occidental de la 'pierna' que conecta con el pie de la península. Con su arena blanca y sus aguas poco profundas, esta playa no solo es segura para nadar, sino que resulta ideal para practicar deportes acuáticos. Hay que nadar en las áreas designadas.

La **Plage de Pradeau,** cerca del talón de la península, es otra de las imprescindibles, aunque solo se puede llegar a pie o en barco. Está protegida del viento y en verano están prohibidas las embarcaciones a motor. Puede ser una de las mejores playas del mundo.

La **Handiplage de la Bergerie,** en la costa este de la 'pierna', es un ejemplo excelente de cómo se puede hacer que el turismo sea inclusivo para las personas con discapacidades. Esta playa accesible está equipada con instalaciones especiales, como sillas de ruedas anfibias, asistencia para entrar en el agua y baños adaptados. También cuenta con un equipo de voluntarios formados para ayudar a los visitantes con discapacidades, asegurando así que todo el mundo pueda disfrutar de la belleza de la península.

ACAMPAR EN LA COSTA

Camping à la Ferme le Pradeau
Pequeño *camping* con acceso directo a la playa y precios razonables. Los restaurantes están cerca a pie. Ubicación céntrica para ir de playa en playa por la península de Giens. €

Camping Bernard
Pequeño *camping* a la sombra de los eucaliptos, con acceso directo a la playa y pista de petanca para hacerse amigo de los veraneantes franceses. Hay un restaurante. €

Camping les Moulières
Camping cuatro estrellas cerca del mar que ha resistido la tentación de embutir casas móviles. Hay algunas tiendas de *glamping* que tienen zonas para cocinar y descansar a la sombra. €€

LAS MEJORES PLAYAS DE LA ISLA DE PORQUEROLLES

Calanque de l'Oustaou-de-Diou
Pequeña cala rocosa en el lado sur de la isla, ideal para salidas de buceo.

Plage d'Argent
Cerca del puerto, es una de las playas favoritas de las familias con niños pequeños.

Plage de Notre-Dame
Es la playa más grande de la isla. Está en la costa noroeste, a 30 min a pie del puerto.

EXCURSIÓN POR LA ISLA DE PORT-CROS

El Parc National de Port-Cros es el parque nacional más pequeño de Francia. Esta caminata de 14 km rodea la isla en el sentido de las agujas del reloj, partiendo del Fort du Moulin y terminando en el puerto de Port-Cros. Para llegar, hay que tomar un ferri de 1 h de TLV (tlv-tvm.com) desde el puerto de Hyères o La Tour Fondue.

Se empieza visitando el **1 Fort du Moulin,** una fortificación del s. XVIII que domina el puerto y ofrece vistas impresionantes del mar y los acantilados. En la **2 Plage de la Palud,** se puede recorrer una ruta de buceo marcado con seis paradas (atadas a boyas), en la que los buceadores aprenden sobre diferentes especies y temas de biodiversidad. Se puede alquilar material en Sun Plongée, en el puerto.

Se sigue a pie. El sendero recorre los acantilados rocosos del lado norte de la isla, proporcionando a los excursionistas una refrescante brisa marina y buenas vistas del Mediterráneo. Tras unos 5 km se llega a la **3 Plage de Port Man,** una tranquila bahía donde descansar y darse un chapuzón en el mar.

También merece la pena hacer un corto desvío para visitar el **4 Fort de Port Man,** que fue construido para vigilar los pasajes marinos entre Port-Cros y la isla de Levante.

A continuación, el sendero gira hacia el sur. Se pasa por el **5 Fortin de la Vigie,** construido en el punto más alto de la isla. La caminata termina en el puerto de Port-Cros. Antes de regresar, interesa pasar unas horas en **6 Plage du Sud,** la playa más popular de la isla, con una amplia orilla arenosa y aguas poco profundas. Hay que llevar algo para picar y agua.

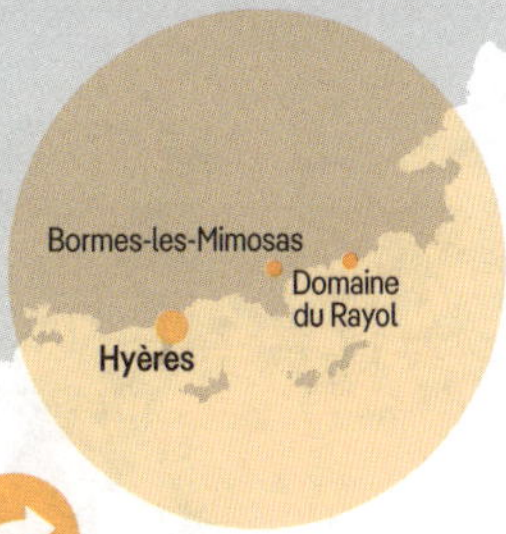

Alrededores de Hyères

Dejarse guiar por las mimosas para descubrir nuevos rincones de la Costa Azul.

La Riviera francesa es famosa por su impresionante litoral y sus lujosos centros turísticos, pero los jardines de la región y las mimosas floridas en invierno no tienen rival.

Se puede empezar por el Domaine du Rayol, un paraje natural protegido que muestra los paisajes del mundo que tienen un clima similar al mediterráneo. Los visitantes pueden admirar una gran variedad de especies diferentes, desde mimosas chilenas hasta bambú y cicas en el jardín asiático subtropical.

Más de un artista se inspirará al visitar Bormes-les-Mimosas durante la temporada de floración. Es el momento de hacer un viaje por carretera, recorriendo un tramo de la Route du Mimosa desde Bormes-les-Mimosas hasta St-Raphaël, admirando el rico patrimonio cultural de la región.

CÓMO DESPLAZARSE

Los autobuses de Zou! van a Saint-Tropez, Hyères y Tolón. Hay estación de TGV en Hyères y Tolón. El coche puede ser útil, pero para quien se aloje en la costa, bastará con una bicicleta eléctrica.

Jardines mediterráneos del mundo

Circuito por el universo de la botánica

El **Domaine du Rayol,** en crecimiento constante desde su creación en 1910, es un enclave natural protegido que alberga un singular jardín botánico. Cuenta con plantas de todo el mundo que prosperan en climas mediterráneos. La densa flora se extiende por la ladera hasta el mar. Si bien las flores están en su mejor momento en abril y mayo, siempre vale la pena visitarlo. Lo que hace que un jardín mediterráneo sea tan especial es su capacidad para prosperar en un clima cálido y seco, y estos jardines a menudo cuentan con especies resistentes a la sequía, como plantas crasas y cactus, además de hierbas aromáticas y arbustos florales. Cabe destacar los árboles de mimosa de la zona chilena o los eucaliptos del jardín australiano. También hay un jardín de buceo marino que está abierto en verano para visitantes a partir de 8 años.

CONSEJO

Esta parte de la costa es ideal para escapadas de invierno. Con las mimosas en flor, cualquiera olvidará que es febrero.

PRODUCTOS LOCALES PARA CATAR

Marion Laperche es la creadora de Lemon Story. Cultiva cítricos en el sur de Francia y los transforma en mermeladas divinas, encurtidos y licores. *@lemonstory*

Personalmente, me encanta el verano por su calidez, el mar, la *bouillabaisse* (bullabesa) y los tomates. Pero mi temporada alta es el invierno, cuando maduran los cítricos. En primavera, me encanta el aroma de todas las flores y ver que los árboles vuelven a la vida, con brotes en todas las ramas.

Si vienes a la región, no te pierdas mis productos locales favoritos: los higos de Solliès (septiembre y octubre), el pescado del puerto de Niel, el aceite de oliva del Domaine du Moulin y el vino elaborado con uvas *tibouren* de Clos Cibonne, en Pradet.

Rayol-Canadel-Sur-Mer.

Hay que reservar con antelación para cualquiera de las numerosas actividades que se llevan a cabo, como programas infantiles, clases de yoga, exposiciones y conciertos al aire libre. Los jardineros no solo cuidan las plantas, sino que también ofrecen recorridos educativos y talleres.

Los jardines están 37 km al este por la Corniche des Maures (1 h en coche). En julio y agosto, hay un servicio de transporte gratuito desde Rayol-Canadel-Sur-Mer.

Además del Domaine du Rayol, hay otros jardines interesantes en la región. El **Parc Gonzalez** de Bormes-les-Mimosas es un ejemplo elegante que cuenta con una amplia variedad, como olivos, cipreses y lavanda. El **Jardin Emmanuel Lopez** de Porquerolles es otro jardín impresionante que muestra la flora de la región (como cítricos y palmeras) y plantas exóticas de todo el mundo.

DÓNDE COMER EN EL PARAÍSO

Le Café des Jardiniers
Solo por esta cafetería del Domaine du Rayol ya vale la pena visitar los jardines. Limonada casera de tomillo. **€€**

L'Estagnol
Construido en estilo *guinguette* (salón de baile), sirven platos a la parrilla y pescado local del mercado. En Bormes. **€**

Le Jardin Restaurant
Escondido en un jardín en la parte superior de Bormes-les-Mimosas y centrado en las flores comestibles. **€€€**

LA ROUTE DU MIMOSA EN AUTOMÓVIL ELÉCTRICO

La aromática Route du Mimosa es un circuito por la Costa Azul que permite descubrir toda la belleza de la costa en invierno. La propuesta es recorrer esta pintoresca ruta de 60 km desde Bormes-les-Mimosas hasta St-Raphaël en coche eléctrico.

Se puede alquilar un Fiat eléctrico en el Carrefour (location.carrefour.fr) de Bormes-les-Mimosas. Los pueblos suelen tener una o dos estaciones de carga públicas.

Hay que empezar en **1 Bormes-les-Mimosas,** que tiene un vivero con 90 variedades de mimosas (el más grande de la región). Antes de emprender la ruta hacia el oeste, se debe visitar el **2 Fort de Brégançon,** una residencia presidencial oficial francesa en el cabo, al sur del pueblo.

A lo largo de la ruta se pasa por el **3 Col du Canadel,** con vistas al mar. Luego, se da un paseo por la playa disfrutando del paisaje, que abarca hasta las tres islas de Hyères. A unos 42 km, se hace una pausa en **4 Ste-Maxime;** se aconseja probar una magdalena con mimosa en Chez Taste Gourmet, una panadería local que sirve panes y pasteles deliciosos. El delicado sabor de la flor de mimosa le añade un toque único a esta delicia clásica francesa.

El último destino en Var es **5 St-Raphaël,** a 59 km del punto de partida. Se puede caminar hasta la **6 Calanque d'Anthéor,** en el borde del Estérel. El sendero va en paralelo a la sinuosa Corniche d' Or junto al acantilado.

Si el tiempo lo permite, se sigue la ruta en coche, con paradas en Mandelieu-la-Napoule (108 km), Tanneron (112 km), Pégomas (115 km) y Grasse (130 km).

ALOJAMIENTOS CONFORTABLES CERCA DE BORMES-LES-MIMOSAS

Hôtel le Bailli de Suffren
Elegante hotel en la playa de Rayol. Encanto *vintage*, habitaciones amplias, piscina privada y servicio de lujo. €€€

La Villa Thalassa
B&B tranquilo con tres dormitorios, además de una caravana de madera muy bonita. Hay una piscina con vistas y un patio para ver la puesta de sol. €€

Hostellerie du Cigalou
Ubicación céntrica inmejorable en Bormes-les-Mimosas. Tiene 20 habitaciones lujosas y es práctico, confortable y con buena relación calidad-precio. €€€

Hôtel California
Hotel *vintage* en el cercano Le Lavendou, con habitaciones limpias y todo lo esencial para viajeros con un presupuesto ajustado. €

La tierra de las mimosas

Pueblo floral del siglo XII

Bormes-les-Mimosas, 20 km al este de Hyères, debe su nombre a las numerosas mimosas que crecen allí, todo un símbolo de la región. De hecho, la localidad alberga más de 100 variedades diferentes de esta especie. Florecen entre enero y marzo, llenando la ciudad y los campos circundantes con un estallido de color amarillo intenso.

La historia de amor de Bormes con la mimosa empezó en el s. XIX, cuando se introdujo esta flor desde Australia (donde es conocida como *yellow wattle*). La planta se popularizó rápidamente entre los habitantes y se cultivó por toda la región. Hoy en día, muchas empresas locales utilizan la flor en productos como perfumes, jabones y velas.

Tal vez sea la historia floral de la zona o la brisa aireada que se lleva los bloqueos creativos..., pero los artistas y creadores de Bormes-les-Mimosas siempre parecen estar a la vanguardia de la creatividad.

Se pueden comprar elegantes sombreros en **Les Bibis du Midi,** donde el sombrerero Clémence Grisot confecciona ejemplares para todas las ocasiones, a medida y casi a medida. El vidriero Stéphane Marchioni dirige la joyería de cristal **A l'En Verre.** Es posible adquirir jabones hechos a mano, velas y otros productos naturales en la **Savonnerie de Bormes,** en la calle peatonal principal.

Cada mes de febrero, Bormes les Mimosas organiza una **fiesta de la mimosa** para celebrar la belleza y el significado de esta flor para la ciudad. Se pueden hacer visitas guiadas a los bosques de mimosas de la localidad y aprender sobre la historia y el cultivo de la flor.

MARINA VN/SHUTTERSTOCK ©

Bormes-les-Mimosas.

PROVENCE VERTE

La "Provenza Verde" es conocida por la exuberante vegetación de sus colinas y sus pueblos encaramados a las rocas. La región (ubicada hacia el interior desde Hyères) es un paraíso para los amantes de la naturaleza. Sus ondulados montes, bosques espesos y ríos cristalinos proporcionan un refugio de la concurrida costa. Se puede descubrir cómo era en su día la vida cotidiana admirando los callejones, las casas de piedra y los antiguos castillos de los pueblos de Bargème, Tourtour Châteaudouble, Cotignac y Barjols. Varias pistas de tierra unen estos pueblos; los ciclistas apreciarán pedalear lejos de la carretera principal (especialmente si van con niños).

Si se prefieren unas vacaciones menos exigentes, la palabra protagonista de Provence Verte es *rosé*. Se puede pasar la noche en uno de los viñedos que producen el mejor vino rosado de Francia. Con su clima mediterráneo suave (veranos calurosos e inviernos más templados), Provence Verte puede y debe disfrutarse durante todo el año.

CÓMO DESPLAZARSE

Alquilar un coche es la forma más sencilla de desplazarse, pero si el viajero se aloja en un pueblo durante unos días, alquilar una bici eléctrica es una buena opción ecológica. Cuestan a partir de 35 €/día.

Pueblos con encanto

Castillos, iglesias y cuevas

Quince pueblos de Var llevan el distintivo de *village de caractère*. Si es la primera vez que se viaja al interior de Var, vale la pena detenerse en estos puntos destacados.

Bargème, fundado en el s. IX, es el pueblo más alto de la región de Var. Sus sinuosas calles medievales y sus casas de piedra lo convierten en un destino con mucho encanto. No hay que perderse las ruinas del castillo del s. XIII, que ofrecen impresionantes panorámicas de la campiña. Para vistas discretas, **Fayence** está construido en el flanco de una colina que domina la llanura. No son las Gorges du Verdon ni Tourtour, pero el paisaje evoca una sensación de calma.

CONSEJO

Si el viajero está pensando en reservar una villa en el interior y conducir hasta la costa cada día, debe pensárselo dos veces: se enfrentará a los terribles atascos del litoral. Lo mejor es pasar la mitad de la estancia junto a la playa y luego reservar unos días en el interior.

PUNTOS DE INTERÉS
1 Bargème
2 Château Nestuby
3 Châteaudouble
4 Commanderie de Peyrassol
5 Cotignac
6 Domaine Rabiega
7 Entrecasteaux
8 Fayence
9 Tourtour

ACTIVIDADES, CURSOS Y CIRCUITOS
10 Villecroze

PUESTAS DE SOL EN TOURTOUR

La mejor puesta de sol del interior de Var se obtiene desde la plaza central de **Tourtour,** dominado por el color ámbar y conocido como "el pueblo en el cielo", que se alza sobre una colina con vistas a la campiña circundante. El centro medieval es peatonal y sus calles empedradas llenas de tiendas y galerías lo convierten en un destino tranquilo y relajante para visitantes con o sin niños.

Si se visita Tourtour, no hay que perderse **La Table,** una pintoresca cafetería en el corazón del pueblo. Además de servir bebidas refrescantes, el barista hace un capuchino esponjoso a precio de ganga.

Châteaudouble se alza sobre el río Nartuby. Se impone darse un chapuzón en las piscinas de roca natural del pueblo. A los excursionistas les encantará recorrer las **Gorges de la Nartuby.** En el pueblo, se puede visitar la iglesia del s. XII y las ruinas del castillo. Los entusiastas de los castillos disfrutarán en **Entrecasteaux.** El pueblo está dominado por una imponente fortaleza del s. XVI. Se recomienda pasear por los encantadores jardines franceses. A lo largo de los siglos, los habitantes y arquitectos del pueblo lograron crear un sistema de riego funcional y estéticamente agradable a base de acueductos, canales, fuentes y pozos. Aún se pueden encontrar unas cuantas fuentes supervivientes.

Circulan varias leyendas en torno a las **cuevas trogloditas de Villecroze,** formadas hace 700 000 años. Se puede explorar las grutas y aprender sobre su historia o dar un paseo por los jardines y admirar las cascadas y las esculturas.

'Rosé' todo el día

Castillos, bodegas y viñedos

Hay que dejar atrás la costa y dirigirse al interior para catar los mejores rosados de Provenza. La oferta de más de 300 viñedos regionales puede resultar abrumadora. He aquí algunas recomendaciones.

Historia, arte, hospitalidad y buen vino se unen en la **Commanderie de Peyrassol,** fundada por los caballeros templarios en el s. XII. Es un destino muy demandado. Se recomienda conseguir una botella de Le Clos Peyrassol Rosé del 2022, año en que el viñedo se convirtió oficialmente en ecológico. Puede reservarse una visita a los viñedos y saborear un almuerzo ligero en **Le Bistrot de Lou.** Los jueves de verano,

EN BICICLETA DE COTIGNAC A BARJOLS (Y VUELTA)

Este recorrido de 41 km por el interior de Var es apto para todo tipo de ciclistas. Se empieza el día bajo de los acantilados de **1 Cotignac,** donde ha habido asentamientos desde la Edad del Bronce. Bobby de Coti 's Bike alquila bicicletas clásicas y eléctricas. Tras subir a la gran colina para admirar los acantilados por los que es famoso el pueblo, se gira a la izquierda en la Route de Sillans para salir de la localidad. En cuestión de minutos, debe tomarse brevemente la D13 y girar a la izquierda para dirigirse a Clos de Meya.

La pista de grava recorre una ladera y un bosque de arbustos. Al cabo de 9 km, se llega al pie de la formación rocosa **2 Gros Bessillon.** Los próximos 10 km pasarán volando: todo es cuesta abajo hasta llegar a **3 Barjols,** que en el s. XIX era conocido por el curtido del cuero y por sus fuentes. Se puede hacer una pausa para almorzar en el centro del pueblo, en Popote et Tambouille Bistrot.

Se sigue la Route Brignoles y, pasada la localidad de **4 Châteauvert,** el camino se adentra en las hermosas **5 Gorges du Vallon Sourn.** Aquí es posible darse un chapuzón en el río Argens.

El siguiente destino es **6 Correns,** un pueblecito que se enorgullece de ser el primer pueblo ecológico de Francia. Se puede hacer una pausa en la plaza central para tomar una refrescante limonada o para tomar una copa por la tarde en Le Petit Corrensois.

Hay que reservar fuerzas para volver a casa. La siguiente sección recorre la pista de grava entre el bosque, los matorrales y los viñedos del Vieux Chemin de Cotignac.

Si se pasa la noche en Cotignac, es hora de darse una ducha y cenar en el Jardin Secret. Máximo confort tras un día de aventura.

CENAR EN VIÑEDOS

Chez Gavoty
Los jueves de verano, hay que visitar el Domaine Gavoty a la hora del cóctel, cuando hay música, tapas y cata de vinos. Se encuentra en una salida de la A8, al sur de Cotignac. €

La Table de St-Roux
El chef prepara platos a partir de lo que está disponible en el mercado y sirve las creaciones en el elegante comedor interior o en la terraza a la sombra del Château St-Roux. Está cerca de la intersección de la A57 y la A8. €€

Le Patriarche
Una cena junto a las vides del Château Ste-Croix a base de milhojas de *foie gras*, trufas y raviolis de espárragos, con postres de fresas y *vervain* (verbena). Al sur de Cotignac. €€

PAGE FREDERIQUE/SHUTTERSTOCK ©

Cuevas trogloditas, Villecroze (p. 122).

lo mejor es visitar los viñedos por la tarde, disfrutar de un cóctel musical por la noche y dormir allí.

Un elemento básico en los almuerzos en toda Provenza es un rosado de Var, con un sabor moldeado por los suelos arcillosos y los dos vientos que barren el paisaje: la brisa marina de la costa y el mistral que llega del norte. Hay que probar el vino de **Domaine Rabiega,** en una aldea a las afueras de Draginuan, ideal para acompañar el pichón local marinado con cerveza, una comida de lo más refinada.

Si se viaja en grupo o en familia, conviene reservar una *visite ludique* (visita lúdica) al **Château Nestuby** por 17 €. Los visitantes despiertan sus cinco sentidos a través de diferentes actividades para conocer el viñedo y sus vinos.

Las cooperativas vitivinícolas están arraigadas en la tradición agrícola de la región desde hace mucho tiempo. Los viticultores deben cumplir con estrictos estándares de cultivo para la producción de vino de la cooperativa.

DÓNDE DORMIR EN PROVENCE VERTE

Hotel La Falaise
Un hotel luminoso, limpio y amplio en un edificio amarillo de Cotignac. €€

La Petite Nice
Decoración de lujo a la antigua, jardín con encanto y buen precio en Barjols. €€

Camping de Correns Le Grand Jardin
Camping apto para familias a las afueras de Correns, con acceso al río. €

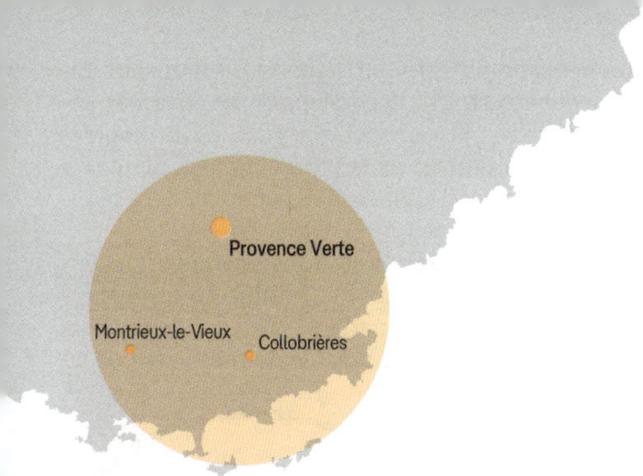

Alrededores de Provence Verte

Bosques de castaños, monjes cartujos y mercados provenzales. Es hora de dejarse sorprender por el corazón de Var.

Los macizos de Maures y de Ste-Baume son las fronteras naturales entre las brisas marinas de la costa y el interior soleado de Var. Es una extensión verde muy bien bien conservada, casi desprovista de pueblos o desarrollo moderno. Cabe destacar los bosques de castaños, los alcornocales y la reserva natural del macizo de Ste-Baume, rodeado de ríos y salpicado de arbustos con flores. Aquí se encuentra el mítico lugar de descanso de María Magdalena. En esta región, los humanos son tan resistentes como las plantas. Desde los antiguos monjes cartujos que preservaron por primera vez estos bosques hasta la comunidad ecológica de Ste-Baume que está dando nueva vida a la región, resiliencia es la palabra que mejor resume el corazón de Var.

CÓMO DESPLAZARSE

Para recorrer esta región hace falta coche. Si se planea conducir por el macizo de Maures, es mejor un vehículo de tamaño mediano ya que las carreteras pueden ser difíciles.

Pasar la noche en un pueblo ecológico

El renacimiento de Ste-Baume

La región que rodea **Montrieux-le-Vieux** (30 min aprox. al sur de Brignoles y una distancia similar al norte de Hyères) ha sido habitada por comunidades religiosas durante siglos. Recientemente, un grupo de inversores compró una de las antiguas viviendas de los monjes, Montrieux-le-Vieux, para emprender un enorme proyecto de restauración en esta región boscosa.

El *eco-lieu* ("ecolugar") está pensado para convertirse en un ejemplo de resiliencia en un mundo ecológicamente cambiante. Se puede reservar una noche en uno de los B&B de tonos

CONSEJO

A esta región se va a pasear y relajarse. La mayoría de los restaurantes y bares tienen un estándar muy alto, aunque hay pocos.

pastel o en el pequeño hotel (montrieux.org/le-hameau). En un amplio comedor abierto con decoración verde oliva, se puede disfrutar de las mañanas con vistas al jardín. Han contratado a un especialista etnoagrícola para ayudar a plantar y conservar un jardín nativo; aquí es fácil ver garbanzos plantados en la base de los olivos.

En verano, un patio próximo al río funciona como pequeña *guinguette* (sala de baile), bar al aire libre y restaurante. Sirven cervezas locales, limonada y refrescos, y los chefs intentan usar la mayor cantidad posible de productos de su huerto. En la antigua capilla monacal, los novios pueden casarse y, a veces, surgen conciertos improvisados: la acústica que buscaban los monjes para cantar resulta excelente para las baladas de amor. Es un alojamiento estupendo para familias, con sorpresas y proyectos allá donde se mire, un buen lugar para descansar de la costa, descubrir un fuerte entramado social y ver cómo será el futuro de la resiliencia ecológica.

OESTE DE VAR

El tramo de costa entre La Ciotat y Tolón a menudo se pasa por alto en favor de destinos más famosos. Razón de más para acercarse hasta allí.

Para los amantes de la playa, **Bandol** es una agradable sorpresa en comparación con las abarrotadas playas que hay más al este. Tierra adentro, los viajeros pueden explorar las rutas de senderismo y la naturaleza del **Parc Naturel Régional de la Ste-Baume.**

Le Castellet, fundado en el s. XII, es conocido por su bella iglesia románica y por el cercano Circuito Paul Ricard (como el *pastis*).

En **L'Insolite le Castellet** se pueden descubrir curiosidades únicas de la rica historia natural de la región.

VISITAS A MONASTERIOS

Para visitar un monasterio en activo, puede irse a la abadía de Notre-Dame de Sénanque, cerca de **Gordes** (p. 206), famosa por sus campos de lavanda, o al **monasterio de Notre-Dame de Clémence de La Verne** (p. 128), en el cercano macizo de Maures.

Comer castañas en el macizo de Maures

Donde el tiempo deja de existir

El pueblo rojizo de **Collobrières** se halla a medio camino entre el interior de Var y la playa. Está aproximadamente a 1 h de todas partes: Saint-Tropez, Hyères y Brignoles, en Provenza Verte.

Uno de los mejores mercados provenzales de la región tiene lugar en el centro del pueblo los jueves y domingos por la mañana. La especialidad de la zona son las castañas. No hay que perderse el helado de castañas. Durante tres fines de semana de octubre, especialidades francesas como los *marrons glacés* (castañas confitadas) o la *crème de marron* (crema de castaña para untar) son las protagonistas.

Cerca del pueblo, se puede visitar un monasterio en lo alto de una cresta que parece alcanzar las nubes. Dedicado originalmente a la diosa Laverna (protectora de los bandidos del

Pág. opuesta: abadía de Notre-Dame de Sénanque.

EXCURSIONES POR EL MACIZO DE STE-BAUME

Gorges du Caramy
Una ruta de 8 km por el río Caramy, entre acantilados. Es especialmente atractiva en otoño.

L'Abîme de Maramoye
Fácil caminata de 5 km hasta una quebrada, con vistas despejadas y un camino que no es técnico, para todos los excursionistas.

Trou Zéro
Senda de 11 km desde Bastide Blanche hasta la enorme roca de Trou Zéro, pasando por varias ruinas antiguas.

EYESTRAVELLING/SHUTTERSTOCK ©

Monasterio de Notre-Dame de Clémence de la Verne.

LAS MEJORES MESAS DE MAURES

La Petite Fontaine
Se come estofado de jabalí y cordero con verduras confitadas a la sombra de los plátanos de Collobrières. De postre, el famoso helado de castañas. €€

La Ferme de Peigros
Perdidos en la vegetación del macizo de Maures, los nuevos propietarios Carole y Zete le han puesto mucho amor a este restaurante con vistas. Destaca la pasta casera con ragú de conejo. Es tan local que ellos mismos crían los conejos. €€

L'Auberge du Lac
Trucha fresca y platos caseros contundentes de temporada, fuera de Carnoules. €€

bosque), el **Monastère Notre-Dame de Clémence de la Verne** tiene una historia larga y tumultuosa. Fue fundado en 1170 y mantenido por los monjes cartujos. A lo largo de los siglos, ha sido derribado y reconstruido en varias ocasiones.

Los claustros y capillas datan de los ss. XV al XVIII. Se puede reflexionar sobre su historia dando un paseo entre los castaños, los pastos y los senderos que conectan el pueblo de Collobrières y el monasterio. La entrada cuesta 7 € por persona. Los establos, las bodegas, la almazara y la panadería están abiertos al público. El interior del cenobio seguirá siendo un misterio para los visitantes: el acceso está restringido a los claustros y las capillas laterales. Las monjas del convento viven parcialmente de las ventas de la tienda (cerrada los domingos), que despacha productos como castañas locales o miel.

EXCURSIÓN POR LAS AIGUILLES DE VALBELLE

El recorrido empieza 1 km al sur de Méounes-les-Montrieux, cerca del nuevo monasterio, y recorre el bosque. Es una ruta circular de 14 km con indicaciones, que pasa por debajo de las sorprendentes formaciones de piedra caliza de las Aiguilles de Valbelle, algunas de las cuales tienen más de 15 m de altura. Se aparca en la D202. Si se pasa por el Domaine de Montrieux le Vieux, hay que dar media vuelta y se encontrará fácilmente el aparcamiento.

Se empieza a caminar hacia **1 Chartreuse de Montrieux.** Pronto se nota que este es un lugar especial, aunque los monjes recibían más visitantes de los que podían gestionar y decidieron cerrar el monasterio al público. Al sobrepasarlo, hay que seguir por el lado derecho y subir a la ladera. Desde el s. XII hasta la Revolución francesa, el **2 bosque de Morières-Montrieux** fue propiedad de diferentes comunidades religiosas. Se puede reflexionar sobre cómo la población local utilizaba el bosque en el pasado, ya que lo dejó intacto en buena parte.

Se gira a la izquierda pasados unos 4,3 km (hay que buscar las indicaciones amarillas). Por el camino, se puede jugar a ver cuántas especies de árboles pueden identificarse. Los más comunes son los robles y los arces. El bosque también alberga al búho real europeo, pero es poco probable ver uno durante el día.

El sendero describe una curva. En el lado sur se alzan las imponentes **3 Aiguilles de Valbelle.** Este monumento natural es un espectáculo digno de contemplar (y de plasmar en algunas fotos).

Hay que seguir por debajo de las agujas hasta que el sendero describe otra curva para volver al monasterio. De vuelta hacia el aparcamiento, conviene disfrutar por última vez de la belleza del bosque.

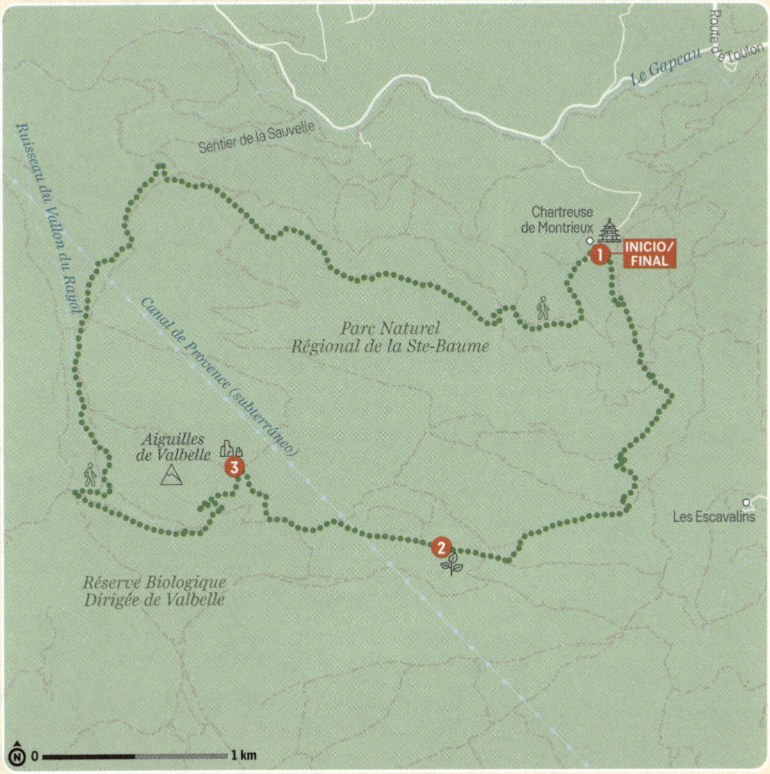

PAVEL SZABO/SHUTTERSTOCK ©

BOCAS DEL RÓDANO

SEGUIR EL RÍO HASTA EL MAR

Es una región que combina una fascinante vida urbana con el rumor del Mediterráneo.

Contemplando la famosa luz de esta región, es fácil comprender por qué durante siglos ha atraído a tantos artistas. Los grandes pintores postimpresionistas Cézanne y Van Gogh crearon sus obras clave en esta tierra, epítome de la primavera.

El viento mistral barre el valle del Ródano hacia el mar, haciendo repiquetear las persianas de madera de las casas durante la noche y despejando los cielos para que se pueda gozar de un sol glorioso aparentemente perpetuo. Es un clima atractivo para los viajeros y óptimo para la agricultura. La degustación de todo lo que aquí se cultiva será un elemento importante del viaje, especialmente en los bulliciosos mercados y en las interminables extensiones de viñedos.

El corazón palpitante de la región es Marsella, la segunda ciudad más grande de Francia, una urbe de gran energía cultural. Más allá del hormigón se extienden los acantilados, cubiertos de pinos y cortados por *calanques* (calas) de deslumbrante belleza. En el interior hay dos ciudades prósperas de origen romano: Aix-en-Provence y Arlés. En la desembocadura *(bouche)* del río Ródano se encuentra la belleza atemporal de los humedales de la Camarga, donde habitan miles de aves migratorias.

Ya sea perdiéndose en la naturaleza, conduciendo por caminos rurales, tumbándose en la arena o escuchando el canto de las cigarras, es una delicia descubrir esta soleada región mediterránea.

Recuadro: gran garza azul, Parc Ornithologique de Pont de Gau (p. 175); pág. opuesta: Calanque de Port-Miou (p. 148).

ZONAS PRINCIPALES

MARSELLA
Ciudad cosmopolita y playas vírgenes.
p. 136

AIX-EN-PROVENCE
El elegante corazón de Provenza.
p. 151

ARLÉS
Ruinas romanas y arte moderno.
p. 161

STES-MARIES-DE-LA-MER
Pueblo junto al mar en los humedales de la Camarga. p. 172

Orientarse

El departamento de Bouches-du-Rhône está bien conectado por avión, tren, carretera y mar con el resto de Francia y el Mediterráneo. En el interior, el coche es ideal, aunque se puede prescindir de él.

Arlés, p. 161
Una ciudad pausada de origen romano con un patrimonio magníficamente conservado. La comida, la bebida y la vida nocturna reflejan el alma indómita de la vida de la Camarga.

Stes-Maries-de-la-Mer, p. 172
Pueblecito mediterráneo de pescadores que cobra vida en primavera y verano, y presencia un espectacular desfile en mayo.

TREN

Tanto Marsella como Aix conectan con París, Lyon y Aviñón mediante el TGV, mientras que los servicios más lentos se dirigen al oeste (a Montpellier) y al este (a Niza e Italia). El tren regional al oeste por la Côte Bleue depara vistas espectaculares.

AUTOMÓVIL

Conducir en esta región es un placer, aunque aparcar puede ser una molestia en Marsella y Aix. Para explorar pueblos pequeños, viñedos remotos o la Camarga, vale la pena tener coche.

AUTOBÚS

La red local de autobuses, lepilote.com, es económica y cuenta con servicios regulares y extensos en toda la región, incluidas múltiples conexiones desde el aeropuerto de Marsella.

Aix-en-Provence, p. 151

El corazón de Provenza es un lugar de elegancia refinada: fuentes, calles estrechas, tiendas de alta gama y muchos espacios verdes.

Marsella, p. 136

Innovadora ciudad que se está transformando para una nueva generación. Ofrece tanto historia como diversión, y cuenta con una fantástica costa virgen.

Planificarse

Esta región es más fácil de recorrer instalándose en un solo lugar: Marsella para vida urbana y *calanques,* Aix para una Provenza rural clásica o Arlés para arte, ruinas romanas y la Camarga.

SBELLOTT/SHUTTERSTOCK ©

En bicicleta, la Camarga (p. 174).

Con poco tiempo

- Si solo se dispone de un día o dos, hay que quedarse en un solo lugar: **Marsella** (p. 136) es un dinámico crisol cultural que presenta una visión única de la vida francesa moderna y permite hacer escapadas fáciles por la costa.

- La opulenta **Aix-en-Provence** (p. 151) ofrece la experiencia opuesta: arquitectura elegante, cultura refinada, prósperas granjas, viñedos y carismáticos pueblos de piedra.

- **Arlés** (p. 161) es una encantadora ciudad ribereña que ofrece arte, las mejores ruinas romanas y acceso a los humedales salvajes de la **Camarga** (p. 173).

Destacado por temporada

Los inviernos suelen ser suaves, pero el viento mistral puede cambiarlo todo en un segundo. La primavera y el otoño son muy agradables; los veranos, calurosos y multitudinarios.

MARZO

El 3er fin de semana de marzo, el estridente **Carnaval de La Plaine** (p. 138) lleva alegría y protesta a Marsella.

ABRIL

Las primeras cosechas de primavera llevan los productos locales a los mercados.

MAYO

Romaníes, *manouches,* zíngaros y gitanos se concentran en Saintes-Maries-de-la-Mer el 24 de mayo, terminando su peregrinaje anual (p. 172).

DESDE IZDA.: GERARD BOTTINO/SHUTTERSTOCK ©, EMILY MARIE WILSON/SHUTTERSTOCK ©, FRANCESCO DE MARCO/SHUTTERSTOCK ©

Fin de semana largo en Marsella

- Tras desayunar en el **Hôtel Bellevue** (p. 139), en el puerto, se toma un ferri al **Château d'If** o las **islas de Frioul** (p. 142).

- Se pasa la tarde en **Cours Julien** (p. 136), epicentro de la vida social, y se cena en **Bambino** (p. 144), en el barrio de Camas.

- A la mañana siguiente, se pasea por el antiguo barrio de **Le Panier** (p. 139) y se come en **Le Chalet du Pharo** (p. 140). Por la tarde cabe recorrer el paseo marítimo, la **Corniche Kennedy** (p. 140).

- El tercer día se zarpa a **Les Goudes** (p. 141), se hace kayak por las **'calanques'**, (p. 147) o se toma el tren por la **Côte Bleue** (p. 149).

Más de una semana

- En Aix-en-Provence, se visitan tres **museos** (p. 151), se recorren los atractivos **viñedos** (p. 158) y se sube a la **montaña Sainte-Victoire** (p. 157) que inspiró a Cézanne.

- En la cercana Arlés, han de recorrerse las **ruinas romanas** (p. 164) y visitar la **Fondation Van Gogh** (p. 161) o el moderno museo **LUMA Arles** (p. 161).

- Pasar un día en **Les Alpilles** (p. 171) permite empaparse de vida de pueblo y hacer excursiones sensacionales.

- Desde aquí, se puede ir a la Camarga a montar en **caballo blanco** (p. 168), **observar aves** (p. 175) o caminar a las **playas salvajes** (p. 166) del delta del Ródano. Una parada final en **Saintes-Maries-de-la-Mer** (p. 172) es ideal para hacer rutas en bici por la costa o relajarse en una tumbona.

JUNIO
Quizá la mejor época para la cata de vinos: los estudiantes aún tienen clase, los vuelos son más baratos y el calor, más soportable.

JULIO
Les Rencontres d'Arles (p. 161) es un festival anual de fotografía de fama internacional que se celebra en toda la ciudad.

AGOSTO
Pico de calor y de vida: Marsella está de vacaciones y los vecinos disfrutan del verano.

SEPTIEMBRE
El 3er fin de semana de septiembre tiene lugar la **fiesta de la aceituna verde** de Mouriès (en Les Alpilles).

MARSELLA

La segunda ciudad más grande de Francia abraza al visitante como lo haría un amigo ebrio: de forma apasionada y delirante. Marsella se deleita en su estatus de ciudad más subestimada de Francia. Explorando los rincones ocultos de esta gran extensión urbana con pinceladas de naturaleza, se descubre una belleza que es imposible de capturar en una fotografía. Fue fundada por los griegos en el año 600 a.C., y la tremenda afluencia de inmigración a esta ciudad portuaria nunca ha cesado. En Marsella, los norteafricanos viven hombro con hombro con una vasta comunidad corsa, a un paso del norte de Italia y de Cataluña.

El área metropolitana se divide en 16 *arrondissements* (distritos), que a menudo se indican en las direcciones. La calle principal, La Canebière, va desde el Vieux Port hasta la estación de tren (10 min a pie). Arriba se encuentra el barrio de Le Panier, la zona más antigua de la ciudad.

CÓMO DESPLAZARSE

Marsella tiene dos líneas de metro (1 y 2), dos líneas de tranvía (amarilla y verde) y una amplia red de autobuses. Los billetes de autobús, metro o tranvía están disponibles en las máquinas del metro, en las paradas de tranvía y en los autobuses. Sin embargo, es una delicia explorar la ciudad a pie.

De abril a finales de septiembre, los ferris desde el Vieux Port también llegan a L'Estaque y a Pointe Rouge.

Se pueden alquilar bicis eléctricas en EasyMove y E.Bike Tours Marseille, pero las carreteras no son demasiado aptas para bicicletas.

CONSEJO

"Esta es una ciudad donde nos gusta bromear con todo el mundo. Es lo que llamamos *t'emboucaner*. Si nos burlamos de ti, es para que te sientas como en casa. Si no te lo tomas demasiado en serio, todo te irá bien".
J. C., gerente de Le Trois Quarts.

Cours Julien y La Plaine

Beber con los vecinos

Tarde o temprano, el viajero acabará pasando por **Cours Julien** para ir a tomar algo. Esta zona peatonal de aire bohemio, llena de arte urbano, cuenta con excelentes bares y restaurantes abiertos día y noche. Se impone pasear por sus estrechos callejones, llenos de librerías, galerías y salones de tatuajes, hasta llegar a la bulliciosa y alargada plaza principal, destino ideal para una noche de fiesta. Este microcosmos es como una representación de la propia ciudad.

La gran Place Jean-Jaurès, conocida como **La Plaine,** está rodeada también de bares y restaurantes. Durante años ha sido el campo de batalla de militantes y artistas de izquierda. Cerró por renovación antes de la pandemia y, cuando reabrió en el 2021, generó todo tipo de reacciones: hay quien dice que se ha vuelto demasiado controlada y desinfectada. Pero,

IMPRESCINDIBLE
1 Cours Julien
2 Fuente de Danaïdes
3 Corniche Kennedy
4 La Plaine
5 Noailles
6 Palais Longchamp
7 Pastis de la Plaine
8 Playa de Catalans
9 Rue d'Aubagne
10 Vieux Port

DÓNDE COMER
11 Amandine
12 Au Contraire
13 Bambino
14 Ciao Marcello
15 Jogging
16 La Kaz Kreol
17 La Pépite
18 Limon
19 Razzia
20 Restaurant Fémina

DÓNDE BEBER Y VIDA NOCTURNA
21 Le Vin sur la Main

OCIO
22 Data
23 L'Embobineuse
24 Sing or Die

DE COMPRAS
25 Maison Empereur
26 OM Official Store
27 Rue Longue des Capucins

a diferencia de muchas otras plazas, fue rediseñada pensando en los patinadores, con superficies largas, suaves y sin obstáculos. En primavera y verano está activa día y noche, y sigue siendo un corazón palpitante para los marselleses que huyen de los lugares turísticos, ya sea en los bares o en los bancos bajo los árboles. La Plaine está 10 min a pie al este de Cours Julien.

Comida norteafricana en Noailles

Un viaje para el paladar

Al igual que Nápoles, Marsella es una anomalía en Europa: los vecinos más pobres viven en el centro, y no en las afueras. **Noailles,** un barrio de mayoría norteafricana, está a solo unos minutos del Vieux Port.

Aquí la vida gira en torno a la plaza del mercado y el epicentro es el **Marché des Capucins.** Sentándose en la terraza del Café Prinder, que lleva desde 1925 sirviendo tazas de café, se puede presenciar la energía de la plaza, con sus puestos de venta de frutas y verduras. Entre los que acuden a comprar, es tan fácil escuchar árabe como francés.

La larga **Rue d'Aubagne** es la arteria principal. En el 2019 vivió una terrible tragedia cuando dos edificios se derrumbaron, matando a sus habitantes. El barrio se ha negado a olvidarlo.

Al tomar la estrecha **Rue Longue des Capucins,** uno puede llegar a creer que está en un zoco magrebí. Las especias en forma de pirámide, las carnicerías *halal,* el pescado fresco sobre hielo y el olor del pollo asado aceleran los sentidos. La *pastilla* (pastel crujiente) de verduras o de pollo y la *kesra* (pan de sémola plano y caliente) son imprescindibles, igual que el *bissap* (refresco de hibisco) de África Occidental. Aunque en la zona puede haber carteristas.

CARNAVAL DE LA PLAINE

El 3er fin de semana de marzo se celebra el estridente Carnaval de La Plaine en Place Jean-Jaurès, una gran fiesta explosiva en la que la plaza se llena de ritmos de samba, que esencialmente es una protesta anticapitalista de raíces paganas.

Como parte de la lucha contra la gentrificación, los vecinos del barrio se visten con trajes temáticos y bailan, se divierten y prenden fuego a representaciones de sus rivales políticos.

Hay que prepararse para quedar cubierto de harina... y de insultos, si el aspecto no es el adecuado; y aunque lo sea, pues el carnaval suele terminar en un enfrentamiento con los antidisturbios.

La actividad musical de Marsella

Un 'underground' singular y maravilloso

La vida nocturna más vanguardista de Marsella se aleja de los selfis al atardecer y de las discotecas donde suenan éxitos mundiales. Hay una escena alternativa que refleja la vida de la calle, apoyada por la gran población estudiantil y por una clientela de mente abierta.

En verano, los marselleses viven al aire libre. Beben y fuman en las terrazas hasta altas horas de la noche. Si al viajero le gusta el karaoke, no puede perderse las fiestas estridentes de fin de semana de **Sing or Die,** dirigido por Jackie (escocesa) y Lionel. Se canta desde el escenario a una multitud animada y gritona.

Más que un club, **Data** parece una casa particular. Las bandas tocan en la sala de estar y la gente está en el patio fumando y comiendo los bocadillos de *prix libre* (se paga lo que se considera correcto). Domina la música vanguardista, con cajas de ritmos y ruidos chirriantes, en un entorno singular. Para ver los horarios de los espectáculos, consúltese su página de Facebook.

En pleno distrito de Belle de Mai está **L'Embobineuse,** una institución de la música *underground.* Un club al estilo de los años noventa con paredes oscuras y suelos pegajosos; pueden compartir cartel artistas de Texas, Kampala y Berlín. Y si el viajero no quiere que termine la noche, **L'Art Haché** (cerca de La Plaine) abre sus puertas de 1 a 6 de la mañana los sábados y domingos; fiestas de baile bajo un techo e bajísimo, capaces de matar las pocas células cerebrales que aún queden.

DÓNDE COMER POR COURS JULIEN

Chez Gilda
Pescado frito y vino blanco junto a los patinadores locales. **€€**

Limmat
El lugar perfecto para el almuerzo: comida mediterránea con buenas vistas desde lo alto de las escaleras. **€€**

Caterine
Gastronomía francesa en un ambiente tipo cantina. **€€**

PASEO POR LE PANIER

El Vieux Port, con sus barcos y sus bares, es el atractivo centro neurálgico de Marsella. Para dar un paseo desde el puerto hasta el encantador barrio de Le Panier, se empieza en Quai du Port, debajo del mítico **1 Hôtel Bellevue.**

Se gira a la derecha en **2 Passage Pentecontore** y se suben los escalones a través del arco, la vista del puerto y la basílica de Notre Dame de la Garde a lo lejos es perfecta para una foto. Este es un buen lugar para probar en **3 Vanille Noire** su famoso helado de vainilla de color carbón.

No muy lejos se encuentran la empinada, estrecha y escalonada **4 Rue Beauregard** y Rue des Moulins, ahora adornada con arte urbano, que conducen a **5 Place des Moulins,** donde en el s. XVII había molinos de viento. Hoy, ofrece serenidad en todas las épocas del año.

Bajando por **6 Rue des Muettes** y **7 Rue du Refuge** se entra en el corazón de Le Panier ("el cesto", por sus calles y edificios empinados), el barrio más antiguo de Marsella y donde se hallaba el asentamiento griego original.

Se sigue por **8 Rue des Pistoles** y **9 Rue du Petit Puits** a través de Rue Antoine Becker hasta la **10 catedral de la Major.**

Si se planea este paseo para ver atardecer, cuando la plaza ofrece una visión sensacional, hay que calcular 1 h desde el punto de salida. A continuación, en **11 Boulevard Jacques Saade,** hay una hilera de bares de tapas, otra parada perfecta. Tomar la Rue Four de Chapitre para llegar a la Rue de l'Évêché permite perderse en un laberinto de tiendas, cafeterías y restaurantes, o bien instalarse en la bulliciosa **12 Place de Lenche.**

Vistas románticas desde la 'corniche'

Admirar soleadas panorámicas sobre las playas

Si se busca algo más romántico, hay que dejar atrás el Vieux Port y dirigirse a la **Corniche Kennedy,** que recorre la costa hacia el este, donde muchos se enamoran de Marsella por primera vez, deslumbrados por la intensa y cruda energía del mar, el interminable sol del Mediterráneo y la belleza de la costa. De camino a las playas, se hace una primera parada en el **Parc du Pharo** para ver los barcos zarpando del puerto. Y si apetece darse un capricho, se puede comer en **Le Chalet du Pharo.**

Luego se pasa por la concurrida **Plage des Catalans** y el precioso pueblo de pescadores de **Vallons des Auffes,** donde no faltan los restaurantes. Cuando la carretera gira a la izquierda, se enfila al **puerto de Malmousque,** un puerto deportivo de otra época donde, al atardecer, la gente lleva vino y se baña desde las rocas.

La dieta mediterránea, la cultura relajada y la afición a dormir hasta tarde hacen que sea un viaje relajado y saludable, si uno se deja llevar. Esta es una ciudad donde vivir apasionados actos de espontaneidad, de esos que hacen que el corazón lata más rápido. Para lucir bronceado al atardecer, lo mejor es **Le Cabanon de Paulette,** un lugar atractivo frente al mar.

VLASYUK INNA/SHUTTERSTOCK ©

Plage des Catalans.

CONSEJOS SOBRE NOAILLES

Sadia Chellah, la propietaria argelina de Le Bar du Peuple (30 Boulevard de Garibaldi) es una apasionada de su barrio. Lo describe así: "Noailles es el lugar al que llega la gente. Me encanta que ahora tengamos floristerías en el barrio y turismo". Sadia comparte algunos de sus lugares favoritos de Noailles.

OM tienda oficial
Solo hay un equipo en esta ciudad: el Olympique de Marsella. Aquí se puede conseguir la equipación.

Maison Empereur
Esta ferretería fue fundada en 1827 y es una de las más antiguas de Francia. Recorrer el interior es como entrar en un museo.

Restaurant Fémina
Sin contar mi propia cocina, aquí hacen el mejor cuscús.

LOS MEJORES RESTAURANTES AFRICANOS DE NOAILLES

Chez Yassine
Restaurante tunecino buenísimo con largas colas al mediodía. **€€**

La Jungle
Platos enormes de comida camerunesa. Los fines de semana, se convierte en una fiesta. **€€**

Mama Ghana
Comida de África occidental preparada con amor. Ideal para ver retransmisiones deportivas. **€€**

Cruceros ecológicos por el Mediterráneo

Surcar la costa

Pocas cosas dan más felicidad que surcar el mar alrededor de Marsella. El capitán Jimmy Granger es el patrón de **Les Croisières du Foxy** (lescroisieresdufoxy.com). Su balandro, atracado cerca del Mucem, recorre el Parc National des Calanques (p. 146) para nadar o disfrutar de un cóctel al atardecer.

En el Vieux Port se encuentra la *barquette* de Fanny, **'Coco'** (capitainecoco.fr), una embarcación de recreo provenzal de los años sesenta donde se puede ayudar a navegar, aprender sobre biodiversidad y disfrutar de un almuerzo vegetariano.

Eco-Calanques (eco-calanques.com) es otra pequeña empresa dirigida por guías locales. Su barco de arrastre ecológico funciona en parte con energía solar, y Thibault habla a los pasajeros sobre la historia de la ciudad mientras los conduce a las bahías más tranquilas. Si bien en verano las aguas del Mediterráneo son tranquilas y cálidas, en invierno el mistral puede posponer las excursiones.

Escapada a Les Goudes

Pescado en el fin del mundo

Un insulto habitual en Marsella es "ve a tirarte a Goudes". Pero **Les Goudes** es un pueblecito de pescadores encantador donde el tiempo se ha detenido, con acceso a una costa escarpada espectacular.

Su proximidad al Parc National des Calanques hace que goce de la misma protección, por lo que aquí no ha habido ningún desarrollo y, por ahora, permanece en el pasado.

En el pueblo hay algunos restaurantes y hoteles. **Tuba Club** es tan exclusivo que es casi imposible reservar una de sus ocho habitaciones o conseguir mesa en el restaurante, pero vale la pena intentarlo. Otra posibilidad es **Fashionista Paradise,** aunque hay que reservar para tomar una copa en las rocas después de las 17.00.

En el corazón del pueblo está **Le Grand Bar de Goudes,** de Didier, un acogedor bar y restaurante de pescado. Codeándose con los que crecieron en estas calles estrechas, comiendo pescado que casi ha saltado del mar al plato, el viajero comprenderá el orgullo local por su envidiable estilo de vida.

Se puede dar un precioso paseo soleado hasta la **bahía de Singes,** una antigua cala de contrabandistas. El restaurante dispone de tumbonas por 25 €/día. Hay que reservar y volver más tarde al bar de Didier para comer.

Durante todo el año, los autobuses nº 19 y 20 llevan a Les Goudes. De finales de mayo a septiembre, salen barcos des-

'LE VORTEX'

El *underground* de Marsella es antifascista y abiertamente *queer.* La revista gratuita de anuncios *Le Vortex* captura este espíritu.

Cada mes detalla los conciertos cuya entrada cuesta menos de 10 €. Hay de todo, desde *techno* al estilo berlinés hasta *country,* punk, *metal, new wave, shoegaze* o ritmos experimentales de Oriente Medio.

Bajo el techo de una antigua fábrica de tabaco está La Friche la Belle de Mai, un enorme espacio cultural con conciertos, *raves,* exposiciones de arte y un bar en la azotea. Sintonizando la frecuencia 88.8 FM (Radio Grenouille) o escuchando por internet se puede tener una idea del universo musical de la ciudad.

LAS MEJORES FIESTAS

SOMA
Los fines de semana, la gente más estilosa se reúne en Cours Julien.

La Mer Veilleuse
Un bar acogedor donde suena *techno,* electro, *afrobeat* y punk.

Le Couvent
Raves en un convento de monjas reformado del barrio de Belle de Mai.

de el Vieux Port; es probable que haya que cambiar de ferri en Pointe-Rouge.

IDEAL PARA CITAS

Nikolaj De L'Ivresse, uno de los tres propietarios del bar de vinos Ivresse, el lugar de citas más popular de la ciudad, comparte sus recomendaciones de los lugares más románticos. *@ivresse.lacave*

Le Vin sur la Main
Es otro gran bar de vinos naturales. Ellos son acogedores, nosotros somos candentes. **€€**

Sunset Bar
En la *corniche*. Es perfecto para tomar una copa con una cita después de un baño al atardecer. Hay que llegar a la hora correcta. **€€**

Jogging
Entras por la puerta trasera de una tienda de ropa muy chula, para disfrutar de un almuerzo secreto en un patio tranquilo. **€€**

La historia del 'pastis'

El arte del aperitivo

El *pastis* es el aperitivo preferido de muchos rincones del sur de Francia. Este brebaje de aspecto lechoso, servido en vaso alto, adorna las mesas de las terrazas de numerosos pueblos provenzales.

En 1932, Paul Ricard desarrolló en Marsella su licor a base de anís y regaliz (*pastís* significa "mezcla" en occitano) después de que la absenta fuera prohibida en Francia por temor a que causara alucinaciones y locura.

Desde entonces, el *pastis* se ha convertido en un símbolo de la ciudad. Aunque ahora Ricard forma parte de un conglomerado multinacional con sede en Lille, en Marsella aún hay productores independientes de *pastis* que pueden visitarse.

La destilería **Cristal Limiñana** organiza visitas y degustaciones. Después de una profunda historia del anís y el negocio familiar, que se remonta a 1884, se puede dar un paseo por la fábrica para ver cómo se llenan, se tapan y se empaquetan las botellas.

La destilería **Pastis de la Plaine** funciona tan solo desde 2019, pero sus botellas ya se encuentran en bares de toda la ciudad. Es una empresa más pequeña, pero también realizan visitas y degustaciones.

Y siempre se puede mezclar este licor con sirope dulce. *Un perroquet* es una mezcla con sabor a menta, *une tomate* contiene granadina y *une mauresque* sabe a almendras. *¡Santé!*

Visita al Château d'If

Vida isleña

Para hacer una salida marítima rápida y fácil, el ferri Frioul-If lleva a las islas más cercanas de Marsella: el Château d'If (para historiadores) y las islas de Frioul (para amantes de la naturaleza).

El **Château d'If,** que domina el acceso al Vieux Port, fue inmortalizado por Alejandro Dumas en su novela de 1844 *El conde de Montecristo*. Esta cárcel de tres torres del s. XVI ofrece buenas vistas de la bahía. Se puede pasear libremente, recorrer con audioguía o hacer una visita guiada; a destacar el contraste entre las celdas para los ricos y el pozo de la mazmorra. Es la primera parada del ferri, a 20 min del Vieux Port.

LAS MEJORES TIENDAS 'VINTAGE' DE MARSELLA

Out of Space
Una cueva del tesoro con prendas bien seleccionadas y elegantes de las décadas de 1980 y 1990.

Space
Especialista en gafas de sol de diseño para transportarse a los años noventa con estilo.

Sepia Swing Club
Ropa bien elegida de estilo americano. Destaca en una calle de tiendas de ropa *vintage*.

'Pastis' para el 'apéritif'.

En otros 15 min se llega a la siguiente parada, el puerto de Frioul, con acceso a dos de las islas de Frioul: Pomègues y Ratonneau, que se conectan por un malecón.

Explorar la escarpada isla virgen de **Pomègues** es liberador. Después de atracar, se cruza por el malecón y se camina hasta el fuerte de Caveaux. Recorrer esta isla deshabitada evoca fantasmas en los búnkeres de la II Guerra Mundial. Encontrar un lugar para estar totalmente solo con las aves marinas es más fácil en primavera.

En la isla de **Ratonneau** hay pequeñas tiendas y restaurantes, y es popular por sus playas y su pequeño pueblo. Tiene una capilla con aspecto de templo griego, además de las ruinas del Hôpital Caroline, que albergó a viajeros en cuarentena. Pero lo más destacado es la Plage de St-Estève, resguardada del viento, donde se puede nadar con seguridad.

Los tiques de los ferris de **lebateau** se compran haciendo cola en el mostrador del Vieux Port. Los de ida y vuelta para un solo destino cuestan 11,10 €; uno combinado para el Château d'If y las islas de Frioul cuesta 16,70 €. El Château d'If cierra los lunes.

Otra forma de llegar es con el **Bateau Jaune Club** del Vieux Port, que organiza salidas de buceo y submarinismo.

LOS MEJORES RESTAURANTES DE LES GOUDES

Durante más de 35 años, **Eric Signoret** ha sido el propietario de la única tienda de alimentación en varios kilómetros a la redonda; siempre se le puede encontrar detrás del mostrador. Estos son sus lugares favoritos para comer en la ciudad.

L'Auberge du Corsaire
Conocido por los vecinos como Chez Paul, aquí se viene a disfrutar del pescado en el corazón del puerto deportivo.

Marine des Goudes
Un restaurante de pescado con excelentes vistas cimeras, perfecto para almorzar el fin de semana.

La Gelateria
Empresa familiar italiana que sirve helados al estilo de años sesenta. Es una nueva incorporación en el pueblo.

DÓNDE DORMIR EN MARSELLA

Hôtel Bellevue Vieux Port
Excelentes vistas del puerto. Aquí está el mítico restaurante Caravelle. **€€**

Mama Shelter
Hotel-*boutique* acogedor con bar en la azotea, cerca de toda la vidilla del *6ème*. **€€**

Hôtel Le Corbusier
Gran diseño moderno y piscina en la azotea. Un clásico. **€€**

LOS LUGARES FAVORITOS PARA COMER 'PIZZA'

Marc Étienne, el propietario inglés de la tienda de vinos naturales Winespirit, recomienda las mejores pizzerías. *@winespirit13005*

Ciao Marcello
Hay quien la considera la mejor *pizza* de Marsella y tal vez de Francia. Mi favorito. **€€**

L'Eau à la Bouche
El lugar al que va la gente más estilosa a comer *pizza* en la *corniche* con vistas al mar. **€€**

Bambino
Más que solo *pizza*. Este moderno restaurante italiano de Camas *(5ème arrondissement)* también ofrece cócteles excelentes. **€€**

Palais Longchamp.

¡'Pizza'!

De las gastronetas a la playa

Marsella es famosa por sus especialidades regionales: la *bouillabaisse,* el *aïoli* y el *panisse.* Pero, al pasear por la ciudad, es difícil no darse cuenta de que en cada esquina hay **'pizza',** consumida por todos los grupos de edad. Tal vez parte de su popularidad se deba a la proximidad de Italia (un tercio de los habitantes de Marsella tiene raíces italianas).

La solución rápida es la *pizza* al corte, y las gastronetas, el lugar obvio para comprarla. En Marsella es fácil conseguir *pizza,* ya sea volviendo de la playa, en un bar o en cualquier paseo.

Desde el denso barrio de Noailles hasta las abarrotadas plazas de Cours Julien y La Plaine, pasando por la *corniche,* la *pizza* está en todas partes esperando a ser recalentada, con una botella de aceite picante al lado.

Marsella también es conocida por su propia versión de una *pizza* de estilo napolitano: la *moitié-moitié* (mitad-mitad). En un lado lleva anchoas y, en otro, queso emmental.

LOS MEJORES BARES DE 'PASTIS'

Bar du Peuple
Bar de izquierdas al borde de Noailles. Un lugar muy auténtico para el verano.

Bar des Maraîchers
Grandes éxitos de los años ochenta. El propietario, Serge, aparece en su propio fresco.

Le Chapitre
Público joven en una plaza frondosa en lo alto de la calle principal, le Canebière.

Marsella en boga

Barrios bohemios

Algunas partes de Marsella tienen un aspecto muy parecido al de hace décadas. Es fácil imaginar que se está caminando por las mismas calles que Fernando Rey en *French Connection* (el *thriller* de 1970 sobre los contrabandistas de heroína), aunque es imposible ignorar los rápidos cambios. La pandemia aceleró el deseo de muchos jóvenes de acercarse al Mediterráneo para poner un ritmo más lento y soleado a su vida, por lo que los precios de la vivienda en los últimos años se han disparado.

Para visitar algunos de los barrios más modernos, se puede empezar por los agradables jardines que rodean el **Palais Longchamp,** un espléndido recinto del s. XIX lleno de fuentes que representan la fertilidad. Es un lugar ideal para tumbarse en el césped y observar a la gente.

Caminando por el largo Boulevard Longchamp y sus callejuelas paralelas, se puede descubrir la proliferación de bares y restaurantes. A pesar de las consignas en las paredes (gritos de protesta de una comunidad de izquierda que protesta contra la gentrificación), parece que se están llevando a cabo más reformas en este 'nuevo Berlín' que en cualquier otro lugar.

Se pasa por galerías, *boutiques,* restaurantes y bares hasta llegar a la **fuente de Danaïdes.**

En **Vauban** y **Endoume,** más cerca de la costa, se encuentra una zona donde se ha instalado la burguesía. Otro paseo agradable transcurre por Rue d'Endoume hasta Malmousque para disfrutar de Marsella a un ritmo diferente.

COMIDA PARA LAS ISLAS

Para pasarse un día explorando, se puede comprar el almuerzo en los mejores puestos de sándwiches y pastelerías de Marsella.

Razzia
Una bocadillería muy popular para las masas en el *6ème arrondissement.* €

Limon
Popular local vegetariano con un toque de sabores norteafricanos y mediterráneos. €

La Kaz Kréol
Pan criollo casero con rellenos abundantes. El bocadillo de pescado blanco es increíble. €

Amandine
Pasteles tan buenos como su aspecto para los amantes de los dulces. En Camas. €

Au Contraire
Los especialistas en *tarte* de Vauban ofrecen muchas maravillas pasteleras. €

La Pépite
Sin gluten, ecológico y de lo más delicioso del *7ème.* €

DÓNDE COMER Y BEBER EN LONGCHAMP

Les Eaux de Mars
Local atractivo de un chef con formación Michelin en un rincón apacible. Hay que reservar. €€

Mémé
Platos con formas y colores excepcionales; para cuando se quiere comer sin mirar el precio. €€€

La Fréquence
Platos tipo tapas acompañados por cócteles entre una clientela atractiva. €€

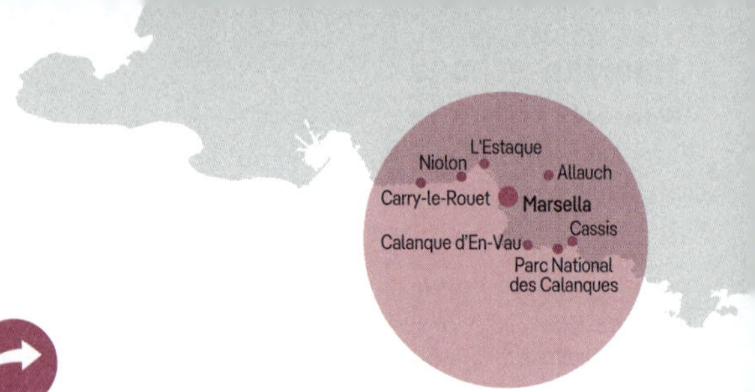

Alrededores de Marsella

Para apreciar del todo Marsella, va bien alejarse un poco de su energía y explorar la naturaleza que la rodea.

Lo mejor de salir de Marsella son los contrastes que se encuentran rápidamente. Los cantos de los pájaros o la luz que atraviesa los pinos en primavera permiten respirar de un modo diferente. Campos de lavanda, pueblos antiguos, serpenteantes caminos de montaña con vistas a los valles... Es todo lo que el viajero soñaba encontrar en Provenza.

Una opción es adentrarse en la campiña provenzal, de idílico encanto. Otra es desconectar en playas remotas de la costa salvaje (cada vez más popular) que se extiende en ambas direcciones. Siempre se encuentran vastos horizontes de tiempo y espacio.

CÓMO DESPLAZARSE

Si no se va en barco, hay que conducir, ir en bicicleta o tomar el transporte público para visitar Cassis y las *calanques* cercanas, aunque las carreteras están en mal estado, el aparcamiento es escaso y el tránsito, lento. En temporada alta de verano, el Ayuntamiento recomienda ir en autobús. En la otra dirección, el tren de la Côte Bleue es barato y permite beber vino con el almuerzo.

CONSEJO

Llevar una camiseta de fútbol del OM al viajar por la región para ganarse la simpatía de los lugareños.

Aventuras al aire libre en el Parc National des Calanques

Kayak, senderismo, buceo y escalada

Encontrar un refugio como el **Parc National des Calanques** tan cerca de Marsella parece un milagro. En algunas partes de esta extensión de promontorios de 85 km², la sensación es de estar muy lejos de la civilización. Luego se da un giro en un barranco cubierto de pinos y se comprueba que la segunda metrópoli de Francia está muy cerca. Las *calanques* son casi un barrio periférico deshabitado.

Las idílicas *calanques* atraen con su rica fauna, su flora y su geometría, que cambia con la luz. Los marselleses adoran estas calas recónditas a las que van a tomar el sol, a caminar por promontorios llenos de pinos, a divertirse en un barco y a airearse un poco.

STUDIO EMPREINTE/SHUTTERSTOCK ©

Calanque de Morgiou.

De las muchas *calanques* de la costa, las más accesibles son la **Calanque de Sormiou** y la **Calanque de Morgiou.** Calas remotas como la **Calanque d'En-Vau** (p. 148) y la **Calanque de Port-Miou** (p. 148) requieren dedicación y tiempo para llegar, ya sea a pie o en kayak. El acceso por tierra a menudo está limitado de junio a septiembre debido al **riesgo de incendios;** hay que consultar primero.

Abundan las actividades al aire libre: senderismo, kayak, surf de remo, natación, buceo y escalada. Se pueden encontrar guías y alquileres de material tanto en Marsella como en Cassis. De octubre a junio, las rutas de senderismo recorren el *maquis*. La oficina de turismo de Marsella organiza caminatas guiadas y tiene un excelente mapa de senderismo de las diversas *calanques,* al igual que la oficina de turismo de Cassis.

La mejor manera de llegar a las *calanques* es por mar, ya sea en barco o alquilando un kayak. Operadores como **Destination Calanques Kayak** y **Raskas Kayak** organizan salidas en kayak, mientras que **Calanc'O** alquila tablas de surf con remo.

Para obtener la información más actualizada sobre el parque, las actividades y el acceso, se recomienda descargar la aplicación Mes Calanques.

POR TIERRA A LAS 'CALANQUES'

Si no se va en barco, hay que conducir, ir en bici o tomar el transporte público para visitar el **Parc National des Calanques,** pero las carreteras no son buenas, hay poco aparcamiento y la circulación es lenta. Las vías de acceso a las *calanques* suelen estar cerradas a los coches, salvo que se tenga reserva en uno de los restaurantes. Hay que dejar el coche en un aparcamiento público y seguir a pie.

Para acceder a las *calanques* más cercanas a Marsella, se puede ir en coche o, desde la estación de autobuses Castellane de Marsella, con el nº 19, que recorre la costa hasta La Madrague, y allí cambiar al nº 20 a Callelongue.

La carretera a Callelongue solo está abierta a los coches de lunes a viernes de mediados de abril a mayo y se cierra por completo de junio a septiembre.

EL MEJOR ALQUILER DE KAYAK DE LOS ALREDEDORES DE MARSELLA

Expénature La Ciotat
Kayak con guías divertidos a las *calanques* cercanas y a la Île Verte; en La Ciotat, al este de Cassis.

Raskas Kayak
Más de 20 años guiando excursiones en kayak a las *calanques;* en el este de Marsella.

Sud Kayak/Cleanride Center
Al oeste de Marsella, cerca de L'Estaque. Estupendas salidas al atardecer a la Crique des Aragnols.

Caminar hasta el paraíso

De Cassis a la Calanque d'En-Vau

El pequeño puerto de **Cassis** ha perdido parte de su encanto con los años, pero no así la costa circundante. Es el punto de partida perfecto para las excursiones a la **Calanque d'En-Vau,** que está a la altura de cualquier descripción hiperbólica. Desde Cassis, hay que caminar hasta la **Calanque de Port-Miou** (30 min) o ir en coche hasta el aparcamiento de La Presqu'île. Aquí empieza una caminata difícil y sin sombra, pero vale la pena: requiere 1½ h aproximadamente.

La primera parada es la **Calanque de Port-Pin,** ideal para un chapuzón rápido. Se tardan al menos 20 min en llegar, con el mar siempre a la izquierda. Desde Port-Pin, hay dos caminos hacia la Calanque d'En-Vau; se recomienda el de la costa (señal azul), que es más largo (aprox. 1 h) pero más gratificante. Al llegar a los acantilados, uno se alegra de haber hecho el esfuerzo.

Bajar a la playa es complicado para los novatos; se puede distinguir fácilmente a los lugareños, que parecen cabras montesas corriendo por los acantilados. Si se tiene buen calzado

LOS MEJORES ALMUERZOS EN CASSIS

Gabriel Chiesa vive en Marsella desde hace mucho y se pasa los fines de semana caminando por las *calanques*. Estas son sus recomendaciones para salir a comer en Cassis.

Le Nino
Una institución local en pleno puerto para quien busca un almuerzo sin complicaciones. **€**

La Presqu'île
Manteles blancos, estrellas Michelin y vistas excelentes de la bahía. Hay que reservar. **€€**

Le Bistro'Quai
Como dicen los franceses, este bistró es *correcte* (aceptable). Es agradable y está en el puerto. **€**

JANOKA82/GETTY IMAGES ©

Calanque de Port-Pin.

LAS MEJORES 'CALANQUES'

Sormiou
Arroyos, escalada, un restaurante y una cueva con pinturas prehistóricas del 20000 a.C.

Calanque de la Crine
Una *calanque* liberadora con aguas perfectas en las islas de Frioul; se llega en ferri.

Calanque de Morgiou
Bonito puerto con barcas de pesca y escarpadas paredes rocosas sembradas de intrépidos escaladores.

y tiempo, el descenso irá bien, aunque no es para gente con vértigo. Lo ideal es llegar a última hora de la mañana y llevar suficiente agua y comida para pasar el día.

Cassis está 30 km al este de Marsella. En temporada baja, es mejor llegar en coche. En otras épocas del año, se recomienda tomar el tren (30 min), ya que puede no haber espacio para aparcar. Desde la estación de tren de Cassis, se toma el autobús M1 hasta el centro (15 min).

Escapada a las colinas sobre la ciudad

Belleza rural en Allauch

Solo 20 min en coche al noreste de Marsella (1 h en transporte público) se encuentra una experiencia hotelera única en el pueblo de **Allauch,** en un entorno a medio camino entre la Provenza rural y la ciencia ficción. **Attrap'Rêves** ("atrapasueños") es una experiencia que roza lo cósmico.

Lejos de las típicas habitaciones de hotel, se duerme en camas *queen-size* dentro de unas burbujas transparentes insonorizadas. Cada módulo está aislado de los demás, tiene control de temperatura, sillas y acceso a un *jacuzzi* y a una piscina compartida. Al acostarse para disfrutar de las vistas panorámicas del bosque, el huésped descubrirá que es casi como acampar, pero con un estilo de otro mundo. Dispone de un telescopio con el que contemplar las estrellas. Se puede pedir comida y champán... Para conectar con la naturaleza de un modo único.

A menos de 10 min de Attrap'Rêves se hallan el pueblo y su paisaje, donde destaca el **Moulin Louis Ricard,** un molino de viento del s. XVIII restaurado. Una entrada de 2 € permite ver su funcionamiento; cuando sopla el viento, es posible observar el proceso de molienda. A 5 min a pie se encuentra la capilla de **Notre-Dame du Château,** del s. XVI, que ofrece vistas excepcionales de Marsella y sus islas.

Surcar la Côte Bleue

Navegar por aguas de color turquesa

El espectacular ferrocarril **Côte Bleue** (Costa Azul) sale de la Gare St-Charles de Marsella rumbo al oeste. Un trayecto de 15 min (3 €) lleva a **L'Estaque;** las vistas desde las ventanillas son las mismas que inspiraron a los impresionistas. La estación de L'Estaque está solo 10 min a pie del puerto, donde se pueden degustar las delicias regionales *panisse* y *chichi* (parecidos a los churros españoles), que se compran en conos de papel en los puestos llamados *barraques à chichis*.

LA REGIÓN DE PAGNOL

En el macizo de Garlaban, que se eleva 715 m sobre el nivel del mar, es donde se crio el legendario escritor y cineasta francés Marcel Pagnol. Su casa de vacaciones familiar, **La Bastide Neuve,** se encuentra en las colinas sobre Allauch.

Los libros y las primeras películas de Pagnol inspiraron a toda una generación a perderse en sus historias provenzales, especialmente con las películas de 1986 *El manantial de las colinas* y *La venganza de Manon,* ambas adaptaciones de sus novelas.

El senderismo es muy popular en el macizo de Garlaban; desde Allauch hasta la casa de vacaciones de Pagnol se tarda 1 h atravesando la *garriga*.

Conduciendo 15 min al este del pueblo se llega el **Château de la Buzine,** un castillo del s. XV que se hizo famoso en la película *El castillo de mi madre*. Ahora es un museo interactivo y una sala de cine.

DÓNDE COMER EN ALLAUCH

Restaurant Iod'in
El mejor *sushi* de la región se sirve en este restaurante de jóvenes chefs con estrella Michelin. **€€**

Au Moulin Bleu
Pastelería familiar que se remonta a cinco generaciones. Hay que probar su bastoncito de miel, el *suce-miel*. **€**

La Quinta Table Provençale
Sencilla cocina mediterránea servida junto a la piscina. Toda una celebración del verano. **€€**

CALANQUE DE L'ÉVERINE

Al salir de la estación de tren de Niolon (línea Côte Bleue), se gira a la izquierda y se sigue durante 200 m, para luego tomar el camino a la izquierda hacia el valle; el de la derecha lleva al fuerte de Niolon. Al pasar por debajo del último arco del viaducto sobre la Calanque du Jonquier, se alcanza el Sentier des Douaniers, un sendero costero a la sombra de los árboles, agradable pero ocasionalmente empinado.

Desde la estación, hay 1 h a pie hasta la preciosa **Calanque de l'Éverine.** La recompensa es una cala de aguas cristalinas, con el chapoteo del mediterráneo y el canto de los pájaros como única compañía.

L'Hippocampe es uno de los restaurantes de pescado más auténticos de la región. El cine **Alhambra** está cerca en taxi. Desde 1928, se encuentra en una plaza frondosa que también alberga el **Denis Bar,** que parece haber sido frecuentado por pescadores y artistas durante cientos de años.

La verdadera joya está costa arriba. A 15 min en tren pasado L'Estaque, se llega al precioso pueblo provenzal de **Niolon,** donde se sigue a la gente por el camino rocoso hasta la **Calanque du Jonquier** y se nada a la sombra del espectacular viaducto arqueado, para luego contemplar las aguas tranquilas en el trayecto de vuelta a la ciudad.

Paseos por la costa desde Carry-le-Rouet

En busca de erizos

Unos 30 km al oeste de Marsella está **Carry-le-Rouet,** otra joya en la línea ferroviaria Côte Bleue, que cautiva con su encantador puerto, sus pinos y sus ensenadas. Al igual que muchas otras poblaciones de la costa, ha pasado de ser un tranquilo pueblo de pescadores a un próspero destino turístico que atrae a amantes tanto de la gastronomía como de la naturaleza. El tren desde la Gare St-Charles cuesta unos 6 €, y el trayecto de 35 min transcurre observando el mar desde la ventanilla.

Alquilar un coche da más libertad para hacer paradas por el camino. Se conduce junto a elevaciones de piedra caliza y cabras de largos cuernos que mordisquean la maleza. Aparcar no resulta fácil. Los tres primeros domingos de febrero son objeto de una gran celebración, cuando los amantes del pescado descienden al puerto para la **Oursinade,** una degustación de erizos de mar, considerados los mejores del Mediterráneo. Hay también muchos otros platos de pescado y marisco.

En cualquier época del año, se puede disfrutar del escarpado paseo marítimo desde el puerto hasta **Sausset-les-Pins,** un paseo perfecto donde no faltan lugares para detenerse a disfrutar del entorno. Las playas tienen más piedras que arena, pero las aguas son transparentes. En julio y agosto, el **Parc Marin Côte Bleue** (parcmarincotebleue.fr) organiza visitas guiadas gratuitas por la reserva marina para descubrir las numerosas especies protegidas de la zona. Incluye traje de neopreno, gafas de buceo y tubo. Hay que reservar con antelación.

DÓNDE COMER EN LOS ALREDEDORES DE CARRY-LE-ROUET

Re$t'o Cap Rousset
Para probar cocina francesa mientras los amantes del sol se lanzan a la *calanque* de abajo. **€€**

La Cal
Parada para disfrutar de una excelente *pizza* y de vistas entre Carry y Sausset-les-Pins. **€€**

MyPitchu
Bar de playa relajado en Sausset-les-Pins que sirve pescado fresco. **€€**

AIX-EN-PROVENCE

El sol ilumina mágicamente las mansiones centenarias y en las placitas escondidas gorgotean las fuentes. Los vecinos pasean vestidos con una elegancia sutil y se sientan en las terrazas de las cafeterías, tomando espresos con estilo y observando a los paseantes. Aix es como una viva representación de la vida francesa, y eso conforma su encanto.

Esta una ciudad para vagar y observar: exactamente a lo que se refería Baudelaire cuando acuñó el término *flâneur*. Pero pasear por el paisaje urbano sin rumbo ni destino es formar parte del entorno. Aix es una ciudad universitaria, elegante y acogedora, y sus calles acogen una avalancha de estudiantes internacionales.

Tanto si el viajero ha llegado para comprar, disfrutar de comidas *gourmet* o utilizarla como base para explorar los alrededores, Aix lo acompañará en su camino.

CÓMO DESPLAZARSE

Si se pregunta a cualquier vecino, dirá que Aix es pequeña y que hay que ir a pie a todas partes. El servicio de autobús local (aixenbus.com) es una buena alternativa y llega a todos los rincones de la ciudad; los billetes se compran a bordo. En el centro se pueden alquilar bicicletas (aixpritvelo.com).

Arte y arquitectura en Aix

Un paraíso para paseantes

Para conocer Aix paseando, se puede empezar por **Cours Mirabeau.** Ningún paisaje urbano personifica mejor la ciudad más elegante de Provenza que esta calle de 440 m de largo, llena de fuentes y de *hôtels particuliers* (mansiones privadas) renacentistas, y sembrada de frondosos plátanos. Al sur de Cours Mirabeau está el Quartier Mazarin, donde se ubican algunos de los mejores edificios de Aix.

El oriundo Paul Cézanne (1839-1906) es venerado en Aix. Se pueden seguir sus huellas con la **Ruta Cézanne** (mapas en la oficina de turismo), sin olvidar la montaña Sainte-Victoire (p. 157).

Para empaparse de arte, hay que ir al Musée Granet o al centro de arte Hôtel de Caumont. El íntimo **Musée Granet** se fundó como uno de los primeros museos públicos de Francia en 1838, en un antiguo priorato hospitalario. Casi 200 años de adquisiciones han culminado en una colección de más de

CONSEJO

Ser chic forma parte de la cultura de las cafeterías, y unas gafas de sol caras son esenciales en el vestuario de Aix. La gente no se sienta frente a frente en las terrazas, sino mirando hacia afuera, observando con disimulo quién se acerca por la calle.

PUNTOS DE INTERÉS
1 Caumont Centre d'Art
2 Cours Mirabeau
3 Musée Granet
4 Parc Jourdan
5 Pavillon Vendôme

ACTIVIDADES, CURSOS Y CIRCUITOS
6 Les Thermes Sextius

DÓNDE COMER
7 Brasserie de L'Archevêché
8 Chez Nine
9 Instant V
10 La Brocherie
11 La Maison Béchard
12 La Maison Weibel
13 Le Petit Verdot

DÓNDE BEBER Y VIDA NOCTURNA
14 Bar des PTT
15 Book in Bar
16 Cafe Caumont
17 Café des Négociants
18 Mana

DE COMPRAS
19 La Cave des Ours
20 Place Richelme

12000 obras, incluidas telas de Picasso, Léger, Matisse, Monet, Klee, Van Gogh, y especialmente Cézanne (nueve cuadros). Este fabuloso museo de arte, que también alberga exposiciones temporales de primer orden, encabeza la lista de visitas artísticas obligadas de Francia.

El **Hôtel de Caumont** es un espacio de arte magnífico ubicado dentro del *hôtel particulier* del s. XVIII más grande del barrio de Mazarin. Programa tres exposiciones de calidad cada año (con entrada adicional), además de conciertos y otros eventos, pero la estrella es el edificio en sí. Sus salas palaciegas, construidas con piedra local de color miel, están llenas de antigüedades y objetos artísticos que atestiguan la opulencia del pasado aristocrático de la casa.

Encanto local

Beber y comer en entornos de elegancia añeja

Antes de la globalización y los trenes de alta velocidad desde París, Aix tenía un estatus casi mitológico. Muchos franceses consideraban que esta ciudad era un reducto romántico desconocido de riqueza y sol, donde se podía ver a una estrella de cine como Alain Delon tomando un espresso. Pero cuando el TGV conectó la capital con el sur de Francia en menos de 3 h, las familias adineradas de París se mudaron, seguidas poco después por turistas y jubilados de todo el mundo. Pero algunos lugares han sobrevivido durante décadas, adorados por los vecinos, y siguen prosperando en el s. XXI.

La **Brasserie de L'Archevêché** es un restaurante anejo al Institut d'Études Politiques (IEP), una universidad de élite que prepara a futuros diplomáticos, políticos y periodistas. El actual propietario lleva desde 1995, con su terraza en la histórica plaza estudiantil bajo la sombra moteada de los plátanos.

Entre las estrechas paredes del **Bar des PTT** hay gente de todos los ámbitos. En su reducido espacio no es raro encontrar a abogados y tenderos del mercado codo a codo. Tiene una terraza soleada en Place Richelme.

Como todo lo bueno en Aix, **La Brocherie** está escondida; sirve carne y pescado a la parrilla en el tipo de entorno rústico que algunos pueden considerar anticuado, pero que rezuma encanto. El chuletón y la *crème brûlée* infusionada con lavanda transportan a los años setenta y cuestan menos de 30 €.

EL TINTINEO DEL VERANO

Los orígenes de la *pétanque* (también conocida como *boules*) se remontan a principios del s. XX en La Ciotat, donde empezó como un juego de bolos al aire libre.

Fue inventado para que pudiera jugar una persona en silla de ruedas que no podía realizar la carrera para tirar la bola.

La *petanca* es ahora el deporte típico de los pueblos franceses y lo practica gente de todas las edades. Hay dos equipos: el primero lanza una pelota pequeña, el *cochonnet*, en una pista de grava o arena. Luego, cada jugador lanza bolas de metal, tratando de acercarlas lo más posible al *cochonnet* o de desplazar las de su oponente. El equipo que esté más cerca del *cochonnet* al final de la ronda es el ganador.

DÓNDE DORMIR EN AIX

Hôtel Escaletto
Confortable y asequible, con vistas inspiradoras del Mont St-Victoire. €€

L'Hôtel des Arts
Opción sencilla y sin complicaciones en el centro, a cargo del Musée Granet. €

Hôtel Cardinal
Tan formal como los espejos con marco dorado y los cuadros que cuelgan en su interior. €€

DÓNDE COMER EN AIX

Olivier Ville, nacido en Aix, es asesor legal y viajero. En sus palabras, "por muy turístico que parezca, todavía hay lugares propios de Aix fiables".

Chez Nine
Es un lugar ideal para una cita, un restaurante romántico en una *cave* (bodega) del s. XVIII, y sirve hasta altas horas. **€€**

Café des Négociants
Cafetería tradicional, fresca y asequible. Solo está abierta para el almuerzo. **€**

Le Petit Verdot
Aquí se viene a disfrutar de auténtica cocina regional, y gusta por lo acogedor que es. **€€**

Pícnics 'gourmet'

Pan, vino y una manta

El mercado de **Place Richelme,** abierto desde primera hora de la mañana hasta el almuerzo (de lunes a sábado), es el mejor lugar para conseguir productos locales de calidad: pan fresco, salchichas, la habitual oferta de quesos frescos y curados, verduras de colores intensos, mermeladas y *tapenades,* todo lo que cabría esperar de un mercado provenzal. Es perfecto para encontrar inspiración para organizar un pícnic. Se pueden comprar vinos regionales en **La Cave des Ours,** especializada en variedades naturales y biodinámicas (a unos minutos del mercado). Como todos los *cavistes* franceses, están más que dispuestos a educar sobre el tema.

Si se buscan espacios verdes teñidos de naranja en otoño, **Promenade de la Torse** está 30 min a pie al sureste de Cours Mirabeau. Unos puentes de madera cruzan un arroyo habitado por patos y garzas. El recinto del **Pavillon Vendôme,** a 10 min de La Rotonde, engloba unos jardines cuidados construidos por un duque enamorado alrededor de un edificio opulento; un entorno majestuoso que ahora alberga un museo de arte. El **Parc Jourdan** es un parque urbano donde los vecinos juegan a *boules* y donde muchos trabajadores y

LOS MEJORES CHOCOLATEROS DE AIX

Pâtisserie Philippe Segond
Monsieur Segond afirma ser el mejor de Francia. Al probar sus chocolates, es fácil estar de acuerdo.

Les Chocolats Yves Turies
Otro artesano que se toma muy en serio el chocolate. Las tabletas de avellanas están a otro nivel.

Le Roy René
Famoso por los *calissons* (frutas dulces confitadas de Aix) y por los chocolates.

Mercado del sábado, Place Richelme.

FRANZ MARC FREI/GETTY IMAGES ©

universitarios comen sándwiches al mediodía. Lo que le falta de belleza se compensa con autenticidad local.

Solo 15 min en coche al norte de la ciudad, se encuentra un entorno tranquilo para quien quiera estar solo durante una puesta de sol con vistas panorámicas. Los restos de la fortaleza de **La Quille,** del s. VIII (en Le Puy Ste-Réparade), tienen amplias vistas del Luberon y sus colinas. A solo 7 km del centro urbano (un trayecto corto en coche o en taxi) se encuentra la residencia familiar de **Terre Ugo,** con el único campo de lavanda ecológica de Provenza que florece a finales de junio. De junio a agosto, se puede acceder a esta finca familiar (entrada 7 €). Los suaves murmullos del campo llenan los oídos mientras el visitante se acomoda en una *chaise longue* a la sombra o juega a la petanca. Los jueves hay una gastroneta, servicio de cócteles y música en directo de 18.30 a 22.00.

Baños termales

Una vida de lujo como los romanos

Llega un momento en cualquier viaje por carretera en el que hay que liberarse de la tensión de viajar, ya sea dándose un buena ducha o dedicando una tarde a cuidarse. Aix-en-Pro-

LAS MEJORES 'PÂTISSERIES' DE AIX

Anne-Sophie Gabrielian, propietaria de La Pastisserie, vende una amplia gama de dulces regionales. Estas son sus pastelerías favoritas. *@la_pastisserie*

La Maison Weibel
El primer lugar al que quiero ir a tomar té y pasteles cuando he estado un tiempo fuera. Tiene historia y refinamiento, pero también es un lugar cotidiano para los que viven y trabajan cerca.

La Maison Béchard
Otra institución de Cours Mirabeau. Es el lugar donde iría tu abuela. Para mí, el mejor para comprar *calissons*.

Instant V
Si eres vegano o comes sin gluten, este es el lugar para ti. Tienes que probar su chocolate. Está a la vuelta de la esquina del Musée Granet.

DÓNDE COMER SIN GLUTEN EN AIX

Atelier du Mochi
La modernísima versión francesa del postre japonés de arroz glutinoso. Vegano y sin gluten. **€€**

Ojus
Creps sin gluten, arroz vegano y platos de lentejas: todo disponible para llevar. **€€**

Aux Petits Oignons
Magníficos perritos calientes veganos sin gluten, acompañados de cebolla caramelizada y patatas fritas. **€€**

vence, conocida en la época romana como Aquae Sextiae, es un gran lugar para sumergirse en los poderes curativos del agua, reconectando cuerpo y mente.

El moderno *spa* **Les Thermes Sextius** está construido sobre las termas romanas de **Aquae Sextiae,** que se pueden ver bajo el suelo de cristal. Los romanos se instalaban donde encontraban manantiales naturales y sus baños públicos eran un elemento fundamental de la vida cotidiana. Al igual que los gimnasios modernos, este no solo era un lugar para hacer ejercicio y relajarse, sino también para socializar con gente de todas las clases, hacer negocios e intercambiar cotilleos.

La combinación hedonista de vapor y masaje es atemporal. Rodeado de vestigios del Imperio romano y contemplando las antiguas murallas que rodean la piscina, el visitante podrá tomar el sol o elegir uno de los muchos tratamientos relajantes. Consúltese la web para encontrar ofertas de bebidas y tapas.

Art en la Fondation Vasarely

El padre del arte óptico

Solo 4 km al oeste de la ciudad se encuentra la **Fondation Vasarely,** un edificio cavernoso que llama la atención con su diseño hipercontemporáneo de los años setenta a base de bloques geométricos de cristal y metal. Es una obra maestra arquitectónica, con 16 galerías hexagonales interconectadas, concebidas para exhibir y reflejar las 44 obras de arte geométricas del artista húngaro-francés Victor Vasarely, que van desde el suelo hasta el techo.

Vasarely, padre indiscutible del *op art* (arte óptico), parece más relevante que nunca en un mundo de imágenes generadas por ordenador que se precipitan hacia la nada.

El espacio que diseñó abruma con su color y su escala. Sus enormes obras psicodélicas llevan a un mundo de patrones anamórficos repartido en siete galerías, cada una con seis obras de arte. Es un lugar donde el arte puede conducir a la meditación trascendental, en lo que el artista describió como un laboratorio de ideas.

La visión del futuro de Vasarely es atemporal. Fue la viva imagen del arte geométrico, y sus trabajos en el mundo de la publicidad y del diseño de portadas de discos para David Bowie ejemplifican lo adelantado que estaba a su tiempo. Es un mundo de píxeles mucho antes de la llegada de las pantallas de ordenador.

LAS MEJORES CAFETERÍAS DE AIX

Nicolas Jamet trabaja en la tienda de comida *gourmet* Saumon Passion, que vende caviar y pescado ahumado. Comparte sus cafeterías favoritas de Aix.

Book in Bar
Café servido en una librería internacional frecuentada por estudiantes estilosos.

Mana
Aquí se toman el café muy en serio. Clientela con portátiles y comida vegana.

Café Caumont
Café en el jardín del centro de arte Caumont. Un entorno precioso del s. XVIII.

DÓNDE COMPRAR JABÓN Y ACEITES ESENCIALES EN AIX

Bastide
Perfumes artesanos, velas, popurrí y aceites esenciales con aromas a higos y miel.

Rose et Marius
Jabones y perfumes hedonistas para garantizar el bienestar.

Agape
Empresa provenzal con aceites de lujo para masajes y aromaterapia orgánica.

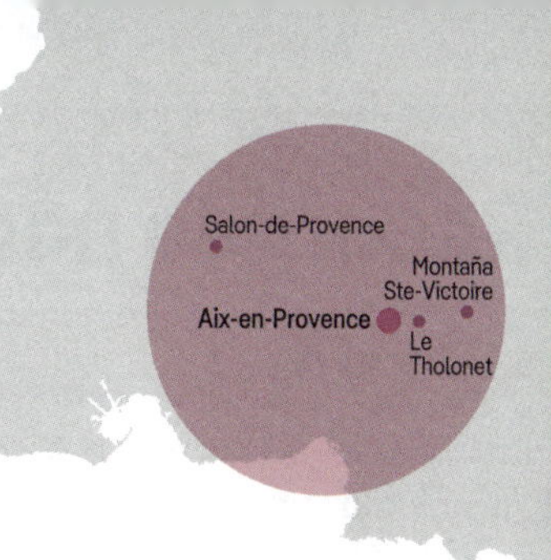

Alrededores de Aix-en-Provence

Los tesoros gastronómicos que se encuentran en Aix apuntan a lo que hay más allá.

Esta ciudad, que hace alarde de la abundancia de agua y que deja estupefacto con los excesos de la nobleza, tiene también una fuerte conexión rural. Los aromas provienen de los amplios campos de lavanda y el abundante tomillo. Es una tierra de vino, aceite de oliva y pan, que son mucho más que alimentos básicos. En Provenza, estas cosas están imbuidas de historia, refinamiento y habilidad. Recorrer los campos y visitar los pueblos permite experimentar el privilegio de vivir de la tierra, desde la montaña Sainte-Victoire hasta los viñedos de denominación Palette o los olivos de Salon-de-Provence.

Recorrer los paisajes de Cézanne

De Le Tholonet a Bibemus

Provenza es el sueño de cualquier excursionista. Subir a la **montaña Sainte-Victoire** parece la excursión más obvia, pero puede ser insoportable (especialmente cuando hace calor). Una alternativa, en especial para los amantes del arte, es una ruta tras los pasos de Cézanne. Se puede reservar una caminata de 3½ h desde Le Tholonet con un guía experto en la oficina de turismo de Aix o por internet (aixenprovence tourism.com).

Le Tholonet es el punto de partida perfecto, con sus cascadas, molinos de viento, cafeterías y restaurantes. Está en la base de la montaña, y la ruta pasa entre los pinos y los ángulos de las canteras de Bibemus. De aquí salieron las rocas con las que se erigieron las casas y monumentos de Aix, y aquí está la antigua casa de piedra que Cézanne construyó para dedicarse a su pintura. A medida que se sube por el terreno de tierra oscura y piedras sueltas, las vistas transportan a las formas y colores de sus cuadros. Una caminata en verano empezando a las 18.00 ofrece una luz mágica.

Al llegar a la meseta, se divisan las panorámicas que Cézanne inmortalizó en sus óleos y acuarelas; siguen siendo casi las mismas vistas de hoy. Regresar de las canteras a través del lago Zola y el banco de los enamorados añade 1 h a la ca-

CÓMO DESPLAZARSE

Aunque el coche es lo más práctico, hay una gran tradición de ciclismo de carretera. Ir en bicicleta hasta la montaña Sainte-Victoire no es para principiantes, pero con una eléctrica se puede llegar muy lejos; se alquilan en Aixprit Vélo.

CONSEJO

Si se va en coche, buscar una casa de campo de alquiler en lugar de un hotel estándar permite disfrutar de una experiencia rústica completa.

Recorrido por los viñedos de Aix

En la campiña que rodea Aix abundan las bodegas y las zonas vitivinícolas notables. Un viaje por carretera permite catar los vinos producidos en torno a la montaña Sainte-Victoire, cuyas colinas y valles albergan las vides y cuya tierra volcánica da la vida. Como dice el refrán: "Que el sol sea claro y bello y tendremos más vino que agua". Esta ruta se puede realizar en un día.

1 Domaine des Masques

Hay que ir hacia el este desde Aix-en-Provence por la D17 durante 13 km, girando hacia el sur por Rue du Bayon, donde aparecen unos viñedos aislados al final de una pista llena de baches. Los paisajes son tan encantadores como los de cualquier campiña francesa. Tras pasar por una larga fila de cipreses, se aparca y se entra en una pequeña sala de catas para degustar blancos, tintos y rosados. Sus blancos florales de alta acidez son el punto culminante.

La ruta: hay que volver a la D17 y seguir hacia el este, girando al sureste por la D56C; el Domaine des Diables está a solo 14 km, pero precisa 20 min en coche.

2 Domaine des Diables

Este lugar moderno es ideal para hacer catas y aprender sobre los vinos rosados: cuanto más pálidos y grises, más deliciosos resultan. No hay que dejarse engañar por la marca. Estos viñedos no tienen ningún deseo de llegar a los estantes de los supermercados. Es una producción pequeña de

MOIRENC CAMILLE/HEMIS.FR/ALAMY STOCK PHOTO ©

Bodega del s. XVI, Château Simone.

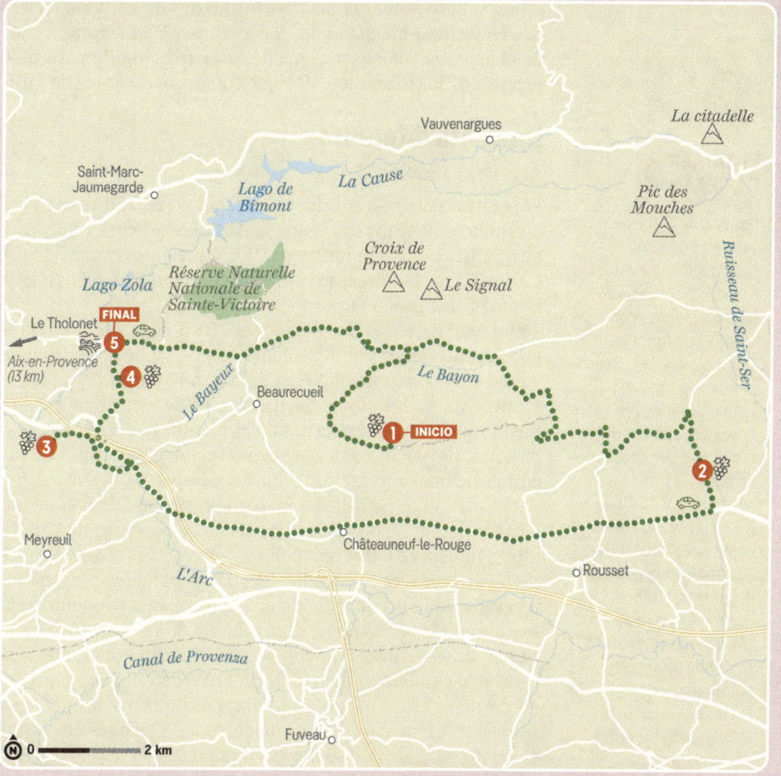

la más alta calidad. En un recorrido por el viñedo, se aprende más sobre sus vinos ecológicos y sostenibles.

La ruta: se sigue hacia el sur hasta la D7, luego se gira al oeste. Quedan otros 15 km (20 min) hasta los siguientes viñedos.

3 Château Simone

Aquí se ha producido vino hasta donde alcanzan los registros históricos, y estos viñedos todavía producen el 80% del vino de la Palette AOC. Las vides que rodean el hermoso castillo de color miel producen garnacha, *syrah, cinsault, mourvèdre* y las variedades secundarias (que, fermentadas en barricas en una bodega del s. XVI excavada por monjes, se convierten en los galardonados vinos de Château Simone).

La ruta: 5 km al norte por la D64E (Route de l'Angesse) está el Château Cremade.

4 Château Cremade

Esta pequeña bodega de 9 Ha cultiva 25 variedades de uva (muchas de ellas antiguas y raras) para producir blancos, rosados y tintos respetados y protegidos por AOC. En su día fue el hogar de Cézanne y Émile Zola. La acogida es agradable y conviene visitar la bodega, genuinamente histórica. Hay que probar los tintos afrutados.

La ruta: 1 km al norte se encuentra el pueblo de Le Tholonet.

5 Le Tholonet

Cuenta con ruinas romanas, castillos del s. XVII, rutas de senderismo y molinos de viento. Se puede terminar el día relajándose en Chez Tomé, un tranquilo restaurante familiar con un patio típicamente provenzal, o en el restaurante y carnicería Le Table de Boucher. Otra opción es Ancora Pizza; la gente de Aix viene hasta aquí a pesar de que tener muchas opciones en la ciudad.

minata, pero aumenta las oportunidades de ver vida silvestre. Hace falta mucha agua, especialmente en verano, cuando el acceso a los bosques puede estar restringido para protegerlos de los incendios. Hay que comprobarlo antes de salir.

EL TALLER DE CÉZANNE

Hasta el final de su vida, tras años de rechazo, Cézanne no empezó a conseguir reconocimiento como artista. Fue también cuando pintó la montaña Sainte-Victoire una y otra vez. Antes de retirarse del mundo en su cabaña de piedra, pintaba en su estudio al norte de Aix-en-Provence. Está cerca a pie del **Atelier Cézanne** en la colina de Lauves, 1,5 km al norte del centro de Aix (30 min a pie); también se puede tomar el autobús nº 5 desde la ciudad.

Cuando la luz entra por la ventana, se puede sentir la misma energía que tal vez sintió el artista. Los útiles de pintura y los modelos de bodegones están como seguramente estuvieron en su día, y su sombrero sigue colgado de un gancho, capturando un momento en el tiempo.

Una cata diferente

Algo de oro líquido

El aceite de oliva se considera un símbolo sagrado de la vida eterna y se ha utilizado desde la Antigüedad como emblema de salud, belleza, sabiduría y paz. En la reciente coronación del Carlos III en Londres, se utilizó aceite de olivas recogidas a mano en Jerusalén para ungirlo.

El aceite de oliva, ingrediente esencial de la dieta mediterránea, fluye aquí tan libremente como el vino, y se produce y consume con la misma pasión, hasta el punto de que permanece en los huesos de los habitantes de esta zona soleada hasta mucho después de su fallecimiento. Los franceses, españoles, italianos y griegos suelen recibir galardones en las competiciones olivareras, y en Francia, el de Provenza (en particular, el de **Salon-de-Provence**) se considera el mejor.

Salon está a menos de 1 h en coche al noroeste de Aix. El olivar de **Mas de Bories,** con sus veteranas construcciones de piedra seca, es la parada ideal para cualquier persona interesada en la producción de aceite de oliva a pequeña escala. Cuando la propietaria, Claire, habla de su conexión con la tierra, de vivir una vida con sentido y de su constante búsqueda de calidad, es fácil identificarse con ella. Ver el proceso desde el árbol hasta la botella, pasando por la moderna prensa de extracción, es muy pedagógico. Después de probar el aceite, más de uno se llevará una botella.

En Salon, Mathieu Ségui organiza catas de vinos y *whiskies* locales los fines de semana en su bodega, **De la Vigne à l'Olivier.** Son actos muy animados; hace falta reservar por internet.

Patrimonio regional

La tradición del jabón

La tradición de la producción de aceite de oliva ha hecho que Salon-de-Provence desempeñara un papel crucial en la fabricación de jabón. El famoso **jabón de Marsella** no existiría sin él. La **Savonnerie Marius Fabre** de Salon lleva más de 120 años en activo, e invita a seguir el proceso antes de visitar su *boutique*. En el **Musée de Salon et de la Crau,** en el Château de l'Empéri, se pueden ver todas las facetas de la rica vida agrícola de la región. Una visita deja claro que lo que crece en la tierra crea la cultura.

LOS MEJORES VIÑEDOS NATURALES DE LAS BOCAS DEL RÓDANO

Villa Minna Vineyard
Ecológico, único y no demasiado caro. Hay que probar el añejo.

L'Abri
Vinos con gran equilibrio y finura especialmente asequibles.

Château Revelette
Vino biodinámico; el Pur es un gran éxito.

ARLÉS

Arlés siempre estará marcada por el ineludible legado romano. Es el mundo que se extiende bajo sus pies. Como antigua rival costera de su vecina, la ciudad rezuma una gloria que contrasta con su ambiente íntimo de pueblo: Arlés apoyó a Julio César en su lucha por el poder y derrotó a la Marsella de Pompeyo. Y luego está su importancia en la historia del arte: algunas de las mejores obras de Van Gogh, por ejemplo, fueron concebidas aquí.

Casi un siglo y medio después, el mundo del arte contemporáneo sigue defendiendo audazmente el ideal francés de abarcar al mismo tiempo el futuro y el pasado. El arte y el refinamiento van de la mano sin esfuerzo. Se percibe al pasear por la ciudad, entre calles llenas de historia. Un bastión en las vastas llanuras húmedas de la Camarga.

CÓMO DESPLAZARSE

Arlés está bien comunicada en tren con Aviñón, Marsella y Nimes. Hay autobuses a Stes-Marie-de-la-Mer y St-Rémy de Provence. Es fácil moverse a pie y en bicicleta por la ciudad.

Capital del arte

Acero, cristal y anfiteatros

La torre de Frank Gehry y Maja Hoffmann se eleva sobre la ciudad, reflejando la famosa luz del sur. Es un testimonio de acero y cristal dedicado al arte contemporáneo, además de un centro de arte con financiamiento multimillonario. Entrar en **LUMA Arles** es penetrar en su sueño arrollador. Sus principios exigen dejar a Van Gogh y a Gauguin en el pasado, mirando hacia un nuevo futuro en sus estudios, galerías y espacios escénicos de vanguardia.

Durante mucho tiempo, Arlés ha sido sinónimo de arte. Su escuela de fotografía, la **École Nationale Supérieure de la Photographie,** es una de las mejores del mundo. Y cada año acoge **Les Rencontres d'Arles** (julio a septiembre), un festival anual de fotografía que empezó en 1970. Se puede admirar a los grandes nombres, descubrir nuevos talentos y disfrutar del mundo del arte hasta el amanecer en La Noche del Año.

La ciudad alberga innumerables festivales de arte, aunque algunos arlesianos afirman que son un caballo de Troya para la gentrificación y que la función del arte es cambiar el mundo, y no recibir el patrocinio de los ricos. La **Fondation Vin-**

CONSEJO

Levantarse temprano para pasear por las calles antes de que despierte Arlés. Al caminar a orillas del Ródano y por los callejones tranquilos y las plazas históricas se despliega el inimitable espíritu arlesiano.

LOS MEJORES RESTAURANTES DE ARLÉS

Lucy Cases, propietaria de la cafetería ecológica Mazette (8 Place Antonelle), comparte sus lugares favoritos para comer.

Le Marché d'Arles
Es el mercado más grande de la región, y también el mejor. Aquí se compra *saucisson de taureau.* **€**

Le Tambourin
Totalmente auténtico, es un lugar importante. Muchos vecinos comen aquí todo el año. **€€**

La Chassagnette
Para una comida especial, este antiguo redil de ovejas con estrella Michelin. **€€€**

cent Van Gogh desempeña un papel importante, organizando exposiciones temporales y seminarios, sin perder de vista la producción artística anterior.

Para volver al año 1 y a los restos del foro romano, la mansión del s. xv que alberga el **Museon Arlaten** ha sido renovada con la ayuda del diseñador de moda local Christian Lacroix. Se exhiben con estilo trajes, cuadros, artes y artesanía de Provenza a lo largo del tiempo.

La vida de un toro

El simbolismo de la Camarga

A diferencia de España, aquí en los carteles aparece el nombre del toro, no el del torero *(le raseteur).* Los toros son las estrellas de la **Course Camarguaise,** una competición incruenta considerada menos cruel que las corridas de toros. Se celebran en los cosos de la ciudad de julio a octubre. El evento principal es la Cocarde d'Or, en **Les Arenes.**

El toro pasa 20 min en la arena con los *raseteurs,* que los esquivan en lugar de hacerle daño. Los siguientes tres meses los pasan pastando en los campos. Aunque no se ven perjudicados, hay quienes argumentan que los animales aún sufren y que el espectáculo debe evitarse.

Del otro lado están los *gardians,* los pastores de ganado y caballos semisalvajes de los humedales de la Camarga, que sueñan con que sus toros les aporten honor; son selecciona-

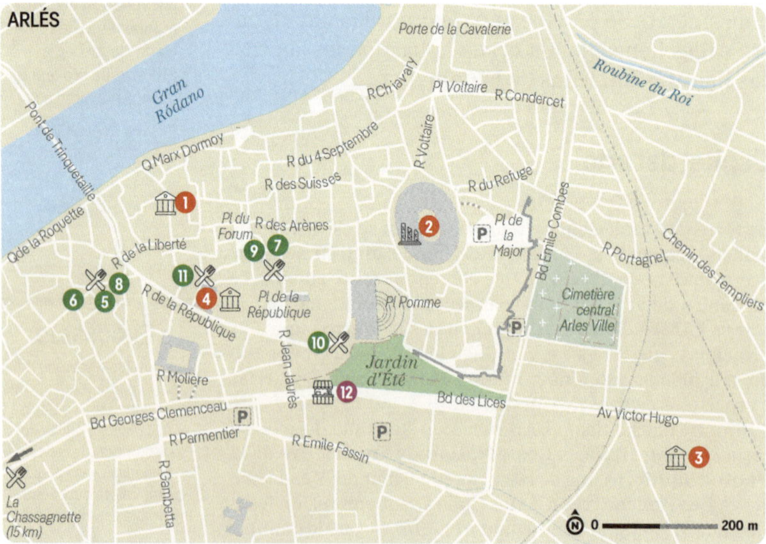

PUNTOS DE INTERÉS
1 Fondation Vincent Van Gogh
2 Les Arènes
3 LUMA Arles
4 Museon Arlaten

DÓNDE COMER
5 Boucherie Genin
6 Cafe de la Roquette
7 Camargue Social Club
8 Le Gibolin
9 Le Tambourin
10 L'Épicerie du Cloître
11 Monstre

DE COMPRAS
12 Le Marché d'Arles

Boucherie Genin.

dos por su temperamento a la edad de 3 años. Los elegidos pueden tener una carrera que dure hasta 15 años antes de una jubilación pacífica. Tras su muerte, son enterrados en un ritual casi sagrado frente al mar.

Entrantes de Arlés

Cocina local de origen local

No es de extrañar que la larga historia de los *gardians* que crían rebaños de ganado vacuno, ovino y equino se refleje en los platos locales.

El *gardiane de taureau* es un estofado provenzal de toro, un plato de cocción lenta con vino tinto que se disfruta en los meses de invierno con arroz de la Camarga.

El *saucisson de taureau* local, especie de salchichón seco de cerdo y ternera, generalmente se disfruta como aperitivo con un *pastis*. En la **Boucherie Genin,** charcutería y carnicería artesanal desde 1877, se puede comprar carne y embutidos.

LOS MEJORES LUGARES PARA COMER EN ARLÉS

Monstre
Galería y restaurante de moda que atrae a un público joven, lo cual se refleja en arte que decora las paredes. **€€**

L'Épicerie du Cloître
Vinos naturales y tapas elaboradas en un patio apartado. Hay una pequeña tienda con los mejores productos regionales. **€€**

Cafe de la Roquette
Lugar de almuerzo relajado, ideal para ver pasar el mundo, en una de las plazas más relajadas de la ciudad. Personal amable. **€**

Camargue Social Club
Buena gastronomía camargueña acompañada de cócteles embriagadores. **€€**

Le Gibolin
Restaurante con estrella Michelin, pequeño pero potente; relajado, a pesar de su estatus. **€€**

DÓNDE DORMIR EN ARLÉS

Mia Casa
B&B acogedor y céntrico con residencia artística y decoración inspirada en Van Gogh. **€**

Le Cloître
Las escaleras de caracol conducen a 19 habitaciones vistosas, todas distintas. *Spa* relajante. **€€**

Le Nord-Pinus
Local chic con opulencia de la década de 1930, donde bebieron Hemingway, Picasso y Piaf. **€€€**

PASEO POR EL ARLÉS ROMANO

Arlés, originalmente conocida como Arelate, es como una Roma en miniatura. Al recorrerla, pronto queda clara su importancia como centro económico, político y cultural del Imperio romano. Muchos de los monumentos antiguos de la ciudad no solo están intactos, sino también cerca unos de otros.

Se empieza en **1 Les Arènes,** un anfiteatro bien conservado (90 d.C.) donde hoy se celebran grandes conciertos y corridas de toros al modo de la región. En su día fue escenario de carreras de carros y luchas a muerte de gladiadores, con capacidad para 21000 espectadores. Tras la caída del Imperio, el anfiteatro se convirtió en una fortaleza defensiva. A lo largo de los siglos posteriores, dentro de sus muros creció una 'ciudad dentro de la ciudad', con más de 200 casas y dos capillas (ahora todas arrasadas). Se encuentra a tiro de piedra del **2 Théâtre Antique d'Arles** (s. I a.C.), que también sigue formando parte de la vida cultural moderna de la ciudad. Esta sala de conciertos bien cuidada es de visita obligada.

Caminando 20 min, y tras pasar por el recinto del antiguo circo, se llega al **3 Musée de l'Arles Antique,** que alberga impresionantes restos arqueológicos, incluida una estatua de mármol de Augusto encontrada entre los pilares del teatro en 1750.

Un tranquilo paseo a orillas del Ródano lleva más allá de las **4 Thermes de Constantin;** cabe destacar las antiguas termas romanas construidas para uso privado del emperador Constantino en el s. IV. Al regresar a la plaza del foro, la fachada del hotel Nord Pinus se funde con los restos de la antigua entrada a las cámaras subterráneas de los **5 Cryptoportiques,** que en su día formaron los cimientos del foro. Si al viajero le gustan las cámaras subterráneas, debe echarles un vistazo. Si no, puede elegir un lugar en la plaza para tomar una bebida fría.

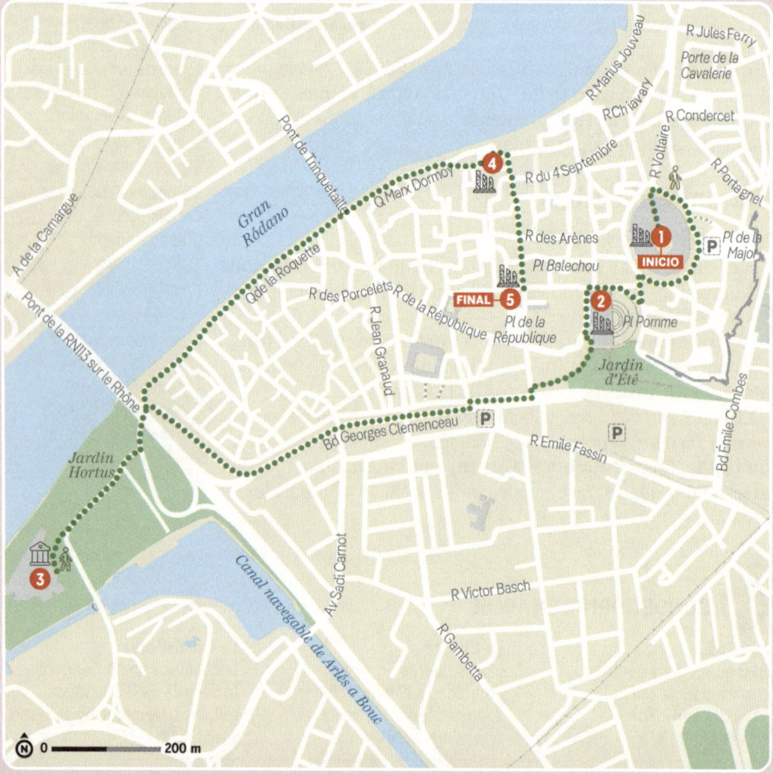

Callejuelas en Arlés.

Alrededores de Arlés

Aventurarse en la Camarga es sumergirse en un mundo muy distinto de la Francia moderna.

La Camarga se sitúa en el punto donde se encuentran con el Mediterráneo el Pequeño Ródano y el Gran Ródano. Son 930 km² de salinas, lagos de agua salada y marismas. Es una región que parece totalmente aislada del mundo, un humedal lento y atemporal, lleno de salinas y arrozales, una tierra de costumbres antiguas que se remontan tan lejos que es fácil sospechar que los romanos se encontraron con un paisaje similar al actual. La Camarga es una aventura que transporta a través de la música y la comida, un enclave donde el viajero se ve obligado a esforzarse y a descubrir lugares tan acogedores como ajenos.

Playas salvajes

Salinas y aves

Siguiendo el río Ródano desde la ciudad hasta el mar, se encuentran **Les Plages d'Arles.** Son playas salvajes y ventosas, atípicas del sur de Francia; nada que ver con las concurridas costas de la Riviera francesa. Para llegar aquí, hay que conducir al sur desde Arlés aproximadamente 40 km hasta Salin-de-Giraud. Es la última oportunidad para comprar agua o provisiones.

Siguiendo la D36D desde Salin hasta la Route de la Mer, el aparcamiento queda a la derecha. Ahí están los **puntos de observación de salinas,** que ofrecen vistas de las salinas rosadas y la oportunidad de divisar todo tipo de aves en su hábitat natural. Una parada perfecta para hacer fotos.

Muy cerca está el **Domaine de la Palissade,** 12 km al sur de Salin. Este remoto centro natural organiza fantásticas incursiones a pie y a caballo (p. 168) por 702 Ha de marismas protegidas, lagunas, salicornia y lavanda de mar en flor (en agosto). Antes de llegar a la maleza, se recomienda alquilar unos prismáticos y conseguir en la oficina un mapa gratui-

CÓMO DESPLAZARSE

Lo mejor para recorrer las pequeñas carreteras que atraviesan esta región llana y salvaje es el coche o la bicicleta. Ir en bici desde Arlés a la Camarga requiere llevar manga larga, pantalón largo, calzado cerrado y repelente de mosquitos. Se pueden alquilar bicicletas en VélocArles (velocarles.fr).

CONSEJO

Llevar repelente de insectos y prismáticos para observar aves: más de 20 000 flamencos anidan en el Étang du Fangassier.

to de los tres senderos marcados (entre 1 y 8 km). La fauna aviar es asombrosa: es posible ver currucas tomilleras en verano, ánsares comunes en invierno, y zarapitos migratorios y ánades reales durante todo el año.

Desde aquí, la pista polvorienta que llega hasta la **Plage de Piémanson** se estrecha hasta el punto de dudar del camino que hay debajo, pero vale la pena. Al llegar, en la playa ya no quedan indicios de su pasado *hippie,* pero buena parte todavía es famosa por estar dedicada a los nudistas. Se trata de un lugar para perderse tranquilamente en las serenas arenas blancas.

Otra forma de salir de los caminos trillados es ir a la **Plage de Beauduc,** al final de un camino lleno de baches. Es un paraíso del *kitesurf* que aprovecha al máximo el abrazo devastador del viento mistral, atrayendo a amantes del deporte de todo el mundo. Aunque es más difícil llegar, de algún modo está más concurrida y resulta ideal como lugar para tomar el sol, sin cobertura de teléfono en varios kilómetros a la redonda.

Playa de Beauduc.

EL FUTURO DEL DELTA DEL RÓDANO

El delta del Ródano, donde el río se encuentra con el mar, es el más grande de Europa occidental. Pero a medida que los veranos se vuelven más calurosos y sube el nivel del mar, la vida en las marismas y lagunas de la Camarga se enfrenta a una amenaza existencial. Un problema todavía más acuciante que la erosión de la costa es que las sequías han permitido que el mar se adentre en el interior, destruyendo los pastos y dejando los humedales infértiles.

El turismo también ha hecho su parte. Hasta el 2012, estas playas eran *campings* salvajes superpoblados durante todo el verano. Ahora hay más restricciones para plantar tiendas de campaña durante la noche. En el parque nacional está el **Musée de la Camargue,** cuya gran exposición permanente hace hincapié en la urgencia de los problemas ecológicos de la región.

DÓNDE COMER EN SALIN-DE-GIRAUD

Mas St-Bertrand
Cocina de la Camarga servida con buenos vinos locales. Rústico y amable. **€€**

Restaurant La Grand Ponche
Más arroces y platos de toro, con vistas a una preciosa laguna. **€€**

Bar de Sports
Buen pescado y marisco sin aires de pretenciosidad. Inolvidable pulpo a la plancha. **€**

A caballo por la Camarga

Cabalgar al galope por la playa

La ganadería en la Camarga tiene fama de ser medio salvaje, pero montar a caballo en el **Domaine de la Palissade** en el momento adecuado del día puede ser una de las experiencias más tranquilas que se pueden encontrar en la región.

Al recorrer los humedales y avistar los emblemáticos flamencos, da la impresión de que la Camarga ha sido así durante siglos. El tiempo casi desaparece al adentrarse en las marismas, especialmente cuando el cielo de la tarde se tiñe de rojo. Una experiencia totalmente memorable.

Los guías locales están bien informados y enamorados de su trabajo. Son muy pacientes con los principiantes, así que no hay que tener miedo si nunca se ha montado a caballo. Los niños deben tener al menos 8 años. En las salidas de 3 h hasta la playa de Piémanson (70 €), los jinetes más experimentados podrán soltarse y galopar por la arena caliente. Se trata de una experiencia realmente especial. Los guías hablan un poco de inglés, pero para saber más sobre la flora, la fauna y la cultura local, hace falta un dominio relativamente bueno del francés.

BELLEZAS BLANCAS

Los famosos caballos blancos de la Camarga, de cuello corto y crines gruesas, son una de las razas equinas más antiguas. Son la especie más visible del fabuloso triunvirato animal de la Camarga. Han sido criados para hacer un trabajo específico y tienen que ser valientes, enérgicos y poderosos. Al vivir como criaturas semisalvajes, también poseen un agudo instinto de supervivencia.

En la **Fête des Gardians** de Arlés (1 de mayo), el día termina en el anfiteatro romano de la ciudad, donde los *gardians* demuestran cómo utilizan sus elegantes caballos para acorralar a los toros.

ACTIVIDADES AL AIRE LIBRE EN LA CAMARGA

Absolut Kiteboarding
Aprender a hacer *kitesurf* en las famosas playas de Piémanson y Beauduc; con sede en Salin-de-Giraud.

Manu Kayak Camargue
Remar relajadamente por los humedales con Manu es educativo y divertido.

Camargue Autrement Safari
Una visita guiada en bicicleta eléctrica brinda la oportunidad de ver la vida silvestre y probar las delicias de la región.

Todas las salidas deben reservarse por teléfono con antelación. Se recomienda llevar pantalones largos, calzado cerrado y traer repelente de mosquitos.

OBSERVACIÓN DE AVES EN LOS HUMEDALES

Los amantes de la ornitología no pueden perderse el **Parc Ornithologique du Pont de Gau** (p. 175), 4 km al norte de Saintes-Maries-de-la-Mer, en el extremo occidental de la Camarga.

El ritmo de la Camarga

Remansos de las llanuras

Le Sambuc, un pueblo tranquilo en el corazón de la Camarga (25 km al sur de Arlés), es como la viva imagen de la vida en la región: gente orgullosa que vive de la tierra. Aquí el viajero encontrará observación de aves, ganadería y algunos de los mejores lugares para comer de la Camarga. Le Sambuc le hará sintonizar con el ritmo de otro mundo. Incluso podrá disfrutar de noches de flamenco. La tierra, el clima y el contacto con los pastores de ganado suponen una experiencia que transporta a una época más dura, pero posiblemente más saludable, una existencia que va en contra de la vida moderna.

ALREDEDORES DEIMAGES/GETTY IMAGES ©

Flamencos, humedal de la Camarga.

LA VIDA DEL 'GARDIAN'

La existencia del *gardian* cuidando toros, caballos y ovejas para los *manadiers* (terratenientes) está rodeada de un romanticismo que se remonta a siglos atrás. Siempre han vivido en pequeñas cabañas encaladas (que se pueden alquilar por internet para vacaciones), pero su vida sencilla está en peligro.

Las nuevas generaciones no están precisamente entusiasmadas por una vida dura a caballo, guiando toros agresivos que pueden atacar a la menor provocación. El Gobierno francés, a pesar de su deseo de proteger el equilibrio ecológico de esta tierra, puede tener dificultades para encontrar hombres o mujeres jóvenes que quieran dedicar la vida a esta actividad.

DELICIAS LOCALES DE LA CAMARGA

Sobrasada
El embutido graso y suave ha cruzado la frontera desde España. Delicioso untado sobre tostadas.

'Tellines'
Las mejores coquinas locales se degustan en el restaurante L'Estrambord de Le Sambuc.

'Fleur de sel'
La sal marina de la Camarga, rica en minerales y sabor. Hay que llevarse una bolsa a casa.

Le Mas de Peint es una empresa familiar llena de historia. Este es el mundo de los vaqueros de la Camarga *(les gardians),* pero ello no impide que su casa de huéspedes con piscina sea de puro lujo. También organizan paseos a caballo, salidas de observación de aves y excursiones a las playas.

Las cenas de menú son muy saludables (todo con productos locales) y se come al aire libre. Cerca está **La Chassagnette,** con estrella Michelin, que sirve comidas insólitas con maridaje de vinos, en un espacio fantástico dentro de 2 Ha de jardines tranquilos. La dedicación con la que sirven cada plato invita a querer comer mejor en cualquier otro lugar de la región.

LA PAELLA DE LA CAMARGA

En las zonas de transición entre fronteras, no es raro ver superposiciones en el idioma, el paisaje y la cocina. Un ejemplo: la Camarga comparte muchas similitudes con España, incluida la *paella camarguaise.* Se parece a la paella valenciana, pero sin el socarrat que le da ese sabor tan rico.

El arroz local le da un sabor distinto a la paella de la Camarga. Suele hacerse con pollo y gambas grandes. Se recomienda probarla con una botella de Guishu, un vino de arroz autóctono o una de las muchas cervezas locales a base de arroz.

Cultivo de arroz en la Camarga

Vida en los arrozales

La Camarga es la única región arrocera de Francia y cada año produce casi 100000 toneladas de sus tres variedades de arroz. Puede que solo sea un pequeño porcentaje de lo que se produce en el mundo, pero el arroz de la Camarga es de alta calidad. Se cultiva con el agua del delta del Ródano y el abundante sol que lo ayuda a crecer, y el violento viento mistral llega en el momento justo para secar los granos después de la cosecha. Ninguno de los arroces cultivados aquí está modificado genéticamente.

ELENA SCHWEITZER/SHUTTERSTOCK ©

Arroz rojo de la Camarga.

El arroz rojo y negro de la Camarga no solo es ligeramente más crujiente que otras variedades, sino que también tiene más proteínas, fibra y vitaminas. Es importante destacar que el cultivo de arroz se considera más beneficioso para el medio ambiente local que la cosecha de sal, muy popular en toda la región.

La **Maison de Riz** (menos de 30 min en coche al oeste de Arlés) anima a los viajeros a visitar su producción de arroz (reservas por internet) o a alojarse en sus casas de huéspedes. Aquí se ve el estilo de vida de la familia Rozière, donde el arroz se trata con la misma atención que se le daría al ganado. Su tienda vende todas las variedades cultivadas en la región, así como cerveza a base de arroz, jabones y maquillaje. Las delicias locales de esta fértil región también están a la venta, desde el mejor aceite de oliva hasta salchichas de toro y terrinas. Es difícil irse con las manos vacías.

De Les Baux-de-Provence a Eygalières

En lo alto de Les Alpilles

Les Baux-de-Provence es el destino obvio para gozar de las vistas desde Les Alpilles. Desde aquí, el tapiz de viñedos, olivos y robles es irresistible. El paisaje esculpido con casas rústicas y piscinas resplandecientes es puramente provenzal, pero Les Baux-de-Provence, con su castillo fortificado y sus hordas de turistas, a veces da la sensación de ser una Disneylandia mediterránea.

Solo 30 min en coche al noreste está **Eygalières,** un pueblo de piedra caliza que sobresale de la cima de una colina, donde la calma está garantizada. Se trata de un lugar para pasear escuchando a las cigarras y el borboteo de las fuentes, apreciando el ritmo lento de la vida rural y recorriendo calles sinuosas y estrechas. Los viernes por la mañana, el mercado local da vida a Eygalières, con la oferta habitual de quesos, carnes y vinos locales. Cada último sábado de mes se celebra un mercado de antigüedades. **La Banaste d'Eygalières** organiza eventos de verano que atraen a coleccionistas de toda la comarca.

Para disfrutar de grandes vistas panorámicas y energía sagrada, se debe caminar los 2 km que median hasta la **Chapelle St-Sixte,** pintada por Van Gogh cuando se alojaba en el hospital mental del cercano St-Rémy. Los cipreses recuerdan que aquí hubo en su día un antiguo templo romano. Una ruta circular más larga entre tomillo y romero hasta Lamanon asegura que el viajero se enamore de Les Alpilles.

PUEBLOS DE LES ALPILLES

La cordillera de Les Alpilles es un destino discreto donde pasaron sus últimos años varios escritores franceses famosos y donde muchas estrellas de Hollywood acuden pretendiendo llevar una vida normal. El atractivo tal vez sean las plazas sombreadas en primavera, las persianas de colores de las casas o los paseos por la naturaleza que invitan a detenerse y a mirar una y otra vez.

El tiempo se ralentiza en esta colección de pueblos únicos, desde Maillane hasta Le Paradou o Mouriès, con una historia y unas costumbres que reflejan la generosidad de Provenza.

Para los que buscan una vida tranquila, no hay nada mejor que esto.

DÓNDE COMER EN LES BAUX-DE-PROVENCE

Restaurant de la Reine Jeanne
Cenar sobre una caída tremenda, con las vistas más impresionantes del pueblo. €€

Restaurant Le Mas d'Aigret
Interior de piedra antigua en un comedor troglodita, y un patio encantador con un entorno impresionante. €€

La Terrasse Des Baux
Para tomar creps dulces o helados con vistas al valle. €€

STES-MARIES-DE-LA-MER

Saintes-Maries-de-la-Mer está envuelta en su propio misticismo, que la diferencia de la típica población costera con playas bonitas. Hechizó a Hemingway, a Van Gogh y a Picasso, y fue un lugar sagrado para celtas, romanos y cristianos.

No es raro encontrar turistas sentados en las terrazas mientras los vecinos se juntan en el bar bajo las cabezas de toro de la pared. Se ven muchos recuerdos de corridas de toros; en verano, el coso del pueblo se convierte en escenario de conciertos.

Hoy en día, el centro parece un pueblo turístico español con un bar tras otro y restaurantes a cada paso. Es un lugar lleno de postales, flamencos de peluche, vestidos de verano y pedicuras de peces, pero no hay que desanimarse. Cada año, el 24 de mayo, se celebra una reunión de la comunidad romaní, que viaja desde los lugares más lejanos para celebrar el espectacular Pèlerinage des Gitans.

CÓMO DESPLAZARSE

Saintes-Maries-de-la-Mer se explora fácilmente a pie o en bicicleta. Envia (tout-envia.com) tiene autobuses a/desde Arlés (línea 50, 1 €, 50 min).

Peregrinaje a Notre-Dame-de-la-Mer

La veneración de Santa Sara

Saintes-Maries-de-la-Mer pasó de ser un pueblecito de pescadores a una población en torno a una iglesia románica del s. XII, **Notre-Dame-de-la-Mer,** mitad lugar sagrado y mitad fortaleza costera. Desde la azotea se obtienen unas vistas magníficas. Incluso como destino turístico, la iglesia sigue siendo importante para el pueblo. Es probable que sea el primer enclave del cristianismo en la Camarga.

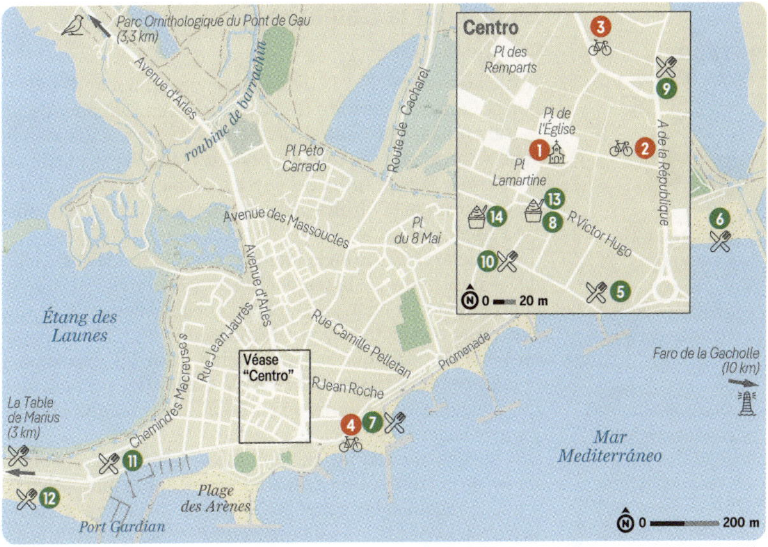

PUNTOS DE INTERÉS
1 Notre-Dame-de-la-Mer

ACTIVIDADES, CURSOS Y CIRCUITOS
2 Le Vélo Saintois
3 Le Vélociste
4 Trot'nalex

DÓNDE COMER
5 La Siesta
6 Bambou Palm Beach
7 Boho Beach
8 Glacier Pierre Morere
9 La Bodega Kahlua
10 La Casita
11 Le Jardin des Délices
12 Le Seven
13 Maison Meire Glacier
14 Thaice Cream

En la cripta se encuentra la estatua de la patrona del pueblo gitano, santa Sara. Según la leyenda local, fue la sirvienta de María Magdalena, que desembarcó aquí con Lázaro, María Salomé y María de Cleofás, después de huir de la persecución en Tierra Santa en el año 45; todas fueron canonizadas después de difundir el evangelio. Sara Kali (o Sara la Negra) es adorada por la comunidad de romaníes, *manouches,* zíngaros y gitanos, que se reúnen aquí en su peregrinación primaveral.

El pueblo cobra vida con ese momento de reencuentro. Mucha gente acampa en las calles y la playa; incluso hubo una época en la que los peregrinos dormían junto a la santa en la cripta. Antes del desarrollo del teléfono, estas comunidades dispares (que no tenían otra forma de mantenerse en contacto) regresaban cada año a Saintes-Maries-de-la-Mer para mantenerse al día respecto a las vidas de los demás. Sus hijos recién nacidos también eran bautizados en la iglesia, en intensas y ruidosas ceremonias a la luz de las velas, que han cambiado poco a lo largo de los siglos.

Las procesiones de dos días simbolizan la llegada de Sara y sus acompañantes en barco. Es un espectáculo dramático, en el que *gardians* montan a caballo hasta el mar, llevando las estatuas de las santas. Al volver a la iglesia, la música y las campanas repican con fuerza por toda la villa.

CONSEJO

La mejor manera de disfrutar de Stes-Maries es explorando sus playas espectaculares y sus alrededores. Es esencial conocer a los lugareños; saben cómo aprovechar al máximo su región y gozan compartiendo sus experiencias.

HELADOS PARA TODOS

Corinne Viala es la propietaria de Yoko Concept, una *boutique* de decoración del hogar *@yokoconcept.*

Nació en Stes-Maries y el linaje de su familia se remonta a más de un siglo. Comparte sus recomendaciones favoritas sobre helados.

Thaice Cream
Sus helados y sorbetes de estilo tailandés son naturales, ecológicos y sin azúcares añadidos. Me encantan. **€**

Glacier Pierre Morere
Tienen el mejor helado de pistacho de la historia... ¡y también hay una amplia variedad de sorbetes veganos! **€**

Maison Meire Glacier
Esta tienda ha estado siempre aquí y he comido sus helados toda mi vida. **€**

En bici por la Camarga

Con el pelo al viento

Al alejarse del pueblo, la tierra se convierte en mar. Pedalear por la Camarga permite disfrutar del buen tiempo y de un paisaje único, salpicado de flamencos rosados, caballos salvajes y toros negros. Aunque todo esto también se puede ver a través de la ventanilla del coche, la conexión con el entorno es mucho más íntima pedaleando y notando la brisa marina en el pelo.

Si se tiene el viento en la espalda, se explorará la costa lejos de las multitudes de la temporada alta. Sin embargo, si se va contra el viento mistral, al menos queda el consuelo de que el camino de vuelta a casa será bastante más fácil. La popular pista de tierra que sale del pueblo, entre las marismas y el mar, conduce hasta el **faro de la Gacholle,** sin personal, que funciona con energía solar. Es un lugar magnífico para parar y hacer un pícnic.

Se pueden alquilar bicicletas en **Le Vélociste** (se recomienda las de carretera tipo *gravel*). El personal es muy servicial y puede recomendar rutas por el parque nacional. Recorrer la carretera de Méjanes da una verdadera sensación de espa-

TALJAT DAVID/SHUTTERSTOCK ©

Stes-Maries-de-la-Mer.

DÓNDE DESAYUNAR EN STES-MARIES-DE-LA-MER

La Bohème by JF
Local *hipster* bien montado que sirve muy buen café. **€€**

Le Fournil Saintois
La mejor pastelería y panadería del pueblo. No tiene competencia. **€**

Rooftop
Café y huevos sobre la arena caliente. **€€**

cio abierto. Al seguir las ensenadas hacia el interior, se puede ver a los *gardians* galopando sobre caballos blancos. Para los ciclistas con energía ilimitada, los recorridos combinados permiten pasar de una bicicleta a un caballo o una canoa.

La tienda de bicicletas **Le Vélo Saintois** (en el este del pueblo) es una buena opción para familias. Alquilan bicicletas hasta una semana y están encantados de sugerir rutas adecuadas. **Trot'nalex** cuenta con una completa gama de bicicletas eléctricas para quien quiera ir más allá pedaleando menos.

Observación de aves en el Parc Ornithologique

El cielo se llena de flamencos

Si el viajero todavía no es un amante de las aves, una visita al **Parc Ornithologique du Pont de Gau** podría convertirlo en uno de ellos. Esta reserva natural, enclavada 4 km al norte por la D570, abarca 60 Ha de bellos humedales. En ella habitan más de 200 especies de aves migratorias durante todo el año. Se pueden explorar a pie por 7 km de senderos, utilizando escondites que permiten acercarse a las aves como si se tratara de un documental de vida silvestre. Es maravilloso observar la belleza indescriptible de los flamencos sobrevolando por encima o verlos de cerca reuniéndose en el agua o en medio de la hierba tupida.

Garzas, cigüeñas, garcetas, cercetas, avocetas, abubillas y somormujos son algunas de las aves que se pueden ver, dependiendo de la época del año. Los halcones vuelan con gran majestuosidad a través de los prismáticos.

El parque fue concebido como una utopía casi artificial para la vida silvestre de la Camarga: algunas aves han renunciado a migrar y viven aquí en ensenadas repobladas con la flora y la fauna más adecuadas para que prosperen. Es un lugar enfocado a educar a los visitantes para que entiendan el frágil equilibrio del ecosistema, y resulta perfecto como actividad familiar.

El mejor momento para sacar fotografías es a última hora de la tarde, para evitar el resplandor. A principios de otoño, pueden verse puestas de sol de tonos pastel y flamencos en su momento más rosado, lo cual permite disfrutar de una estampa inolvidable.

COMER EN LA PLAYA

Alexis Larrazet es el propietario de Trot'nalex, una tienda de alquiler de bicicletas eléctricas en el paseo marítimo. Estos son sus lugares de playa favoritos.

Boho Beach
Lo tengo justo delante, así que puedo estar allí en un minuto, con los pies en la arena y tapas para picar. **€€**

Le Seven
Totalmente dedicado al pescado. Es un restaurante donde querrás quedarte todo el día. **€€**

Bambou Palm Beach
Tiene tumbonas supercómodas. ¡Un poco de lujo siempre es bueno! **€€**

DÓNDE DORMIR EN STES-MARIES-DE-LA-MER

Hôtel Les Palmiers
Ubicación excelente a pocos metros de la playa y en el centro del pueblo. **€**

Mas des Lys
Hotel acogedor con habitaciones sencillas tipo chalé y piscina. **€€**

Hôtel Casa Marina
Hotel-*boutique* moderno y luminoso en la playa. Buena opción familiar. **€€**

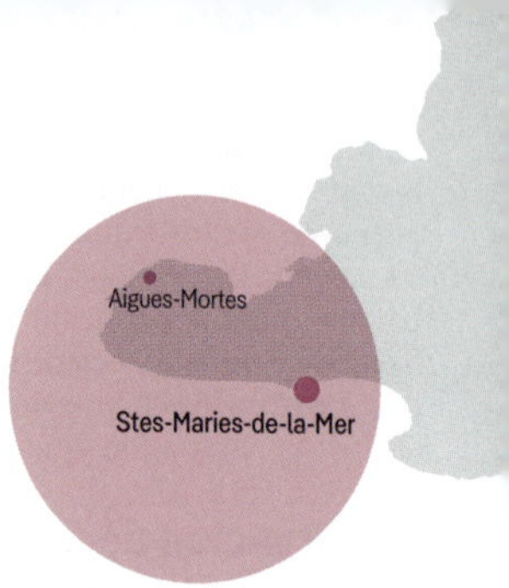

Alrededores de Stes-Maries-de-la-Mer

Sumergirse en la Camarga es conectar con una forma de vida única y atemporal.

CÓMO DESPLAZARSE

La belleza de visitar una región tan salvaje y casi sin caminos es que a veces se está solo en un lugar que parece alejado de la civilización. Alquilar un coche es la mejor manera de moverse por este rincón remoto del Mediterráneo.

Al adentrarse cada vez más en la Camarga, se aprende sobre la vida en estas tierras, sin parar de espantar los mosquitos que se le posan a uno en el cuello. Es una zona congelada en invierno y muy húmeda en verano, un lugar ideal para vivir una experiencia mágica, casi psicotrópica. ¿En qué otro sitio se puede encontrar un mundo de caballeros, personajes bíblicos y animales incansables que campan libremente por la región?

El pueblo medieval fortificado de Aigues-Mortes es un punto de partida ideal para explorar la zona. En realidad, se encuentra más allá de la frontera de Provenza, en el *département* de Gard, 28 km al noroeste de Saintes-Maries-de-la-Mer, en el extremo occidental del delta del Ródano.

Recorrer las murallas de Aigues-Mortes

La ciudad de las aguas muertas

El pueblo medieval de **Aigues-Mortes,** Patrimonio Mundial de la Unesco, se encuentra en las marismas llanas de la Camarga, junto al Mediterráneo. Las vistas panorámicas desde las murallas de la fortaleza abarcan las peculiares salinas rosadas al sur, que llevan siglos produciendo la famosa sal de la región. Fue construida por Luis IX, y aquí se inició la cruzada del rey francés en el s. XIII. Contemplando las torres y almenas de la ciudadela, es fácil imaginarse la escena.

Lo primero que hay que hacer es recorrer las murallas y subir a la **torre de Constance,** que permite hacerse una idea sobre cómo se defendía una ciudad fortificada. Estas murallas de 1,6 km de largo ofrecen vistas excelentes no solo de los te-

CONSEJO

Es mejor evitar la temporada alta de verano. A principios de junio hace calor pero no hay multitudes.

Salinas de Aigues-Mortes.

jados de la localidad, sino también de las aguas rosadas. Desde lo alto del baluarte, los ángulos harán las delicias de los fotógrafos. La repentina tranquilidad de su interior supone una sorpresa conmovedora. En su día fue una prisión tanto para los templarios como para los hugonotes. Ahora parece casi una capilla, con sus techos abovedados iluminados bellamente por dentro.

Los cruzados han sido sustituidos por los turistas, pero es muy agradable pasear por sus calles largas y estrechas, que siempre parecen conducir a la plaza principal: **Place St-Louis.** En temporada alta, Aigues-Mortes rebosa energía y se llenan las terrazas de restaurantes y cafeterías, pero persiste la sensación de que el pueblo está perfectamente conservado. Un extraño mundo rectangular. Los amantes de las iglesias góticas disfrutarán de un momento tranquilo en **Notre-Dame-des-Sablons.**

'FLEUR DE SEL'

Los tonos rosados de las salinas que rodean Aigues-Mortes son preciosos desde las murallas. Incluso antes de la época romana, estas marismas ya se utilizaban para la producción de sal. Hoy en día, Les Salins du Midi siguen extrayendo 500 000 toneladas al año.

La técnica consiste en bombear agua del Mediterráneo, que se deja evaporar en medio del fuerte viento mistral; la *fleur de sel* cristalizada se acumula en pilas y se deja reposar bajo el sol ardiente.

Se pueden alquilar bicicletas eléctricas en la entrada, pero es más recomendable alquilarlas en el pueblo e ir pedaleando hasta las salinas. De camino, se verán los flamencos rosados que se han asentado en estas aguas mágicas.

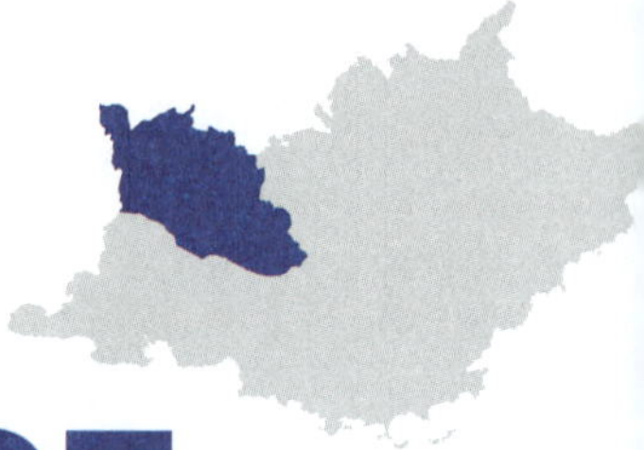

VAUCLUSE Y EL LUBERON

MONTAÑAS, VINO Y SOL

Es hora de descubrir las varias caras de Vaucluse: pueblos soleados sobre las colinas, paseos en bicicleta y muchos mercados locales.

En Vaucluse, una cosa parece conducir a otra. Se empieza en Aviñón, una ciudad que en fue sede papal y que hoy acoge el mayor festival de teatro de Francia; con los viñedos que producen el Châteauneuf-du-Pape en las proximidades. Y a lo lejos, el Mont Ventoux, el gigante provenzal, destino ciclista por excelencia. A sus pies se halla el pueblo de Sault con sus campos de lavanda. Más al sur está la meseta de Claperèdes, cubierta de flores, dentro del Parc Naturel Régional du Luberon. En el lado norte del parque, sorprenden los tonos rojos, amarillos y naranjas de los acantilados de ocre y las formaciones rocosas del Colorado Provenzal. Y más al oeste, sobre una colina se alza Gordes, el pueblo más bonito del mundo (galardonado como tal).

FOKKE BAARSSEN/SHUTTERSTOCK ©

Detrás de Gordes surgen los montes de Vaucluse, en cuyos pliegues se esconden aldeas pastoriles; en sus estribaciones se sitúa L'Isle-sur-la-Sorgue, capital francesa de las antigüedades. De vuelta al Luberon, se encuentran villas elegantes y restaurantes innovadores a los pies de castillos en ruinas, donde en su día pasaron sus vacaciones nobles como el marqués de Sade. Y todo esto no es ni la mitad. Incluso viviendo en el Luberon, no se puede ver todo: estas son solo unas cuantas recomendaciones.

Recuadro: Gordes (p. 206); pág. opuesta: estación meteorológica, Mont Ventoux (p. 198).

ZONAS PRINCIPALES

AVIÑÓN	CARPENTRAS	SAULT
Densa ciudad medieval apasionada por los escenarios.	Clásico pueblo provenzal con mercados de trufas y fresas.	Felicidad rural en una meseta exuberante.
p. 184	p. 190	p. 196

DANIEL DALE/SHUTTERSTOCK ©

Orientarse

Se puede llegar a Aviñón en TGV y alquilar un coche para descubrir los pueblos de Vaucluse, Ventoux o el Luberon. También hay muchas opciones en bicicleta.

AUTOBÚS

Vaucluse y el Luberon tiene una buena red de autobuses Zou!, cómodos y limpios, ideales para salidas urbanas. Para llegar a pueblos lejanos, es mejor tener bicicleta o coche.

BICICLETA

Con un sinfín de carreteras secundarias, Vaucluse y el Luberon son de las mejores zonas ciclistas en Francia. Muchos pueblos tienen una tienda de alquiler de bicicletas, y la bici eléctrica puede ser una gran solución para salidas cortas.

AUTOMÓVIL

Para salidas de un día y excursiones, se puede utilizar Blablacar (blablacar.fr), la aplicación francesa para compartir viajes. Los precios son razonables y, siempre que el destino no suponga un gran desvío, suelen llevar al pasajero hasta allí.

Carpentras, p. 190
Los puestos del que es uno de los mejores mercados de Provenza proveen de fresas y trufas.

Sault, p. 196
Campos de lavanda para admirar, desfiladeros para caminar y el Mont Ventoux para subir en bicicleta.

Aviñón, p. 184

La ciudad medieval de los papas y las luchas de poder, hoy cobra vida en verano con el mayor festival de teatro de Francia.

L'Isle-sur-la-Sorgue, p. 202

Atrae tanto a amantes de las antigüedades como a la juventud más estilosa. Buen lugar para ir de compras a la provenzal.

Norte del Luberon , p. 209

Desde pueblos en las colinas hasta acantilados de ocre y restos prehistóricos en esta zona salvaje llena de misterio.

Sur del Luberon , p. 221

Zona epicúrea, chic y soleada donde disfrutar de cocina *gourmet*, buen vino y un animado panorama veraniego.

Planificarse

Con tanto que explorar, es imposible ver todo Vaucluse y el Luberon de una sola vez. Hay que dedicarle unos días.

MARINA VN/SHUTTERSTOCK ©

Iglesia Vieja, Bonnieux (p. 217).

Provenza en bicicleta

- Para el ciclista de ocio, subirse a una bici eléctrica y recorrer los **pueblos de montaña** (p. 216) del norte del Luberon es una experiencia accesible e inolvidable.

- Un poco más exigente es la ruta circular de los **montes de Vaucluse** (p. 208), por colinas salvajes y aromáticas.

- El verdadero desafío es el **Mont Ventoux.** Es preciso salir temprano para empezar el ascenso a la mítica cumbre del gigante de Provenza. Hay tres **rutas de subida** (pp. 198, 200, 201) y cada cual debe elegir la adecuada.

Destacado por temporada

Los inviernos suelen ser suaves, pero el mistral puede cambiarlo todo en segundos. Los veranos son calurosos, pero la primavera y el otoño son perfectos.

FEBRERO

Temporada alta de trufas. En los **'marchés aux truffes'** (p. 190) de Carpentras se comercia con este oro negro.

ABRIL

El Luberon despierta con la primavera; los espárragos silvestres aparecen en las cartas de los restaurantes.

MAYO

Tiempo cálido, ideal para el senderismo, el ciclismo y la escalada hasta que llega el calor (hacia el final del mes).

DE IZDA. A DCHA.: VÉRONIQUE PAGNIER-OWN WORK, CC BY-SA 3.0, VIA WIKIMEDIA COMMONS ©, CBETA/SHUTTERSTOCK ©, GERTVANSANTEN/SHUTTERSTOCK ©

Cuatro días para viajar

- Al llegar a Aviñón, se visita el **Palais des Papes** (p. 186) y se pasea por el casco antiguo.
- Al día siguiente, se va a las **Dentelles de Montmirail** (p. 193) para probar el vino Beaumes-de-Venise y ver la puesta de sol sobre el Mont Ventoux (p. 220).
- Hay que conducir hasta **L'Isle-sur-la-Sorgue** (p. 203) para visitar los mercados de antigüedades y dar un paseo por la orilla del río en L'Isle-sur-la-Sorgue o en **Fontaine-de-Vaucluse** (p. 205).
- Debe empezarse temprano para visitar **Gordes** al amanecer (p. 206) y luego la **abadía de Notre-Dame de Sénanque** (p. 206), escondida en un pequeño cañón.
- Se puede cenar en **Venasque** (p. 208), al otro lado de los montes de Vaucluse, y luego volver a Aviñón.

Una semana en el Luberon

- Hay que elegir un pueblo para instalarse: **Ménerbes** (p. 216), **Saignon** (p. 210) o **Bonnieux** (p. 217).
- Lo primero es pasear por el **Fôret des Cèdres** (p. 223) antes de atardecer.
- Se sale temprano para visitar las colinas ocres y participar en un taller en el Écomusée de **Roussillon** (p. 218).
- **Forcalquier** (p. 215) y **Manosque** (p. 214) sumergen en la Provenza del novelista Jean Giono.
- Se impone alquilar una bicicleta para moverse entre pueblos como **Ménerbes** o **Lacoste** (p. 216).
- Tras descubrir **Lourmarin** (p. 222), se puede cenar en un restaurante elegante y ecológico.
- Lo ideal es alquilar un coche para recorrer el **sur del Luberon** (p. 224) entre viñedos y *châteaux*.

JULIO

La lavanda está en flor y el teatro, en pleno apogeo para el **Festival de Aviñón** (p. 187).

AGOSTO

Por todo el Luberon se empiezan a celebrar **'fête votive'** (fiestas del pueblo).

SEPTIEMBRE

Empieza la **'vendage'** (vendimia). En muchos pueblos se hace una gran fiesta, como en **Oppède-le-Vieux** (p. 220).

DICIEMBRE

Al acabar la cosecha de la aceituna en noviembre, los lugareños se preparan para una Navidad provenzal con los trece postres.

AVIÑÓN

Aviñón, a orillas del Ródano, es la puerta de entrada a Provenza y es ineludible parar aquí al principio o al final del viaje. Dentro del casco antiguo amurallado, se descubre su historia como ciudad papal, se visitan los numerosos jardines provenzales y se observa a la gente desde una plaza frondosa o una cafetería en una zona peatonal. Muchos restaurantes tienen terraza y carta de temporada que presume de los sabores de las ricas llanuras agrícolas junto a los ríos Ródano y Durance. Y no hay que perderse la oferta museística: hay media docena de museos con colecciones de pintura provenzal e italiana de primera categoría, además de galerías y museos contemporáneos. En julio, la ciudad se llena de gente durante el Festival de Aviñón. Las compañías de teatro pasean por las estrechas calles con todo su vestuario para promocionar las obras, y la ciudad entera es como un gran escenario.

ESCENARIOS DEL FESTIVAL

Preparar el escenario es un momento importante del ámbito teatral, y Aviñón no carece de entornos creativos, como la **Carrière de Boulbon,** una antigua cantera de piedra caliza a las afueras; vale la pena el paseo (si se consiguen entradas). Pero los más emblemáticos quizá sean los antiguos patios papales y de la abadía.

Dondequiera que iban los papas, les seguían grandes proyectos de construcción. Durante su estancia de 100 años en Aviñón, encargaron los patios, jardines y capillas que ahora albergan algunos de los teatros más singulares del Festival de Aviñón. Se recomienda asistir a una representación en el **Cour d'Honneur du Palais des Papes,** la **Chapelle des Pénitents Blancs** o el **Cloître des Célestins.**

Arte en Aviñón

De los galos a la era digital

Durante los días de canícula veraniega, nada mejor que visitar los magníficos museos de Aviñón. Todos están cerca uno de otro a pie. En lo alto de la lista se encuentra el **Musée du Petit Palais,** que fue palacio arzobispal en los ss. XIV y XV. Alberga destacadas colecciones de pintura religiosa italiana primitiva de los ss. XIII al XVI. La obra más famosa es *La Virgen y el Niño* (1470) de Botticelli.

El diminuto **Musée Angladon** posee una colección impresionante de obras realistas, impresionistas y expresionistas, de pintores como Cézanne, Sisley, Manet, Modigliani, Degas y Picasso. Pero la pieza estrella es *Vagones de ferrocarril,* de Van Gogh, la única pintura del artista que se exhibe en Provenza: la tierra en realidad no es pintura, sino lienzo desnudo.

El elegante Hôtel de Villeneuve-Martignan (construido entre 1741 y 1754) brinda un telón de fondo adecuado para las bellas

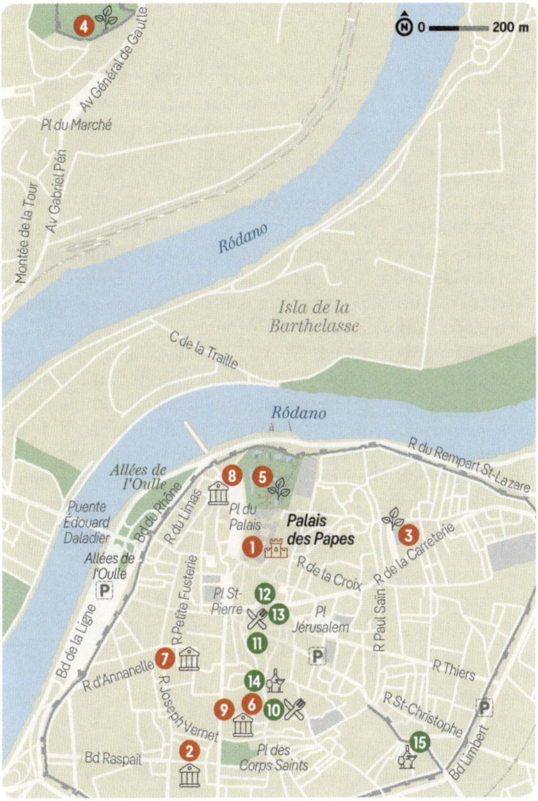

IMPRESCINDIBLE
1 Palais des Papes

PUNTOS DE INTERÉS
2 Collection Lambert
3 Jardin des Carmes
4 Jardins de St-André
5 Jardins des Doms
6 Musée Angladon
7 Musée Calvet
8 Musée du Petit Palais
9 Musée Lapidaire

DÓNDE COMER
10 Fou de Fafa
11 Graines de Piment
12 L'Épicerie
13 Restaurant Le Coin Caché

DÓNDE BEBER Y VIDA NOCTURNA
14 Grand Café Barretta
15 Rue des Teinturiers

artes de Aviñón, el **Musée Calvet,** con óleos de los ss. XVI al XX, interesantes piezas prehistóricas, hierro forjado del s. XV y los paisajes alargados del artista aviñonés Joseph Vernet.

El **Musée Lapidaire** ocupa la llamativa capilla jesuita de la ciudad con la colección arqueológica del Musée Calvet. Contiene artefactos griegos, etruscos y romanos, pero lo más llamativo son las piezas galas, que incluyen máscaras grotescas y figuras extrañas.

Finalmente, la **Collection Lambert** es el museo de arte contemporáneo de Aviñón. Se centra en obras desde los años sesenta hasta la actualidad. Hay desde arte minimalista y conceptual hasta vídeo y fotografía, en marcado contraste con la mansión clásica del s. XVIII que lo alberga.

CONSEJO

Si se busca alojamiento en un período muy concurrido y no queda nada dentro de las murallas de Aviñón, es posible alojarse en Villeneuve-lès-Avignon, al otro lado del Ródano. Hay lanzaderas regulares y el servicio de bicicletas compartidas Velopop' tiene estaciones allí.

LOS MEJORES SITIOS PARA OBSERVAR GENTE EN AVIÑÓN

Rue des Teinturiers
Hay media docena de bares en esta estrecha calle junto a un pequeño canal. Se busca una silla y a disfrutar. €

Grand Café Barretta
En el mismo edificio que la primera cafetería de Aviñón. Amplia terraza bajo un gran plátano. €

Restaurant Le Coin Caché
Restaurante de gama media escondido bajo los castaños del lado norte de la basílica de St-Pierre. €€

PASEO POR EL VIEJO AVIÑÓN

Se empieza en el **1 Pont St-Bénézet,** o Pont d'Avignon (entrada combinada con el Palais des Papes; se usará más adelante en este paseo). El puente es famoso por su inutilidad: a lo largo de los siglos, arco tras arco fueron arrastrados por desbordamientos del Ródano. Tras cruzar la carretera se entra en las murallas de la ciudad. Los pasos dirigen al sombreado **2 Jardin des Doms,** que domina Villeneuve-lès-Avignon a un lado y todo Aviñón al otro. Antes de salir del parque, hay que visitar **3 Notre-Dame-des-Doms d'Avignon,** donde yacen los papas Juan XXII, quien instaló el papado en Aviñón, y su sucesor, Benedicto XII. Se sigue con el grandioso **4 Palais des Papes,** el palacio gótico más grande jamás construido, erigido por el papa Clemente V, que abandonó Roma en 1309 a raíz de un altercado violento tras su elección. La visita dura 1 h. Algunas salas no están amuebladas, pero se puede imaginar cómo eran mediante tabletas interactivas. Fuera, se visitan los huertos *(vergers),* creados por el papa Urbano V y dedicados a su infancia en las Cevenas; invirtió grandes sumas de dinero para mantener los **5 huertos** y los jardines. Luego se baja por Rue Banasterie hasta la **6 basílica de St-Pierre,** ostentosa iglesia gótica iniciada en el s. XIV, considerada una buena representación de la arquitectura y el arte de la época. En ella destaca la puerta de nogal tallada. El paseo termina volviendo a las **7 murallas,** que fueron construidas en tiempos de Inocencio VI (s. XIV) para proteger la ciudad de los mercenarios ingleses durante la Guerra de los Cien Años.

Descubrir el Festival de Aviñón

¡Arriba el telón!

El **Festival d'Avignon** es uno de los más grandes y reconocidos del mundo en artes escénicas. Durante tres semanas de julio, esta ciudad tranquila se convierte en un hervidero de teatro. Los espectáculos son casi todos en francés, pero algunos están en otros idiomas o son de teatro no verbal.

El festival oficial, **Avignon In** (festival-avignon.com), tiene lugar en toda la ciudad. El epicentro es el casco antiguo, declarado Patrimonio Mundial. Las entradas salen a la venta en abril y se agotan rápidamente; las de reventa se anuncian en un tablón en la taquilla del Cloître St-Louis. El festival alternativo no oficial, **Avignon Off** (festivaloffavignon.com), se celebra en el mismo período. La diferencia entre los dos radica en la selección y la promoción de las actuaciones: la del festival In la realiza un jurado. El festival Off es totalmente independiente: las compañías son responsables de inscribir su obra, alquilar un espacio y promocionarla. Si se quiere ver una obra aclamada, hay que asistir al In; si prefiere algo más alternativo, al Off.

Jardines provenzales

Un refugio verde

En Aviñón y alrededores hay gran cantidad de jardines provenzales, deliciosos para pasear. Dentro de las murallas se puede ver el **Jardin des Doms** (con vistas al palacio papal y la ciudad), el **Jardin des Carmes** (un jardincito tranquilo fuera de la iglesia homónima) o la **plaza Agricol Perdiguier** (que fue el patio de una abadía).

Vale la pena cruzar el Ródano para ver los **Jardins de St-André** y su abadía del s. x en Villeneuve-lès-Avignon, ideal para pasar una tarde de primavera u otoño.

EL GRAN CISMA

Aviñón consiguió sus murallas y su reputación artística y cultural en el s. XIV, cuando el papa Clemente V huyó de la agitación política de Roma. Entre 1309 y 1377, siete papas nacidos en Francia invirtieron enormes sumas de dinero en el palacio papal y ofrecieron asilo a judíos y disidentes políticos.

Gregorio XI abandonó Aviñón en 1376; su muerte dos años después condujo al Gran Cisma (1378-1417), durante el cual los papas rivales (hasta tres a la vez) residieron en Roma y Aviñón, denunciándose y excomulgándose entre ellos.

Incluso después de que el asunto se resolviera y un papa imparcial (Martín V) se estableciera en Roma, Aviñón permaneció bajo el gobierno papal. Aviñón y el Condado Venesino (ahora el *département* de Vaucluse) fueron gobernados por legados papales hasta 1791.

DÓNDE COMER EN AVIÑÓN

Fou de Fafa
Cenas de cuatro platos inspiradas en la cocina mediterránea y provenzal. Excelente carta de vinos. Con reserva. **€€**

Graines de Piment
Bistró asequible y sabroso en la plaza principal, que ofrece a los jóvenes desfavorecidos la oportunidad de adquirir experiencia. **€**

L'Épicerie
Bistró francés clásico y rústico en el corazón de Aviñón. Muchos platos generosos de carne y también opciones veganas. **€€**

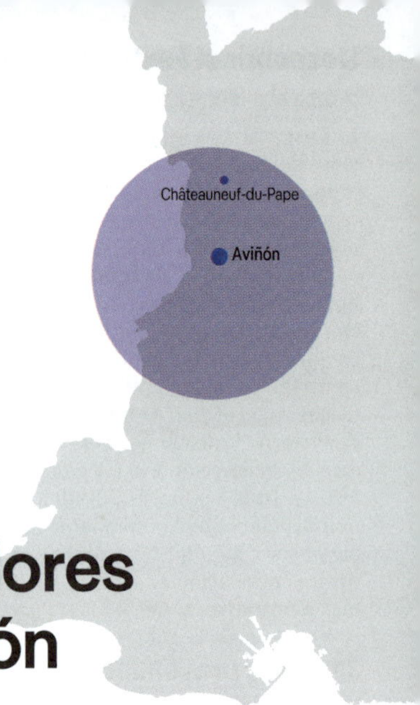

Alrededores de Aviñón

Un sorbo de Châteauneuf-du-Pape puede transportar a cualquiera a un paraíso terrenal.

Châteauneuf-du-Pape es uno de los *terroirs* más famosos del mundo. Los viñedos donde se produce están cubiertos de rocas de río que absorben calor solar durante el día y la liberan por la noche, creando el clima perfecto para el cultivo de las uvas con las que se elabora este vino legendario. Pero en Châteauneuf-du-Pape hay mucho más. El vino fue el elegido por los papas en el s. XIV y sigue deleitando a los enólogos con sus complejos sabores y aromas. Desde la mezcla de 13 variedades de uva hasta el clima y el suelo en el que se cultiva, hay muchos secretos que lo hacen tan especial.

CÓMO DESPLAZARSE

Se puede tomar el autobús 992 de Zou! desde Aviñón hasta el pueblo de Châteauneuf-du-Pape (unos 30 min), pero para llegar a los viñedos hace falta coche.

Catar buenos vinos en Châteauneuf

Sello de aprobación papal

Incluso en el mundo del vino, **Châteauneuf-du-Pape** conserva un sello especial. Está 18 km al norte de Aviñón y quizá sea la más conocida de las denominaciones del Ródano, apreciada por enófilos de todo el mundo. Combina hasta 13 variedades de uva: *garnacha, syrah, mourvèdre, cinsault, muscardin, counoise, vaccarèse, picpoul, terret noir, clairette, bour-boulenc, roussane* y *picardon*. La mayoría de los vinos son menos complejos (incluso en Francia).

Cada productor tiene su receta. Cada parcela de 1 Ha no puede producir más de 35 litros de vino, por lo que solo se seleccionan las mejores uvas. Al igual que otros vinos Côtes

CONSEJO

Si se tiene prisa, se puede visitar un bar de vinos; de lo contrario, nada mejor que una visita a los viñedos.

BARMALINI/SHUTTERSTOCK ©

Châteauneuf-du-Pape.

du Rhône, las uvas de Châteauneuf-du-Pape se cultivan a lo largo del Ródano, en suelo arcilloso cubierto con roca de río, que absorbe el calor del sol durante el día y lo difunde por la noche, proporcionando a las raíces una temperatura constante.

El castillo sobre la colina que da nombre al vino fue construido en el s. XIV como residencia de verano para los papas de Aviñón, pero ahora solo quedan ruinas: fue desmantelado para usar la piedra después de la Revolución francesa y bombardeado por Alemania durante la II Guerra Mundial. El pueblo es precioso para una salida de un día. Muchos recién casados eligen botellas para llevarse a casa y disfrutar de ellas en sus aniversarios: es un vino que se conserva mucho tiempo.

Si se viaja con niños, **Château Fortia** organiza un divertido juego de escapada en los viñedos. El reloj avanza mientras se sigue la historia del *domaine,* intentando reunir los números de un código que desbloquea un vino especial. A los que tienen éxito les espera una buena cata.

VIÑEDOS A VISITAR

Château Mont-Redon
A 3 km de Châteauneuf-du-Pape, Mont-Redon tiene una ubicación magnífica entre extensos viñedos. Se visita el viñedo familiar y venden botellas: estos vinos mejoran con la edad. Durante la visita, se aprende cuánto tiempo hay que guardar cada vino antes de beberlo.

Maison Ogier
Vinos ecológicos con mucha personalidad y frescura, que proviene de la gran proporción de garnacha en el *coupage*.

Domaine Usseglio Raymond & Fils
Viñedo familiar biodinámico con una buena selección de vinos y una cálida bienvenida a la bodega.

École des Vins Mouriesse
Se puede ir más allá de la cata de vinos y asistir a un taller de *coupage* en Châteauneuf-du-Pape.

CARPENTRAS

Conocida por sus mercados de trufas negras, la ciudad tiene mucho que ofrecer a quien esté dispuesto a dedicarle algo de tiempo. Es menos turística que Aviñón o L'Isle-sur-la-Sorgue, y su centro es un buen ejemplo de ciudad provenzal moderna, donde la vida se mueve a un ritmo relajado, pero no perezoso.

Las calles estrechas y los plátanos tratan de ofrecer sombra en los calurosos veranos, mientras que las curvas y giros bruscos de las calles ayudan a bloquear el viento mistral en invierno. Algunas tiendas locales que no hay que perderse incluyen La Maison Jouvard (dulces) y Glory Days Vintage (ropa de segunda mano).

En los viñedos circundantes, se puede ir más allá de Côtes du Rhône y descubrir las excelentes variedades locales catando Gigondas, Vacqueyras y Beaumes-de-Venise. En las noches de verano, muchos viñedos organizan conciertos y *apéritifs* semanales.

CÓMO DESPLAZARSE

El centro de Carpentras se puede recorrer a pie. Conviene aparcar fuera de la ciudad y seguir a pie, para evitar conducir por las calles de sentido único. La estación de tren tiene conexiones frecuentes con Aviñón, y el autobús Zou! recorre la ciudad y sus alrededores.

Capital de la trufa

Descubrir el mercado del hongo subterráneo

No deben dejarse de visitar los mercados de Carpentras. Se estima que la región de Vaucluse produce el 70% de las trufas negras de Francia.

El **mercado de trufas ('marché aux truffes')** del viernes por la mañana en Place Aristide Briand (noviembre a marzo) está lejos de los mercados concurridos y bulliciosos de Provenza. Aquí reina el secreto y el misterio, mientras los chefs y mayoristas regatean por las mejores ofertas de trufa. Se puede reservar mesa en **Chez Serge** para disfrutar de platos aromatizados con trufa.

CONSEJO

Si se busca un lugar con ambiente de pueblo y acceso a experiencias típicas provenzales, como catas de vino y visitas a ruinas romanas, ese es Carpentras.

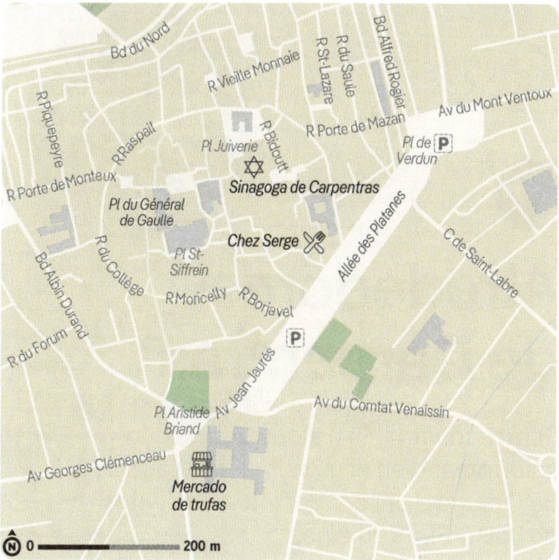

Las trufas de verano son menos apreciadas, pero también tienen su club de fans. De mayo a septiembre, se pueden probar ralladas sobre ensaladas, tortillas o en rodajas y rociadas con aceite de oliva en una tostada.

Historia judía en Provenza

La sinagoga más antigua de Francia

Durante el Papado de Aviñón en el s. XIV, la comunidad judía de Provenza encontró protección en el Condado Venesino (actual Vaucluse). Aunque inicialmente los judíos fueron recibidos en territorio papal, en el s. XVII se vieron obligados a vivir en guetos en Aviñón, Carpentras, Cavaillon y L'Isle-sur-la-Sorgue, y muchas de las sinagogas se destruyeron o arruinaron. La **sinagoga de Carpentras,** en el centro urbano, es la más antigua (1367) todavía en uso en Francia. Puede vislumbrarse la vida judía medieval en el subterráneo, donde hay baños, un matadero *kosher* y hornos de pan. De lunes a viernes se puede visitar por libre u organizar una visita guiada a través de la oficina de turismo. La planta principal revestida de madera fue reconstruida en el s. XVIII y sigue siendo un lugar de culto.

En la región se encuentran también la **sinagoga de Cavaillon** y su **Museo Judeo-Comtadin,** además de la **Mikve** (baño ritual) de Pernes-les-Fontaines.

ESPECIALIDADES REGIONALES

Trufas
La temporada de trufas negras es de noviembre a marzo; la de las trufas de San Juan o de verano, de mayo a septiembre. Conviene probar cualquiera de las dos.

Fresas
La fresa de Carpentras tiene un sabor tan dulce que han surgido un gremio y un festival para protegerla y promocionarla. La temporada va de abril a junio.

Cerezas
En mayo, los puestos del mercado se llenan de la *cerise des coteaux* du Ventoux, una variedad de cereza protegida única de esta región.

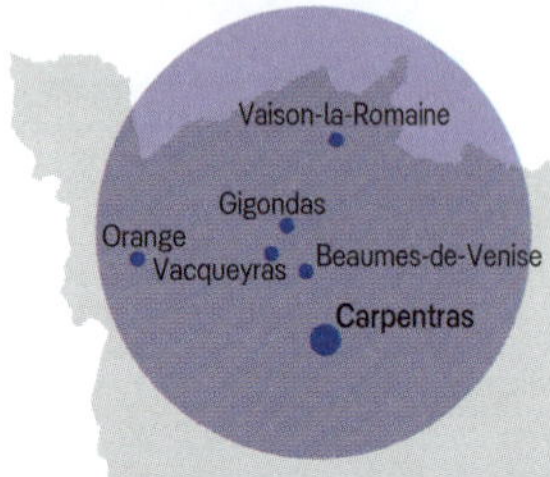

Alrededores de Carpentras

Para reconstruir la historia del imperio galorromano en el monumental teatro de Orange o pasear por los yacimientos de Vaison-la-Romaine.

Se pueden descubrir los vestigios romanos de Vaucluse con escapadas de un día a Orange o Vaison-la-Romaine. El teatro no solo corre en la sangre de Aviñón: en Orange se encuentra uno de los teatros romanos mejor conservados del mundo. Se puede comer a base de delicias provenzales modernas, y luego visitar el resto de la ciudad a pie.

Vaison-la-Romaine se halla sobre un yacimiento galorromano parcialmente excavado de unas 15 Ha, lo cual lo convierte en el museo al aire libre más extenso de Francia. Todas las entradas a los yacimientos sirven durante 24 h. Se pueden visitar las antiguas granjas y aprender sobre la historia de cómo un asentamiento rural se convirtió en una ciudad próspera con su propio puente de peaje, muralla y castillo.

CÓMO DESPLAZARSE

Vaison-la-Romaine y Orange se pueden recorrer a pie; hay varios aparcamientos. Un autobús directo de Orange a Vaison-la-Romaine facilita la visita a las dos poblaciones. La estación de tren de Orange conecta con Aviñón, Valence y Marsella.

Cata de vinos en Vaucluse

Ir más allá de Côtes du Rhône

Los franceses suelen considerar vinos de mesa los de la región de Côtes du Rhône, pero no todos los Côtes du Rhône se merecen esa reputación, y sería una pena irse sin probar una botella de Gigondas, Châteauneuf-du-Pape, Vacqueyras o Beaumes-de-Venise.

Estas cuatro denominaciones crecen a poca distancia de Carpentras (10-20 km), lo cual la convierte en la ciudad perfecta para hacer una ruta del vino. Son uvas bañadas por el sol que

CONSEJO

Vaison es una buena base para salidas a las Dentelles de Montmirail o al Mont Ventoux; hay que reservar alojamiento con antelación.

VINO DIGNO DE UN PAPA

Para degustar las añadas más prestigiosas de la zona, debe irse al pueblo y los viñedos de **Châteauneuf-du-Pape** (p. 188), 22 km al oeste de Carpentras y 18 km al norte de Aviñón.

dependen del agua del valle del Ródano, y crecen en las colinas de piedra caliza y ocre que hay al oeste. En el viñedo de Clos de Caveau, se puede pasear por el sendero natural para conocer mejor la geología y el clima de los viñedos bajo los pliegues de las **Dentelles de Montmirail,** para luego degustar el aromático y potente vino de **Vacqueyras** en la bodega. En **Gigondas,** el Caveau du Gigondas representa a 100 pequeños productores y ofrece catas gratuitas.

La mayoría de los viñedos organiza catas, pero algunos van más allá: en el Domaine de Longue Toque hacen una sesión detallada y personalizada. Son encantadoras las catas de vinos ecológicos y naturales del Domaine de Ferme St-Martin, en las terrazas sobre el pueblo de **Suzette.** Acompañados por un hipnotizador y un sumiller, los visitantes son guiados a un estado de autohipnosis antes de empezar una degustación de uno de los mejores vinos de la región: el **Beaumes-de-Venise,** famoso por su moscatel *or blanc* (oro blanco), preferiblemente joven y servido frío.

Viñedos, Suzette.

DORMIR EN UNOS VIÑEDOS

Domaine de Bellevue
Gîte (casa de huéspedes) y casa de campo de alquiler en las afueras de Beaumes-de-Venise. Habitaciones económicas. El recinto sombreado, el pequeño estanque y el elegante estilo *vintage* contribuyen al encanto. **€€**

Mas l'Evajade
Casa de campo con habitaciones y la opción de dormir en un dormitorio con forma de barrica de vino en pleno Domaine du Rocher des Dames. También en Beaumes-de-Venise. **€€**

Château du Mourre du Tendre
Casa de huéspedes en el jardín del castillo, rodeada de viñedos de Châteauneuf-du-Pape; también hay acceso a la piscina. Se recomienda hacer una cata de vinos de una de las cinco denominaciones que elabora la bodega. **€€**

ESTANCIAS PROVENZALES OPULENTAS ALREDEDOR DE CARPENTRAS

Château Martinay
Se pasa una noche de lujo en este castillo a las afueras de Carpentras. **€€€**

Hôtel le Blason de Provence
A 15 min en coche de Carpentras, en las afueras del encantador pueblo de Monteux. **€€**

Mas Les Fleurs d'Hilaire
Casa de campo restaurada del s. XVIII con cinco habitaciones elegantes, jardín y piscina. **€€**

MERECE LA PENA: NIMES

No muy lejos de Orange se encuentra uno de los vestigios romanos más grandiosos de Francia: la ciudad de **Nimes.** Es fácil visitarla como salida de un día desde Vaucluse. La primera parada puede ser el enorme anfiteatro, que acogía a 24000 espectadores, seguida de una visita al templo romano increíblemente conservado, la **Maison Carée.**

Cuando empieza a hacer calor, se compra comida para hacer un pícnic y se va al **Pont du Gard,** acueducto de piedra de tres niveles que es una maravilla de la ingeniería del s. I. Visita gratuita; aparcamiento 9 €.

Después, cabe recorrer unos kilómetros por la carretera hasta **Collias.** Debajo del pueblo hay una playa pública para refrescarse en el río Gardon.

ROLF E. STAERK/SHUTTERSTOCK ©

Vaison-la-Romaine.

Patrimonio romano vivo

Descubrir Orange en un día

Los amantes del arte y la cultura antiguas no deben saltarse Orange, 21 km al noroeste de Carpentras, aunque solo sea para ver el **Théâtre Antique,** declarado Patrimonio Mundial. Es uno de los tres teatros romanos intactos que quedan en el mundo (los otros están en Siria y Turquía). Con unas dimensiones impresionantes, fue diseñado para albergar a 10000 espectadores. La pared del fondo del escenario tiene 37 m de alto, 103 de ancho y 1,8 de grosor.

Durante las dos primeras semanas de julio, allí se celebra el festival de ópera **Chorégies d'Orange.** El resto del año, se puede reservar con antelación una entrada para su **Odyssée Sonore:** un espectáculo inmersivo de luz y sonido que viaja por el tiempo para conocer a los dioses y los personajes de la mitología.

El **arco de triunfo** está a menos de 1 km del teatro. En su día era la entrada a la ciudad de Arausio, como se conocía a Orange en el 35 a.C. Está tan or-

RUINAS ROMANAS

La Salia Narbonense fue la primera provincia romana más allá de los Alpes italianos. Se pueden ver increíbles anfiteatros, acueductos y villas en **Arlés** (p. 164), **Glanum, La Turbie** (p. 67) y en el **Musée d'Apt** (p. 209) del Luberon.

namentado que los estudiosos lo consideran un ejemplo perfecto de arte romano. Apareció en la película *El código Da Vinci.*

En el **Musée d'Art et d'Histoire** se puede admirar el mosaico *Aux Amphorettes,* de una casa del s. III. Y si se madruga, se puede ver el mercado de los jueves por la mañana, uno de los más antiguos de Provenza (se remonta al s. XV), que cuenta con más de 300 puestos. Para un almuerzo fuera de lo común, cabe reservar mesa en uno de los restaurantes de las cuevas cercanas al anfiteatro.

Vestigios de Vaison-la-Romaine

De villa romana a ciudad medieval fortificada

Mientras que Orange y Arlés tienen grandes monumentos romanos, **Vaison-la-Romaine** (30 km al norte de Carpentras) permite ver la vida cotidiana de la Antigüedad. Se ubica sobre la antigua ciudad galorromana de Vasio Vocontiorum, de la que solo se han excavado algunas partes.

La entrada de los **Sites Antiques de Vaison-la-Romaine** sirven para 24 h, tiempo suficiente para viajar a la época romana y seguir la historia de la ciudad en la Edad Media. Para los visitantes más jóvenes (hasta 12 años), dos de los sitios principales (Puymin y el Museo Théo Desplans) forman parte de un gran juego de pistas, cuyo folleto está disponible gratuitamente en el museo.

Se empieza en el yacimiento de **Puymin,** un antiguo barrio que fue un hervidero de tiendas y plazas públicas. Aquí está también la enorme Maison à l'Apollon Lauré, una mansión con sala de banquetes, cocina, baños privados y mucho más. A continuación, se visita el **Musée Archéologique Théo Desplans** para admirar una amplia colección de estatuas de mármol y otros objetos. El cercano teatro proporcionaba alegría y entretenimiento a 6000 espectadores; se recomienda consultar la programación para coincidir con uno de los conciertos que se organizan regularmente.

A última hora, se puede subir a cenar a la espectacular **ciudad medieval** amurallada sobre la colina, una de las aldeas antiguas más mágicas de Provenza. La mañana siguiente se empieza con una visita al amanecer al castillo del s. XII con vistas al valle. Si es posible, se hace una visita guiada al **Site Antique de la Villasse,** cuyos guías locales son expertos en revivir la rutina diaria de los residentes.

PARADAS 'GOURMET' EN VAISON-LA-ROMAINE

Almuerzo
Deliciosas especialidades diarias y cervezas locales en La Caillette, en la parte medieval. €

Aperitivo
Una copa de vino y una *focaccia* casera en L'Arbre à Vins, en el centro de la parte baja del pueblo. Especializado en vinos del Ródano. €

Cena
Chambres Du'O ofrece diseño ordenado, terraza privada y platos de temporada basados en ingredientes y tradiciones locales. Conviene reservar. €€

Postre
Se vuelve al pueblo para probar el helado de verbena casero en Léone Artisan Glacier. €

DÓNDE COMER EN ORANGE

La Cantina
Se come dentro de una cueva natural cerca del teatro romano. Raciones generosas a un precio justo. €€

La Grotte d'Auguste
Otro restaurante de cuevas también cerca del teatro; menús de tres platos desde 22 €. €€

La Guingette de la Colline
Comida típica francesa en un restaurante relajado al aire libre, en la colina sobre el teatro. €

SAULT

La ventosa meseta de Sault está cuajada de campos de lavanda, pero recibe menos visitantes que otras partes de la región. Sault está construido sobre un gran afloramiento de piedra caliza y rodeado de numerosos pueblos y aldeas en las colinas. Los visitantes se enamorarán de la gente amable del mercado semanal y de las diversas aventuras de senderismo y aire libre. La especialidad local es el *nougat:* turrón hecho con miel y almendras.

En la distancia se alza el Mont Ventoux, el gigante de Provenza, punto final de los majestuosos Alpes. Es destino habitual de los ciclistas, ya sea en bicis de carretera o eléctricas. Se puede pasear por los campos de lavanda y saborear las fragancias que llenan el aire, o explorar las profundas Gorges de la Nesque, donde fluye el agua fría, uno de los tesoros de la región.

CÓMO DESPLAZARSE

Las bicicletas (normales o eléctricas) son ideales para esta región. Se puede caminar por Sault, pero, para llegar a otros pueblos o a senderos concretos, es mejor tener coche.

Excursiones fáciles cerca de Sault

Campos con aromas de lavanda

Un paseo familiar puede consistir en seguir el **Chemin des Lavandes,** debajo de Sault, hacia el Mont Ventoux. Es un sendero entre lavanda de 5,3 km, bien indicado, con paneles informativos sobre las propiedades botánicas, el cultivo, la cosecha y las técnicas de destilación del "oro azul" de la región.

Los campos de lavanda y los bosques se unen en un circuito intermedio de 10,6 km desde el centro de Sault por el **Bois du Défends** (al norte del pueblo). Empieza en el Ancien Chemin d'Aurel y se siguen las marcas amarillas. El sendero regresa a Sault an-

CONSEJO

Para familias y aventureros, Sault ofrece un ambiente relajado, restaurantes acogedores y fácil acceso a la naturaleza. Interesa reservar una villa o una casa de campo para una semana.

PREPARAR UN PÍCNIC

El mercado provenzal de los miércoles de Sault funciona desde el s. XVI. Otros mercados importantes son los de **L'Isle-sur-la-Sorgue** (p. 202), **Arlés** (p. 161) y **Aix-en-Provence** (p. 154).

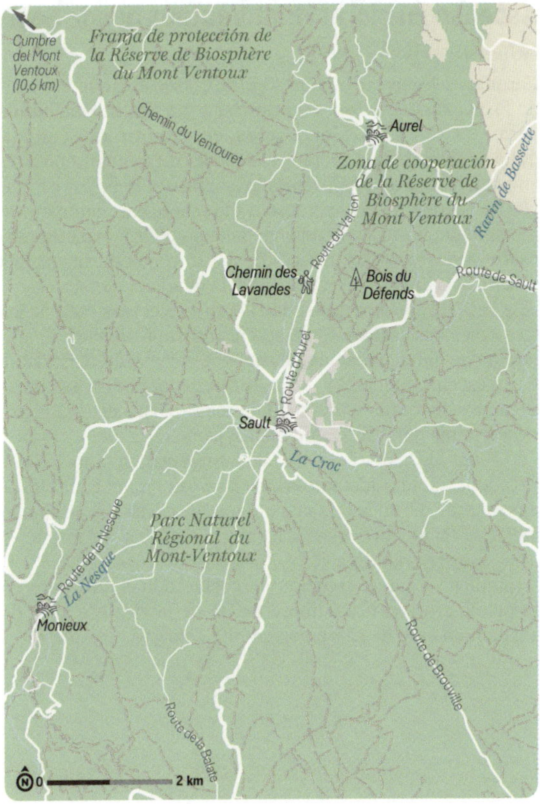

tes de llegar a Aurel, pero se puede hacer un desvío para visitar la iglesia del s. XII del pueblo.

Saliendo de **Aurel,** la excursión de la capilla de **Notre-Dame-des-Anges** (14,5 km; 3-4 h) es casi toda por pistas de tierra, pasa por campos de lavanda, bosques de pinos y *maquis* (matorral). Se puede alargar añadiendo un pícnic.

Mejor que una fábrica de chocolate

Aprender a hacer 'nougat'

Varias generaciones de niños provenzales han disfrutado del turrón hecho de azúcar, miel y almendras de Vaucluse. La tienda de *nougat* más antigua es la de **André Boyer,** en el centro de Sault. Mantienen vivas las recetas antiguas desde 1887, y lo fabrican con miel de lavanda local, que le da un sabor característico.

El taller *nougatier* organiza visitas los martes a las 15.00 (1 €; conviene reservar). Hay dos tipos de *nougat* de almendras: el negro, hecho con azúcar caramelizado y miel de lavanda oscura; y el blanco, con claras de huevo y miel de lavanda clara.

POR QUÉ ME ENCANTA EL MONT VENTOUX

Ashley Parsons, redactora

El Mont Ventoux ofrece aventuras diversas. Hay tres rutas diferentes: desde Sault, Malaucène y Bédoin. Son todas distintas y presentan sus propios desafíos. Hay algo que me hace volver... Tal vez sea la dificultad de la subida o los aplausos alentadores de los demás ciclistas una vez arriba.

Mi ruta preferida es desde Bédoin: es el ascenso clásico, y el pueblo ha abrazado la popularidad de la ruta.

Creo que la de Malaucène es la más difícil, porque la subida es inconsistente y es más difícil establecer un ritmo.

Lo que no me olvido nunca es un cortavientos para la bajada... ¡incluso en verano!

ASCENSO AL MONT VENTOUX POR EL GR4

El GR4 cruza las Dentelles de Montmirail antes de subir por la cara norte del Mont Ventoux, donde se encuentra con el GR9. Ambos senderos atraviesan la cresta. El GR4 se bifurca hacia el este hasta las Gorges du Verdon; el GR9 cruza las montañas de Vaucluse hasta el Luberon.

El mapa esencial de la zona es 3140ET Mont Ventoux, de IGN (ign.fr). La oficina de turismo de Bédoin tiene mapas y folletos de excursiones para todos los niveles.

La oficina de turismo de Carpentras organiza rutas de 24 km para ver la salida del sol en la cumbre; pueden ser duras, con más de 1500 m de desnivel.

La salida es a las 23.00. Hacen falta botas de montaña y frontal; hay que reservar (30 €). Edad mínima: 12 años.

Ascenso en bici al Mont Ventoux desde Sault

La forma más fácil de subir

Coronar el legendario Mont Ventoux (1910 m), que a menudo forma parte del Tour de Francia, es un destino ineludible para los ciclistas. **Albion Cycles,** en el centro de Sault, alquila bicicletas de carretera y eléctricas. La mejor época es en primavera y en otoño, cuando el clima es templado. El invierno puede ser frío y ventoso, y el verano, muy caluroso. Se recomienda llevar un sándwich de la panadería **Aux Saveurs du Ventoux** (a las afueras de Sault) o una de sus pastas caseras; el subidón de azúcar podría ayudar.

La ruta de 25,7 km asciende 1152 m y es el más fácil de los tres ascensos clásicos. Se pasa junto a impresionantes campos de lavanda, antes de que empiece el verdadero esfuerzo. Es un ascenso precioso y mirando alrededor podría localizarse un ave de rapiña o un jabalí. Muchas partes de la carretera son aptas para un pícnic improvisado.

Al llegar al Chalet Reynard, se habrán completado dos tercios de la subida; hay fotógrafos *freelance* a los que se puede comprar después una copia de la foto. Una vez arriba, lo mejor es tomar una cerveza local y comprobar los frenos: el descenso será rápido.

También se puede ascender en coche todo el año, pero no se puede atravesar la cumbre del 15 de noviembre al 15 de abril, ni en caso de nieve persistente o con vientos fuertes.

DÓNDE DORMIR EN SAULT

Maison Léonard du Ventoux
Habitaciones dobles amplias e impecables en el centro de Sault y vistas excelentes. €€

La Bastide de la Loge
Casa de alquiler a pocos kilómetros de Sault, en la llanura debajo del Mont Ventoux. €€

Aurel Inattendu
Cómoda caravana de madera sin lujos, con vistas a los campos de lavanda. €

EXCURSIÓN POR LAS GORGES DE LA NESQUE

Para un recorrido clásico que no implique subir al Mont Ventoux, una buena opción son las Gorges de la Nesque. Esta ruta de 10 km se puede hacer en una mañana o alargar a un día entero. Es mejor en primavera u otoño, cuando el clima es templado y el follaje más bonito. Empieza en **1 Monieux,** a menos de 10 min en coche de Sault. Se sigue el **2 GR9,** que sube gradualmente por una colina. A unos 2 km, se gira a la izquierda en el **3 Sentier des Chapelles,** que desciende suavemente hasta la carretera D942, cuyo arcén es amplio para caminar. Vale la pena desviarse hasta el mirador de **4 Le Castellaras,** que ofrece vistas impresionantes de la Rocher du Cire, uno de los acantilados más majestuosos de Provenza. Desde ahí, se baja a las Gorges de la Nesque, que se formaron durante millones de años a medida que el río Nesque atravesaba la roca caliza, creando un cañón estrecho y empinado.

La sorpresa que esconde el desfiladero es una capilla troglodita del s. XII: la **5 Chapelle St-Michel-de-Monieux.** Después de explorarla, se sigue el sendero de vuelta a Monieux. El nivel del agua en el desfiladero puede variar mucho dependiendo de la temporada y las precipitaciones, así que hay que ir preparado para diversas condiciones. Antes de llegar al pueblo, el camino pasa por el **6 Plan d'eau de Monieux.** En verano, hay un *snack bar* abierto a diario y un pequeño mercado los domingos por la mañana. En unos minutos más se llega a Monieux.

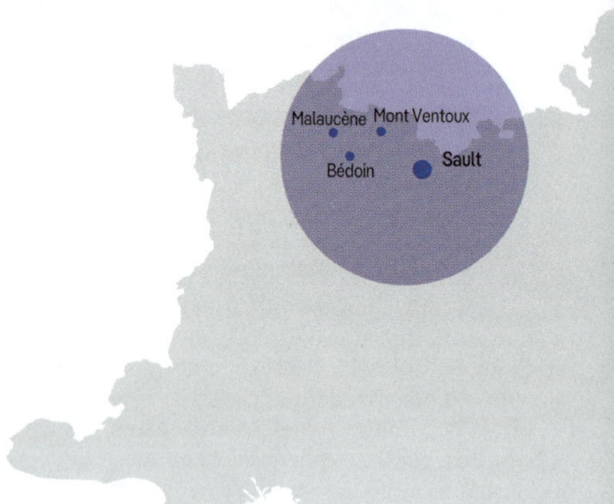

Alrededores de Sault

Sault no es la única base para los ascensos al Mont Ventoux; los pueblos de Bédoin y Malaucène también son puntos de partida habituales.

La zona que rodea el Mont Ventoux es un paraíso natural, con un paisaje impresionante de colinas onduladas, montañas imponentes, desfiladeros, lechos de ríos rocosos y tranquilas carreteras secundarias. Los que busquen adrenalina pueden salir a correr por la montaña o hacer rutas en bici. Hay tres rutas ciclistas populares para subir al pico: desde Sault, Bédoin y Malaucène. Si no se tienen ganas de pedalear, se pueden explorar los encantadores pueblos de Bédoin y Malaucène. Ambos tienen un ambiente relajado, con muchas tiendas y actividades entretenidas. Desde la degustación de cocina local hasta la exploración de monumentos históricos, la región es ideal para salidas relajadas de un día.

CÓMO DESPLAZARSE

La bicicleta es la opción obvia para moverse, aunque tener coche propio es la forma más fácil de desplazarse. Cada vez más pueblos tienen estaciones de carga para vehículos eléctricos; consúltese Chargemap (chargemap.com).

Escanear el código QR para encontrar la estación de carga más cercana.

Subir al Mont Ventoux desde Bédoin

La subida clásica

Bédoin, en el flanco suroeste del Mont Ventoux, es un pueblo típico provenzal que sirve como punto de partida para los ascensos en bici. Se puede alquilar en Provence Cycles (desde 49 €/medio día). La ruta hasta el pico es de 21,3 km, con un desnivel de 1589 m. La pendiente es más constante que en la ruta de Malaucène y las vistas, más variadas: se empieza entre campos, se sube por bosques y se llega al ventoso paisaje lunar de la cumbre.

CONSEJO

Todos los pueblos bajo el Mont Ventoux tienen una buena colección de villas rurales y B&B para elegir.

Hay que comprobar las condiciones meteorológicas antes de salir; si el pronóstico anuncia viento mistral, hay que replantearse la salida, pues a veces alcanza velocidades de 250 km/h y puede derribar a cualquier ciclista. Bédoin está 30 km al oeste de Sault.

Coronar el Mont Ventoux desde Malaucène

La ruta dura

Malaucène, 45 km al noroeste de Sault, tiene calles encantadoras sombreadas por plátanos. Pero tras este encanto se esconde el gran desafío de ascender el Mont Ventoux. La ruta noroeste se considera una de las más difíciles. Bédoin Location alquila bicicletas (desde 25 €/medio día). Si se elige esta ruta por ser la más corta (21,2 km), hay que tener en cuenta que no es precisamente fácil. Asciende 1535 m de altitud, pasando por algunos tramos muy empinados que pondrán a prueba la resistencia. Hay pocas secciones llanas para descansar.

El paisaje en la vertiente noroeste, que da a la región de Drome, es diferente del de las otras rutas. Los bosques de coníferas cubren las laderas de las montañas y suele haber menos tráfico de vehículos. Es hora de unirse a los ciclistas que sueñan con subir al Ventoux tres veces, una por cada lado.

HANS ENGBERS/SHUTTERSTOCK ©

Mont Ventoux.

DESAFÍOS DEPORTIVOS ALREDEDOR DEL MONT VENTOUX

Traversée des Dentelles
Cada junio, cerca de 1800 corredores acuden a las Dentelles de Montmirail. Compitiendo en maratones o medias maratones, los corredores recorren el terreno rocoso de uno de los paisajes naturales más atractivos de Provenza.

Ventoux Gravel Tour Trans Massif
El clima primaveral de mayo recibe a cientos de ciclistas que recorren los senderos de la cordillera compitiendo en carreras de 50, 110 y 220 km.

Grand Raid du Ventoux
Una carrera de ultrafondo que recientemente se ha unido a la familia UTMB. Esta carrera de 161 km, celebrada en abril, lleva a los corredores al límite de sus capacidades.

L'ISLE-SUR-LA-SORGUE

CÓMO DESPLAZARSE

La estación de tren de L'Isle-sur-la-Sorgue tiene conexiones con Aviñón y Marsella. También hay un autobús Zou! para moverse entre pueblos. Se pueden alquilar bicis eléctricas. Aparcar en Fontaine de Vaucluse es difícil y caro en verano, es mejor tomar el autobús.

El río Sorgue se ramifica en varios canales, que contribuyen a definir la identidad del municipio, un destino para todos los sentidos. Es precioso en primavera, cuando todo está en plena floración pero aún no han llegado las multitudes veraniegas. Es célebre por su antiguo mercado de antigüedades de los domingos, donde pueden hacerse hallazgos de todas las épocas, tanto *vintage* como contemporáneos, y los vendedores son grandes apasionados.

El mercado provenzal es una delicia para el paladar: ofrece gran variedad de productos locales, desde *tapenade* hasta frutas de temporada, como melocotones, fresas y cerezas. Para los senderistas, Fontaine de Vaucluse es un pueblo situado a los pies de un acantilado en el nacimiento del Sorgue.

Día de mercado

La región más abundante de Francia

El mercado de L'Isle-sur-la-Sorgue es uno de sus principales atractivos; se celebra durante todo el año (jueves y domingos por la mañana). Es todo un placer pasear por los callejones, por los canales y junto al río Sorgue, con el sonido del agua como telón de fondo del bullicio del mercado.

Sus puestos de productos frescos, flores, artesanía y comida deliciosa son un festín para los ojos y el paladar. Algunas de las calles que ocupa son **Rue Carnot, Rue Jean-Jacques Rousseau, Rue de la République** y **Place de la Liberté.**

Caminando por él le asaltan a uno los olores del pan recién horneado, la lavanda y la carne a la brasa. Se pueden probar quesos locales, mermeladas y aceite de oliva, y comprar un jabón de aceite de oliva hecho a mano. Es el lugar perfecto para encontrar regalos y recuerdos únicos, como cerámica pintada, sábanas bordadas y joyas artesanas.

Es conveniente parar a tomar un café o comer algo en uno de los muchos cafés y restaurantes de la ciudad. El **Grand Café de la Sorgue** es un lugar popular, con una terraza con vistas al río. El **Café de France** destaca por su decoración

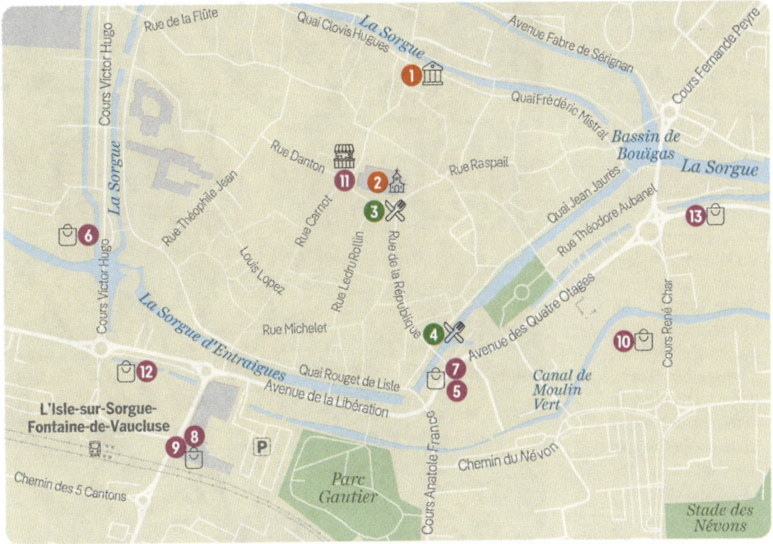

IMPRESCINDIBLE
1 Campredon Centre d'Art
2 Collégiale Notre Dame des Anges

DÓNDE COMER
3 Café de France
4 Grand Café de la Sorgue

DE COMPRAS
5 Appel d'Air
6 Brun de Vian Tiran
7 Dongier Antiquités
8 Du Côté du Design
9 Le Village des Antiquaires de la Gare
10 L'Ile aux Brocantes
11 Mercado de agricultores
12 Quai de la Gare
13 Rives de Bechard

verde, que incluye espejos antiguos, lámparas de araña y fotos antiguas. La cafetería también sirve deliciosos pasteles y sándwiches.

Antigüedades en L'Isle-sur-la-Sorgue

Un sinfín de hallazgos 'vintage'

Si se busca una lámpara de araña estilo Luis XV, no hay que perderse L'Isle-sur-la-Sorgue los fines de semana. Aquí se celebra uno de los **mercadillos** más grandes y famosos de Francia. La mayoría de los anticuarios están abiertos de viernes a lunes, y el domingo es el día grande. Dos veces al año, en Semana Santa y en agosto, la villa acoge una **feria internacional de arte y antigüedades** que atrae a miles de visitantes.

Por los canales del Sorgue se encuentran cinco centros de antigüedades. El **Quai de la Gare,** ubicado en Avenue de la Libération, alberga galerías como Frédéric Bousquet y Cabanon Design. **Le Village des Antiquaires de la Gare,** en el nº 2 bis de Avenue de l'Egalité, es otro gran lugar para explorar, así como **Dongier Antiquités,** en el nº 15 de Esplanade Robert-Vasse. **L'Ile aux Brocantes,** ubicada en el nº 7 de Avenue des Quatre Otages, alberga tiendas como Stéphane Broutin y Françoise Aillaud. Y por último, pero no menos importante, **Rives de Bechard,** en el nº 38 de Avenue

CONSEJO
Todos los pueblos por debajo del Mont Ventoux tienen una buena colección de villas rurales y B&B para elegir.

MERCADILLOS

En Provenza, hay dos tipos de mercados al aire libre: el *marché provençal* y el *marché des producteurs.* Estos últimos son mercadillos de agricultores locales, sin intermediarios. Solo venden productos de temporada y solo suelen abrir de junio a noviembre. Hay docenas de ellos en la región. Cerca de L'Isle-sur-la-Sorgue hay bastantes.

Miércoles:
Pernes-les-Fontaines (mercado vespertino)

Jueves:
Cavaillon (mercado vespertino)

Sábado:
Petit Palais

Domingo:
Coustellet

Por toda la región se pueden encontrar más mercadillos. Mapa y calendario completos en Provence Guide (provenceguide.com).

Escanear el código QR para acceder a Provence Guide.

DEYMOSHR/SHUTTERSTOCK ©

Puesto de antigüedades, L'Isle-sur-la-Sorgue.

Jean-Charmasson, es otra gran opción para encontrar hallazgos contemporáneos.

También hay una serie de anticuarios independientes repartidos por la ciudad. Jackie Occelli y Bernard Durand son conocidos por sus muebles. Merece la pena visitar Le Magasin Général, Objets de Hasard y La Petite Curieuse.

Un paseo por el centro

Lugares con historia entre los canales

En el excepcional centro histórico hay numerosos canales con viejas norias hidráulicas. La del pequeño parque de Avenue des Quatre Otages es preciosa. En el corazón del casco antiguo, el majestuoso exterior de la **Collégiale Notre Dame des Anges** esconde un interior de gran teatralidad barroca: 122 ángeles dorados acompañando a la Virgen María. También destaca la mansión junto al río del s. XVIII que alberga el **Campredon Centre d'Art,** donde se pueden ver exposiciones temporales de arte contemporáneo.

DÓNDE COMER EN L'ISLE-SUR-LA-SORGUE

Maison Moga
Sumilleres y expertos en quesos maridan tablas *gourmet* de quesos o embutidos con el vino adecuado. **€€**

Le Carré d'Herbes
La mesa de Cédric Brun sirve un excelente menú de mercado a mediodía entre semana bajo la pérgola. **€€**

Vert Bouteille
Restaurante tipo cantina que sirve platos ecológicos, locávoros, 100% veganos y mayormente sin gluten. **€**

Un día en Fontaine-de-Vaucluse

Las fuentes del río Sorgue

El pueblo de **Fontaine-de-Vaucluse,** 12 km al este de **L'Isle-sur-la-Sorgue,** es conocido por su manantial, que brota de un cañón a más de 90 m^3 por segundo, lo cual lo convierte en el mayor manantial kárstico de Francia y el quinto del mundo. Se recomienda este itinerario: a las 9.00, se puede ir a **La Pointe Noir,** una acogedora cafetería en pleno centro, y empezar el día con una deliciosa taza de café. Después, se sube a la cima de los montes desde la **Font de l'Oule.** Es una caminata de dificultad media (1 h aprox. hasta la cima).

Arriba, se toma un pícnic o una merienda disfrutando de las vistas. Hay que llevar mucha agua, ya que en verano puede hacer bastante calor. Después, se vuelve a Fontaine-de-Vaucluse para caminar 1 km hasta el **manantial.** La ruta es un poco empinada, pero la vista del agua clara es relajante y el cañón, impresionante.

A continuación, se baja al río, cerca del **Aire des Vergnes,** para darse un baño refrescante en el agua fría. Para ser precisos, la temperatura del agua ronda los 14 °C durante todo el año. Luego, es hora de tomar un aperitivo, como por ejemplo un cóctel en **La Vanne Marel,** un bar encantador con un ambiente relajado y unas vistas inmejorables de las montañas.

Para cenar, se puede ir a **La Figuier Fontaine-de-Vaucluse,** reservando mesa con antelación, ya que solo tienen un servicio por noche. Algunos platos a probar incluyen *dorade au four* (dorada al horno), *pieds et paquets à la provençale* (callos y manitas de cordero con tomates) o el clásico *confit de canard* (muslos de pato conservados en grasa).

TIENDAS CONTEMPORÁNEAS

Appel d'Air
Antigüedades modernas y objetos con personalidad, especialmente cerámica e iluminación de posguerra.

Du Côté du Design
Bajo el gran techo de cristal a la entrada del Village des Antiquaires de la Gare se halla la tienda de Anne y Jérôme Delor, ideal para profesionales de la iluminación: hay de todo, desde lámparas de suspensión industriales rusas de los años cincuenta hasta proyectores de cine recuperados de estudios estadounidenses.

Brun de Vian Tiran
Padre e hijo fomentan la pasión por coleccionar lanas raras: desde merina de Arlés hasta íbice de Kirguistán, por su sala de exposición pasan infinitos hilos suaves.

DÓNDE DORMIR EN L'ISLE-SUR-LA-SORGUE

La Magnanerie de l'Isle
Casa de huéspedes con mucha personalidad en un antiguo edificio industrial en pleno centro. €€

La Maison sur la Sorgue
Hotel-*boutique* de época con suntuosas suites y un jardín escondido con una pequeña piscina de piedra. €€€

Mas la Vitalis
El B&B de Magali consta de dos acogedoras habitaciones en una casa de campo tranquila y restaurada en las afueras. €€

Alrededores de L'Isle-sur-la-Sorgue

Dos de las visiones más bellas de Vaucluse: el pueblo de Gordes sobre una colina y una abadía rodeada de lavanda.

Los magníficos montes de Vaucluse son conocidos por sus paisajes pintorescos y su encanto rural. De camino, se pasa por encantadores pueblos provenzales como Pernes-les-Fontaines, La Roque-sur-Pernes, Le Beaucet, Venasque y St-Didier. Los famosos *bories* son unos refugios de piedra utilizados por pastores y cazadores durante siglos para protegerse de los elementos, almacenar material o pasar alguna noche.

De las abadías de la región, la más impresionante es la de Notre-Dame de Sénanque, del s. XII, rodeada de campos de lavanda. Si bien se puede visitar todo el año, la mejor época es en verano, con la lavanda en flor.

Los desfiladeros más allá de Gordes

Las mejores vistas, desde otra perspectiva

La lista de lugares a visitar debería encabezarla la **abadía de Notre-Dame de Sénanque,** del s. XII. Los monjes cistercienses se ganan la vida vendiendo miel, lavanda y aceites esenciales. A diferencia de otras abadías de la región, en determinados momentos también abren su casa a los visitantes. Quien no hable francés, puede visitarla por libre con una tableta, y quien quede fascinado por las salas de piedra, el ambiente tranquilo y la conexión espiritual, puede reservar un retiro silencioso por 40 €/día y sumergirse en la vida contemplativa de los monjes.

COMER EN GORDES

Clover Gordes de Jean-François Piège
Los aficionados a las series reconocerán el telón de fondo de *Emily en París.* Cocina abierta volcada en los estofados. **€€€**

La Trinquette
Unas vistas inmejorables. El menú de verano incluye *aïoli* provenzal y platos de verduras con salsa de garbanzos casera. **€€**

Petit Palais d'Aglae
Para disfrutar del *menu du marché,* una comida de cinco estrellas a un precio más amable (de jueves a domingo). Es a discreción del chef, pero suele incluir buen pescado e ingredientes como *yuzu,* azahar o, en invierno, trufas.

CONSEJO

Visitar Gordes, pero sin olvidar otros pueblos de los montes de Vaucluse. Las vistas siempre son impactantes.

La abadía es accesible en coche, pero también está cerca a pie de **Gordes,** el pueblo de montaña más emblemático del Luberon, que se eleva etéreo sobre las escarpadas paredes rocosas de la meseta de Vaucluse. Es muy fotogénico, pero también está muy concurrido en temporada alta. Caminar unos kilómetros alrededor del pueblo es de lo más relajante. El itinerario pasa por Rouguière, Côte de Sénancole, la abadía, la Ferme de la Débroussède y Les Boujolles. La ruta sigue hasta Croix des Baux, Les Grangiers y un bello mirador de Gordes antes de regresar al punto de partida. En total, son 7 km (3 h aprox., incluida la visita a la abadía). Hay que seguir las indicaciones de los senderos azules y verdes.

La ruta empieza con una ligera subida por una ladera. Un pequeño camino desciende hacia la abadía (para visitarla o verla desde arriba). Luego, se vuelve a subir y se toma el camino que rodea la meseta sobre Gordes, sombreada y ventosa.

EXTRAVAGANTNI/GETTY IMAGES ©

Gordes.

¿POR QUÉ SE LLENA LA FUENTE?

Érase una vez un juglar llamado Basile, que se quedó dormido de camino a Fontaine de Vaucluse. Una ninfa se acercó a él y lo llevó hasta el borde del manantial. El manantial se abrió, revelando un prado lleno de flores. La ninfa mostró al juglar siete diamantes contenidos en su interior, que podían levantarse, haciendo que salieran potentes chorros de agua que llenaban la fontana de Vaucluse.

"Este –dijo la ninfa– es el secreto del manantial, del que soy la guardiana". La ninfa solo levanta los siete diamantes una vez al año, haciendo salir tanta agua que la higuera de arriba puede beber.

DÓNDE DORMIR EN LOS MONTES DE VAUCLUSE

La Bergerie Pradel
Hotel elegante en una villa renovada del s. XVI rodeada de bosques. Cerca de Le Beaucet. **€**

Le Cabanon des Secrets
Fantástico B&B de piedra en La Roque-sur-Perne, ideal para estancias de una semana. **€€**

Camping La Folie
Un *camping* sencillo en el que se elige parcela, cerca de Lagnes. **€**

EN BICICLETA POR LOS MONTES DE VAUCLUSE

Una tranquila ruta rural de 27 km por los pueblos cercanos a los montes de Vaucluse, con 420 m de desnivel, ideal para ciclistas intermedios. Alquilan bicicletas en Vel'eau Loc, en **1 Pernes-les-Fontaines.** Antes de empezar, se puede admirar la puerta de Notre-Dame, con dos torres y un pequeño puente.

La ruta recorre los campos; dependiendo de la temporada, se puede parar a ver ovejas o cabras. La **2 Cheverie des Fontaines** tiene una tiendecita donde probar el queso de cabra local.

Hay que dirigirse hacia **3 La Roque-sur-Pernes,** un pueblo provenzal fuera de los caminos más trillados. Se construyó sobre un afloramiento rocoso, que proporcionó protección natural en la Edad Media. La plaza es acogedora y, aparte de sombra, cuenta con la Fontaine du Renard y la iglesia de Saint-Pierre-et-Saint-Paul.

A continuación, se pedalea entre robles bajos en busca de los refugios de piedra tradicionales llamados *bories*. Un pequeño desvío lleva a la **4 Borie de la Roque,** un ejemplo bien restaurado y abierto a los visitantes. Se sigue por la colina hacia Le Beaucet, al otro lado de un pequeño barranco.

Desde ahí, se toma la carretera hacia **5 Venasque.** Hay varias tiendas de artesanía y galerías que vale la pena visitar. Se reserva el almuerzo en Le Petit Chose para dejarse cautivar por los sabores locales, como los espárragos en primavera o el melón en verano. El balcón tiene una vista espectacular de un desfiladero salvaje.

En **6 St-Didier,** se debe explorar el centro y admirar el Château de Thézan St-Didier. Hay varias cafeterías en la plaza central. De vuelta a Pernes-les-Fontaines, al atardecer, se puede asistir al mercadillo de los miércoles (en verano).

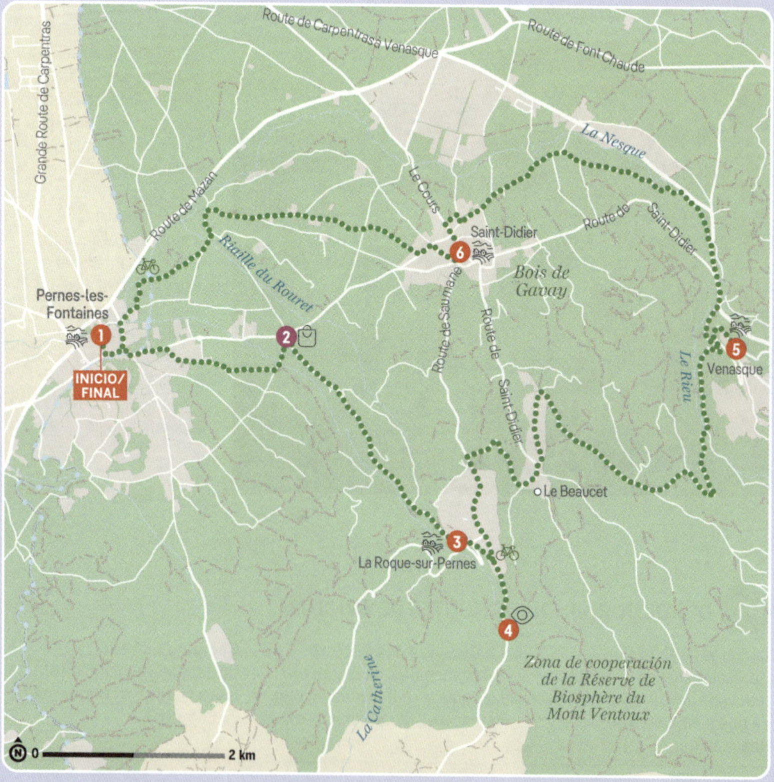

NORTE DEL LUBERON

Es el lado más salvaje del Luberon, donde el río Calavon se pasea por las llanuras. En los flancos de las montañas y las colinas, pueblos fundados hace miles de años aún bullen de actividad. Las fértiles llanuras y la sólida tradición agrícola hacen que los mercados del Luberon sean de los mejores de Francia: de la granja al mercado suele haber menos de 30 min en coche. De algún modo, el turismo ha preservado las tradiciones. Los pueblos de Saignon y Reillanne, resilientes y con visión de futuro, brindan una visión de la vida provenzal tradicional. Los aventureros y los amantes de la naturaleza disfrutarán del parque: hay infinitas oportunidades para practicar senderismo y ciclismo, y los escaladores disponen de los desafiantes acantilados de Buoux. Es una región para recordar. Nada mejor que una puesta de sol en pleno verano sobre los campos de lavanda de Claperèdes, seguida de una copa de rosado en la terraza.

CÓMO DESPLAZARSE

Conducir es la forma más fácil de desplazarse, aunque hay un autobús que conecta Cavaillon, L'Isle-sur-la-Sorgue y Manosque con Apt. Hay muchos carriles-bici seguros en la región y, con una bici eléctrica, casi no hay ningún lugar al que no se pueda ir.

Prehistoria y fruta confitada en Apt

Una buena base para explorar el Luberon

Para conocer la Prehistoria del Luberon, se puede empezar en el **Musée d'Apt,** en una mansión del s. XVIII construida sobre los restos de un antiguo teatro. Cuenta con una colección especial sobre la Antigüedad en el anexo Apta Julia, donde se presentan los tesoros arqueológicos de la región.

Puede explorarse más a fondo en **Viens,** un pueblecito cercano que alberga losas con más de 200 tipos de huellas de animales fosilizadas de hace unos 30 millones de años.

CONSEJO

El verano es temporada alta en el Luberon, pero las temperaturas pueden ser muy calurosas. Hay que planificar las actividades al aire libre por la mañana y dejar tiempo para una siesta a media tarde, en el momento de más calor.

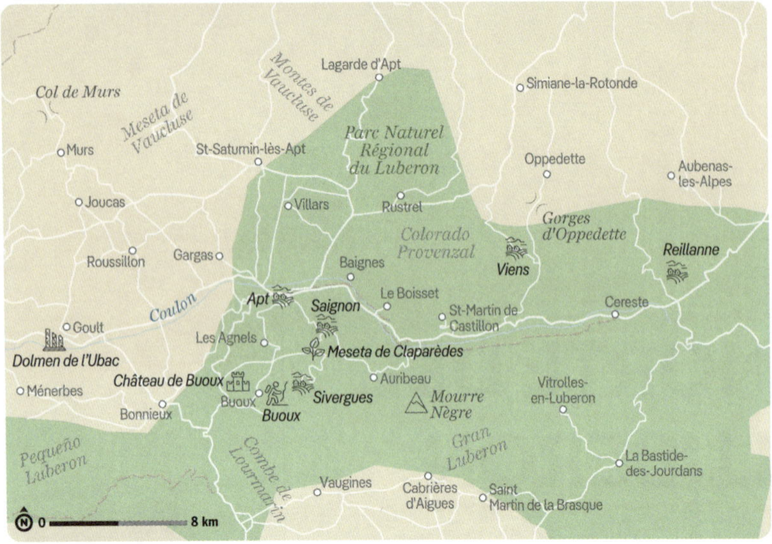

TIERRAS PROTEGIDAS

El **Parc Naturel Régional du Luberon** abarca más de 2500 km². Fue creado en 1977 para proteger el patrimonio natural y cultural de la región, y alberga una gran variedad de vida silvestre, como jabalíes, corzos y ardillas. En los acantilados viven aves como el águila de Bonelli, el halcón peregrino y el búho real. A menudo se las puede ver sobrevolando el parque. El animal más bonito de cuantos lo habitan es la gineta, que se parece a un hurón pero con manchas como de leopardo y una máscara similar al mapache. Es difícil avistarla. La Maison du Parc (centro de visitantes) está en Apt.

En Goult se descubrió una antigua cámara funeraria sellada durante casi 5000 años, cerca del río Calavón, después de que fuertes lluvias hicieran desbordar el río. En 1994 se encontró aquí el **dolmen de l'Ubac,** con restos de hasta 50 cuerpos en su interior. Debido a que el sitio estaba tan cerca del lecho del río y en riesgo de degradación severa, fue excavado cuidadosamente. Hay una réplica del sitio abierta a los visitantes a 500 m del original, cerca de la antigua Gare de Lumières.

Apt tiene un largo pasado como población comercial, que se remonta a la Edad Media. Su ubicación estratégica en el cruce de varias rutas comerciales lo convirtió en un centro de comercio y en destino para mercaderes de toda la región.

Hoy, el producto más buscado son los *fruits confits* (frutas confitadas). La fruta se conserva en sirope de azúcar y luego se seca, creando un dulce delicioso y duradero. Apt está considerado el mayor productor de fruta confitada del mundo, y en el mercado se encuentra una gran variedad de sabores, desde albaricoques hasta higos y naranjas. Una visita a **La Maison du Fruit Confit** desvela el proceso; la tienda es el mejor lugar para comprarlas.

Alcanzar nuevas alturas en Buoux y Saignon

Escalar los acantilados del Luberon

Escalar en **Buoux** es una experiencia que no hay que perderse. Posee peñas de caliza famosas en Europa y, aunque las rutas son difíciles, también es apto para principiantes, no así para cardíacos: la zona es conocida por sus escaladas de un único largo, con muchos extraplomos y tramos prolongados. **Vertical Trekking** organiza sesiones guiadas para escaladores de todos los niveles. La mejor temporada es en primavera y otoño, cuando las temperaturas son más frescas y hay menos gente.

Por encima de Apt, dominando el valle, está el pueblo de **Saignon.** Fue un importante centro de producción de lana y seda (muchos de los edificios datan de entonces). Hoy los vecinos viven una rutina tranquila y todo el pueblo rezuma relax. En la *épicerie* (tienda de comestibles) **La Maison près de la Fontaine** es posible comprar productos locales selectos y escuchar a la propietaria, Julie, hablar sobre los próximos eventos.

Tras visitar el **Château de Saignon,** el castillo medieval que domina la población, se baja a ver el agradable interior de la **Église Notre-Dame de Pitié,** iglesia construida en el s. XII, con una importante arquitectura románica y frescos algo deteriorados. Se puede cenar en **Un Jardin sur le Toit,** uno de los lugares favoritos del pueblo, con vistas que alcanzan el horizonte.

Pueblo pequeño, corazón grande

Mucha vida en el Luberon Oriental

No hay que dejarse engañar por el reducido tamaño de **Reillanne,** un pueblecito del Luberon Oriental; es un hervidero de actividad social, en gran parte gracias al **Café du Cours.** Esta genial cafetería sobre la plaza principal es un lugar popular para vecinos y visitantes de todas las edades. Los conciertos de los viernes por la noche se han convertido en un elemento central de la vida del pueblo, demostrando el talento musical de artistas establecidos y prometedores.

Además, la escena musical está a punto de ampliarse. Se rumorea que un grupo de amigos que frecuentan el local han comprado el antiguo **Café de la Place,** que ofrecerá conciertos los sábados por la noche. Los melómanos no pueden perderse un fin de semana en Reillanne, empapándose del alma del pueblo a través de su música, su comida y su ambiente amigable.

Después de la música y el baile, el domingo por la mañana se celebra el **Grand Marché de Reillanne,** cuyos puestos se apoderan del centro del municipio. Es uno de los lugares más auténticos para comprar aceite de oliva, esencia de lavanda, huevos y garbanzos frescos de granja. Muchos de los vendedores son los propios productores. Tal vez el aspecto no sea perfecto,

GARBANZOS DE PASIÓN

Los garbanzos son un cultivo provenzal omnipresente. Se puede probar en las creaciones de **L'Auberge de la Fenière** (p. 221) o en una *socca niçoise* en Niza (p. 61).

DÓNDE COMER EN APT

Café Les Valseuses
Dos platos principales al día: uno asiático, como *udon* con albóndigas de cerdo y salsa de jengibre; y otro provenzal, como trigo sarraceno y verduras a la parrilla con frutos secos y salsa de tomate. €

Le Sanglier Paresseux
Todo un clásico. Los platos principales de temporada pueden incluir tartar de lubina con encurtidos de coliflor o pato relleno de frutos secos, espárragos asados, berenjena y salsa de tajín. €€

L'Intramuros Restaurant et Rhumerie
Decir que la carta de rones y ginebras del bar es extensa es quedarse corto. Vistosa decoración *vintage,* con especialidades diarias rotativas como carrilleras de ternera, conejo y tiramisú de *limoncello.* €€

DÓNDE APROVISIONARSE PARA UN PÍCNIC EN APT

Comptoir de l'Ambroisie
Excelente *fromagerie* que permite adquirir tablas de quesos personalizadas. €

Le Saint Pierre
Una panadería y pastelería muy popular, que utiliza harina de alta calidad para sus panes. €

Caillebotte Primeur
Muchas frutas y verduras ecológicas, además de especialidades locales. €

EL HUERTO DE UN CURIOSO

Jean-Luc y su hija Violette llevan más de 30 años recolectando y conservando semillas antiguas, y ahora cultivan más de 300 tipos de plantas en su huerto, **Le Potager d'un Curieux.**

Se puede visitar el huerto o el invernadero y comprar paquetes de semillas: tienen más de 80 variedades de tomates, casi 50 de lechugas y verduras, y docenas de pimientos, berenjenas y hierbas.

Si se dejan granar las plantas, se pueden recolectar las semillas y volverlas a plantar al año siguiente. El huerto está 7 km al sureste de Apt, pasado Saignon.

pero hay una gran selección de productos ecológicos y biodinámicos. Los tomates *cœur de bœuf* son de lo más suculento.

Hacia el corazón del Luberon

Profundizar aún más

En los pliegues montañosos del Luberon se alza el **Château de Buoux,** a las afueras del pueblo homónimo. Es un lugar tranquilo y apartado en el Gran Luberon, perfecto para quien busca tranquilidad y belleza natural. Está cerrado al público por reformas, pero sirve como punto de partida para explorar los bosques circundantes. Hay varios senderos por las colinas y los bosques cercanos.

Subiendo por la carretera después de Saignon, se llega a la remota **meseta de Claparèdes,** conocida por sus campos de lavanda. Recibe mucha menos gente que la meseta de Valensole, más famosa, así que es el destino perfecto para quien prefiere un ambiente más tranquilo y relajado.

DÓNDE DORMIR CERCA DE APT

La Maison près de la Fontaine
Pequeño B&B de Saignon con habitaciones elegantes y una *boutique* en la planta baja. €€

Auberge des Seguins
B&B aislado con piscina y vistas a los acantilados de Buoux. Restaurante y cafetería propios. €€

Domaine du Castellas
Granja convertida en hotel de lujo en Sivergues. Comidas comunitarias y muchas actividades. €€€

Campo de lavanda, meseta de Claparèdes.

Los visitantes pueden caminar desde la aldea de **Sivergues** para explorar los campos de lavanda y disfrutar de un paisaje impresionante. Se pasa por una amplia variedad de terrenos, desde prados llanos hasta afloramientos rocosos; son aprox. 2-3 h ida y vuelta.

Los campos de lavanda de la meseta de Claparèdes tienen colores más vivos a finales de junio y principios de julio, cuando las flores están en plena floración. Al pasear por ellos se disfruta de las vistas y los aromas de la lavanda, que se ha cultivado en la región desde hace siglos. De camino a casa, se puede parar en el **Auberge des Seguins** de Buoux para tomar una copa.

ACEITE ESENCIAL DE LAVANDA

Es posible que los amantes de la lavanda estén familiarizados con la famosa meseta de Valensole, pero la región de cultivo se extiende mucho más allá. Si el viajero busca el recuerdo perfecto, los artículos más populares son jabón, lavanda a granel y aceites esenciales, todo ello disponible por toda Provenza.

Los aceites esenciales tienen precios bastante altos: un frasco pequeño puede costar entre 11 y 15 €. Pero si se desea comprar regalos para varias personas, vale la pena comprar una botella de aceite esencial a granel en un mercado local. En Reillane, Sault y Banon hay productores que venden botellas de 500 ml por unos 20 € (para luego transferir a frascos pequeños). Es la manera perfecta de llevar a casa un regalo para todos a un precio asequible. Y así se apoya a los agricultores independientes.

DÓNDE ESCUCHAR MÚSICA EN DIRECTO

La Gare
Conciertos todo el año en la antigua estación de tren de Coustellet, ahora un centro cultural.

Les Musicales du Luberon
Asociación musical regional. Consúltese la web para ver fechas y artistas (musicalluberon.fr).

Carrières du Château de Lacoste
Buena acústica en una antigua cantera romana. Organiza el Festival de Lacoste (julio).

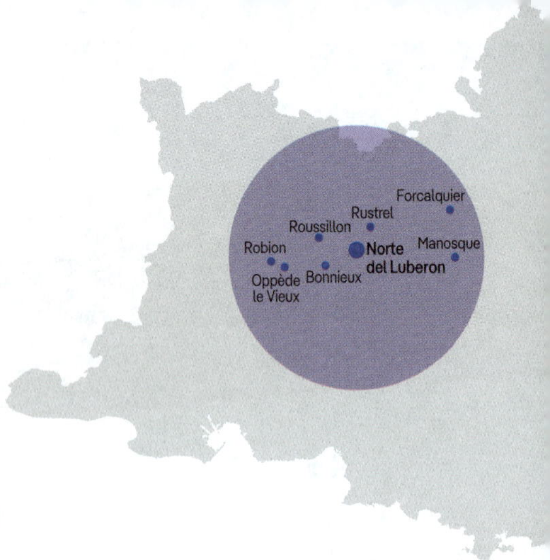

Alrededores del norte del Luberon

Es hora de explorar las colinas, montañas y llanuras del lado norte del Luberon.

CÓMO DESPLAZARSE

La bicicleta (normal o eléctrica) es ideal para desplazarse. Para visitar pequeños pueblos, el coche es la mejor opción.

CONSEJO

Es mejor alojarse en un lugar de fácil acceso tanto desde el este como desde el oeste del Luberon, como Villars o Gargas.

Nadie va al Luberon septentrional para hacer vida de ciudad, sino para sumergirse en la historia y la cultura de la región. Los ciclistas pueden seguir el itinerario que los lleva por Ménerbes, Lacoste, Bonnieux y Goult, mientras que quien busca una experiencia más relajada puede explorar los pueblos de montaña de Maubec, Robion y el Pequeño Luberon. Los enófilos no querrán perderse las cooperativas de la región, donde podrán degustar algunos de los mejores vinos de la zona.

Destaca también el pueblo de Forcalquier, con sus encantadoras calles y su mercado activo. Los amantes tanto del arte como de la industria disfrutarán visitando los pueblos de color ocre de Rustrel y Roussillon.

Tras los pasos de Jean Giono

Un icono literario provenzal

El escritor Jean Giono nació en **Manosque,** 41 km al este de Apt, y es conocido por sus historias que celebran la naturaleza y la belleza de Provenza. El **Centre Jean Giono** está dedicado a su vida y obra, con exposiciones que capturan la esencia de la Provenza cantada por él. El centro también ofrece visitas guiadas a la casa de Giono (en francés), que proporcionan una mirada íntima a la vida personal del autor y la inspiración que subyace tras sus obras. Para amantes de la naturaleza y de la literatura, es una visita muy recomendable.

La antigua granja de Jean Giono en las afueras de **Forcalquier** (23 km al norte de Manosque) se ha transformado en el B&B **La Margotte.** Aquí no hay bloqueos de escritor; en esta casa Giono escribió *El húsar en el tejado.*

Giono alabó el aceite de oliva provenzal en muchos de sus textos. En Forcalquier se puede ver el **antiguo molino de aceite de Gouvan** y degustar el aceite de oliva AOC Haute-Provence producido en Lurs. En el pasado, la almazara se utilizaba para triturar las aceitunas y hacer una pasta de la que el molinero podía extraer el líquido. Después de dejarlo reposar, el agua y el aceite del zumo se separaban y se recogía el aceite de oliva de la superficie.

Si se pasa por Forcalquier, sería una pena no visitar las **Distilleries et Domaines de Provence,** que se han mantenido durante más de 120 años. Algunos licores son más conocidos, como el *pastis,* pero otros pueden ser totalmente nuevos: el Farigoule de Forcalquier es un licor a base de tomillo, el Rinquinquin es un aperitivo de melocotón a base de vino blanco y el Orange Colombo se destila a partir de pieles de naranja.

EL HOMBRE QUE PLANTABA ÁRBOLES

Una lectura fácil para las vacaciones, pero con un mensaje poderoso, es la fábula corta de Giono *El hombre que plantaba árboles* (1953).

Este cuento captura bellamente los valores de la perseverancia y el amor por la naturaleza. Burlándose ligeramente del amor de la sociedad por la administración, *El hombre que plantaba árboles* inspira al lector a observar más de cerca su entorno y apreciar la belleza incluso de los entornos naturales más humildes.

Después de leerlo, nunca se volverá a ver de la misma manera un bosque bajo provenzal. El libro invita a apreciar el poder de la naturaleza y el papel de la humanidad en la administración y el rejuvenecimiento de la tierra.

Centre Jean Giono.

DÓNDE COMER EN LA PROVENZA DE GIONO

Restaurant Ma Nine
Elegante restaurante de Forcalquier con terraza y platos equilibrados como albóndigas y verduras en escabeche. **€€**

Pizzeria Lo Pichotome
Pizzas crujientes de masa fina con ingredientes frescos y cervezas locales, en un patio relajado de Forcalquier. **€**

Pamparigouste
Restaurante de lujo en el Couvent des Minimes Hôtel et Spa de Mane, con énfasis en la tradición. **€€€**

RUTA EN BICICLETA

En bicicleta por el norte del Luberon

Con abundantes carreteras secundarias, un guiño a la fertilidad agrícola del valle y curvas sinuosas para llegar a aldeas, una ruta en bici es la mejor manera de experimentar lo que define el Luberon norte. No solo es el canto de las cigarras, sino el movimiento constante de todo el ecosistema en sintonía con las estaciones: desde los agricultores hasta los veraneantes y la vida silvestre.

1 Coustellet

Hace 40 años, este pueblo era un simple cruce, pero actualmente es un núcleo comercial para los pueblos de las colinas que lo flanquean al norte y al sur. Hay algunas tiendas de alquiler de bicicletas como **En Roue Libre,** donde los ciclistas pueden equiparse para hacerse a la carretera.

La ruta: hay que seguir la vía verde de Calavon hacia el este. En Les Beaumettes (km 5), se gira a la derecha en la Route des Écoles para subir a Maubec.

2 Ménerbes

En su día fue un tranquilo pueblo agrícola, el éxito del libro *Un año en Provenza,* de Peter Mayle, le ha traído al pueblo fama.

La ruta: salir al este por la Route de Bonnieux. Después del km 14, se gira a la izquierda en la Route de la Valmasque y se sigue hasta la cima de la colina, que conduce a Lacoste.

3 Lacoste

Encaramado en el lado este de la colina, el pueblo de Lacoste ha sido bien restaurado

CELLI07/SHUTTERSTOCK ©

Ménerbes.

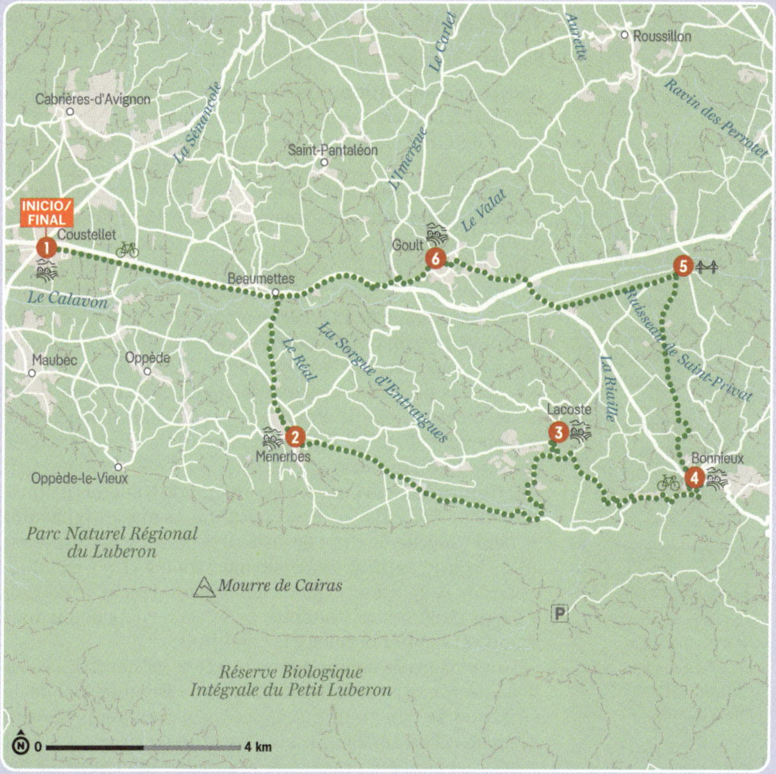

gracias a cierto multimillonario francés (Pierre Cardin). Una escuela de arte estadounidense tiene su sede aquí y, a veces, el pueblo está decorado con exposiciones al aire libre.

La ruta: se sigue la Route de Bonnieux. Es un descenso corto entre cerezos y olivos, seguido de otra subida hasta Bonnieux.

4 Bonnieux

Este pueblo de montaña, rival del anterior, es un poco más animado que Lacoste. Se recomienda hacer una parada para tomar un helado casero en Glacier Creperie Le Tinel.

La ruta: se sale de Bonnieux desde el norte y se toma el Chemin de Gargas hasta llegar a la D36. Se gira a la derecha y luego se toma la primera a la izquierda hasta una carretera sin nombre. En un mapa, la carretera transcurre más o menos en paralelo a la Route du Pont Julien, más grande.

5 Pont Julian

Este puente romano (3 a.C.) formaba parte de la Via Domitia, una importante ruta comercial que unía Narbona y Turín. Hasta el 2005, los automóviles podían utilizar el puente, pero hoy en día es solo para peatones o ciclistas.

La ruta: se cruza el puente y se vuelve, porque para regresar hay que seguir la vía verde de Calavon durante un rato. Se gira a la derecha en la D36, se cruza el río y la rotonda de la D900 para llegar a Goult.

6 Goult

Este pueblo medieval escondido detrás de una colina tiene mucha personalidad y una gran tradición gastronómica. Es difícil elegir un restaurante, pero se puede probar el agradable jardín y la carta de mercado de La Gaudina para un almuerzo apto para ciclistas.

La ruta: se sale de Goult en dirección a Lumières y se sigue la vía verde de Calavon durante los últimos 6 km del trayecto, que lleva hasta Coustellet.

TIENDAS ARTESANALES

Comptoir des Ochres
Es posible comprar pequeñas cantidades de pigmento ocre y regalos en esta tienda de Roussillon.

Les Uns et Les Ocres
Esta pequeña tienda escondida en un callejón de Roussillon vende cerámica artesanal teñida con los pigmentos naturales de la región.

Atelier Kalayaan
El colectivo creativo de Manosque exhibe artesanía y creaciones de toda la región: cerámica, tejidos, jabones, carpintería, miel y plantas medicinales.

Il Était une Flamme
Tienda familiar llena de buenos olores: velas y difusores hechos a mano en aromas naturales frescos como cedro, azahar y lirio del valle. Bonita selección de auténticos frascos de *parfum de Grasse.*

Talleres de pintura en las colinas de ocre

Punto de encuentro de arte e industria

El ocre de **Roussillon,** 13 km al oeste de Apt, ha dado fama mundial a la región. Durante siglos, el pueblo ha estado rodeado de mitos: que los acantilados son rojos porque engañaron al señor de la ciudad para que se comiera a su esposa y posteriormente se arrojó al vacío, o que los titanes construyeron un cañón de fuego en una cueva en el Mont Ventoux que quemó las laderas rojas para toda la eternidad.

Después de admirar los colores vivos de las casas del pueblo, hay que visitar el taller **Ôkhra,** situado en la antigua fábrica del **Écomusée de l'Ocre.** Se recomienda una visita guiada. En verano, hacen un taller infantil de 2 h para aprender a pintar con ocre. Los adultos pueden disfrutar de una iniciación a la pintura decorativa. Es un taller de 6 h que cubre las técnicas básicas de pintura; se lleva a cabo mensualmente, dependiendo de las reservas. En la tienda venden pigmentos para llevarse a casa.

El **Colorado Provenzal,** a las afueras de **Rustrel** (10 km al noreste de Apt y 21 al este de Rousillon), es una antigua mina de ocre y hierro. Se llena de visitantes durante la temporada alta. Un sitio natural protegido muestra las vías y canalizaciones de la época de explotación minera. Precio de entrada a partir de 2 € para visitantes a pie. Se recomienda ir temprano para evitar el calor y las multitudes.

Para encontrar menos gente, se aconseja hacer una visita subterránea a las cercanas **Mines de Bruoux,** donde los visitantes se ponen un casco para ver las canteras de ocre. El techo de los túneles alcanza los 12 m de altura. También se puede emprender una corta caminata por el **Sentier des Ochres** en Roussillon, para ver los acantilados ocres salpicados de pinos de color verde intenso.

Cata de vinos en una cooperativa

Comparar vinos del Luberon y de Ventoux

Las cooperativas vinícolas son una manera excelente para que los pequeños agricultores combinen sus uvas y compartan los costes de hacer vino. Históricamente, esta ha sido siempre una región llena de pequeños agricultores. Los pueblos del Luberon se unieron al final de la I Guerra Mundial para crear cooperativas que han perdurado y crecido a lo largo de los años.

La cooperativa vinícola más antigua de la región de Vaucluse es la **Cave de Bonnieux,** que incluye Bonnieux, Goult, Roussillon, Lacoste y Gordes. El vino producido por estas cooperativas sigue siendo delicioso y el precio de venta sue-

DÓNDE COMER EN ROUSSILLON Y ALREDEDORES

Bar des Amis
No hay que perderse el Hot-Dog du Luberon o los aguacates a la brasa en este *bistrot de pays* en Villars. €

Ocria
La microcervecería local de Rustrel, con una sala de degustación para disfrutar de los cinco tipos de cerveza ecológica. €

Le Grappe de Raisin
Balcón en el centro de Roussillon con platos como bistec, patatas fritas caseras y *aïoli* provenzal. €€

PIXELSHOP/SHUTTERSTOCK ©

Colorado Provenzal, Rustrel.

le ser más bajo. Entre los vinos recomendados se encuentran el blanco Les Safres (Luberon) y el tinto Domaine Bastide de Rodon (Ventoux).

La segunda cooperativa más grande de la zona, la **Cave du Luberon,** está cerca. Celebró su centenario en el 2023 y ofrece el mejor vino blanco de la región, Les Bories, un Ventoux perfecto para un aperitivo ligero bajo los árboles mientras se saborea la *tapenade* local. Los amantes del rosado pueden probar el Ô de Léthé, mientras que los entusiastas del tinto apreciarán la complejidad de Les Promises.

Durante la cata, se recomienda preguntar qué viñedos hacen *apéritif,* un gran pasatiempo de verano en el Luberon: visitar un viñedo al atardecer, probar una copa de vino y llevarse una botella a casa para acompañar la cena.

Visitar pueblos menos conocidos

Cerca del Pequeño Luberon

Al este de Apt, en el flanco norte del Luberon, hay varios pueblos animados escondidos. **Robion** está fuera de las rutas habituales y es menos espectacular que otros municipios de la región, lo cual ha ayudado a mantener vivo un ambiente amistoso. El antiguo teatro, que data de la época romana, es

LUBERON VS. VENTOUX

Los vinos del **Luberon** se cultivan en un suelo arenoso y rico en piedra caliza, lo cual les da un carácter ligero y fresco. Las principales variedades de uva cultivadas en el Luberon son garnacha, *syrah* y *mourvèdre.* Los vinos producidos aquí son generalmente más bajos en taninos que los de Ventoux. A menudo tienen notas de frutas rojas, hierbas y especias.

Los vinos del **Ventoux** se cultivan en suelos rocosos, lo cual proporciona un drenaje excelente y ayuda a concentrar los sabores de las uvas. Las principales variedades de uva cultivadas en el Ventoux suelen ser las mismas que en el Luberon, aunque debido a las condiciones de cultivo, los vinos producidos aquí son más completos en cuerpo y más altos en taninos. A menudo tienen notas de fruta oscura, chocolate y cuero.

VIÑEDOS A VISITAR

Domaine de Marie
Aquí domina la elegancia y el lujo; los vinos son tan opulentos como el entorno.

Domaine des Cancélades
Enólogos independientes con precios razonables. También tienen albaricoques frescos, cerezas y uvas de mesa.

Chateau la Canorgue
Hace décadas, estos viñedos cerca del Pont Julian fueron de los primeros en ser ecológicos.

Église Notre-Dame Dalidon.

VER LA PUESTA DE SOL

Bistrot le 5
Para contemplar la puesta de sol con un buen cóctel en la mano desde este patio de Ménerbes. En días despejados, se puede ver el Mont Ventoux.

Église Notre-Dame Dalidon
Al subir a lo alto del pueblo de Oppède-le-Vieux, se contempla el ocaso desde los escalones de la iglesia, admirando cómo cambia el color del exterior del edificio con la luz.

Domaine de La Citadelle Luberon
Las vides muestran sus verdaderos colores al atardecer. Es el lugar ideal para disfrutar del mundo a través de unas gafas de color *rosé*.

interesante para los aficionados a la historia y alberga conciertos en verano. Si no hay nada programado, la alternativa es ir al **Café de la Poste** y ver pasar el mundo disfrutando de buenos cócteles y música en directo.

Oppède-le-Vieux domina todo el valle. Hay que aparcar el coche por debajo del pueblo y subir a **Le Petit Café,** un lugar acogedor a la sombra de los árboles, donde los visitantes pueden disfrutar de una taza de café o una copa de vino.

El principal atractivo de Oppède es el paseo por las estrechas escaleras antiguas hasta las ruinas del **castillo** y la **Église Notre-Dame Dalidon,** que ha sido ampliamente restaurada. El paseo es un poco empinado, pero las vistas desde la cima bien merecen el esfuerzo. De camino, se puede admirar el espeso *maquis* que cubre la montaña. Es fácil imaginar a los pastores y sus rebaños pasando por tan densa vegetación.

La vegetación forma parte del **Pequeño Luberon,** separado de las colinas del Gran Luberon (al este) por un profundo cañón fluvial, el Combe de Lourmarin. Cuenta la leyenda que los intrincados pliegues de las montañas pueden resultar confusos, y que mucha gente se ha perdido en ellos. Sin embargo, con la preparación adecuada y un buen mapa, hacer excursiones por el Pequeño Luberon puede ser una experiencia gratificante.

En un día no muy caluroso, se puede ir de Robion hasta las Gorges de Badarel, que llevan a **La Bergerie du Vallon du Colombier.** Esta zona bien conservada muestra cómo los pastores cuidaban de sus rebaños.

SUR DEL LUBERON

El sur del Luberon se define por el sol ardiente, las hileras de viñedos y los pueblos compactos. La zona tiende a atraer a visitantes más bien chic, debido a la proximidad de Aix-en-Provence y a la proliferación de excelentes chefs *gourmet* que se han establecido en ella. Pero existe un equilibrio entre el turismo selecto y las actividades más prosaicas, y uno de los indicadores es el movimiento agroecológico, encabezado por la reconocida chef Nadia Sammut.

Para aquellos que buscan una conexión más profunda con la naturaleza, se recomienda una excursión al Fôret des Cèdres, un bosque precioso de imponentes cedros y vistas a la campiña circundante. E incluso ensuciarse (o mejor dicho, colorearse) las manos aprendiendo técnicas de teñido natural en el Jardin des Plantes Tinctoriales de Lauris. Y después de un día explorando la tierra y la generosidad que ofrece, nada mejor que un tranquilo paseo por Lourmarin.

CÓMO DESPLAZARSE

La bicicleta (normal o eléctrica) es una opción excelente para explorar la región. Sin embargo, para visitar pueblos más pequeños, lo mejor es un coche. Las líneas de autobús Zou! 8, 9 y 19 conectan los pueblos del sur del Luberon con Cavaillon, Apt y Aix-en-Provence.

Gastronomía ecoconsciente

Mujeres allanando el camino

La agroecología está echando raíces en el Luberon, y la comunidad gastronómica local está virando hacia una experiencia gastronómica más sostenible. Uno de los restaurantes que lideran este cambio es **L'Auberge de la Fenière** de Cadenet, que cuenta con una estrella Michelin desde 1995. La chef Nadia Sammut es conocida por su enfoque innovador y su compromiso con el uso de ingredientes frescos y locales.

CONSEJO

Conseguir reservas de restaurantes es un deporte local en el Luberon. Si se quiere ir a un restaurante de moda sin mirar el precio, hay que reservar mesa con mucha antelación.

> **CONDUCIR CON ESTILO**
>
> Si el viajero quiere añadirle un toque especial a su viaje por carretera, puede alquilar un coche clásico durante un día con Yes Provence (yesprovence.com). No tendrá acceso a servicios modernos, como aire acondicionado, pero el encanto clásico de un Citroën 2CV, un Méhari, un Volkswagen Escarabajo o incluso una furgoneta Volkswagen lo compensa con creces. Y si ha estado soñando con conducir un Renault 4L clásico, puede hacerlo gracias a Voitures Passion (voiturespassion.com), en Aix-en-Provence. Además, con su cómodo servicio de entrega, ni siquiera hay que preocuparse de ir a recogerlo.

Se centra en platos vegetarianos y sin gluten, y muchos de los productos que utiliza la chef provienen del propio huerto del restaurante. El compromiso de Sammut con la sostenibilidad y la agricultura local le ha valido el reconocimiento como una de las pioneras del movimiento agroecológico en la región. Es una experiencia gastronómica deliciosa y respetuosa con el medio ambiente. La carta cambia con frecuencia, según la disponibilidad estacional de los ingredientes, y los platos están diseñados para mostrar los sabores locales.

La hora dorada en Lourmarin

Un paseo y un cóctel

Recorriendo el macizo del Luberon entre acantilados por el Combe de Lourmarin, el primer pueblo que se visita es **Lourmarin.** En su día fue un apacible pueblo agrícola y ahora es un lugar refinado, con calles llenas de tiendas y *boutiques* de artículos de lujo para el hogar. Los peregrinos literarios pueden echarle un vistazo al cementerio municipal, lugar de descanso de Albert Camus (1913-1960), que vivía cerca cuando murió en un accidente de coche.

Si se ha reservado para cenar aquí, antes se puede ir a tomar una copa. **La Maison Café** es un lugar relajado e íntimo con cócteles clásicos a buenos precios, un sitio estupendo para un *spritz*. **Le Bar du Moulin** es el establecimiento más chic de la localidad para tomar algo antes de cenar. Ofrece muchos cócteles creativos, pero no hay que perderse el mojito casero con cítricos provenzales, que reinventará esta bebida para más de uno.

EXCURSIÓN POR EL FÔRET DES CÈDRES

El **Fôret des Cèdres** se extiende por una amplia meseta en el macizo de Luberon. Este bosque, procedente de semillas originadas en las montañas del Atlas Medio (norte de África), es un testimonio de la belleza y la diversidad de la naturaleza. Para hacer una excursión por la zona, se empieza en el aparcamiento que hay en el extremo norte del **1 Chemin de Recaute,** al noroeste de Lauris. La excursión es aprox. de 14 km y supone una desnivel total de unos 500 m. Es una caminata moderada, y se tardan unas 4 h a un ritmo pausado.

Al comienzo, deben seguirse las indicaciones hacia el Fôret des Cèdres. Para empezar a subir, se puede tomar el **2 Combe de Recaute.** El camino recorre el **3 Vallon du Gros Ubac** (*ubac* se refiere a la zona umbría, el lado sombreado de la montaña). En el **4 Vallon de Lare,** el camino se divide; hay que girar a la derecha para subir al Fôret des Cèdres. A partir de ahí, se está rodeado de árboles imponentes y del estimulante aroma del cedro.

Una vez en la cresta, se sigue el **5 Sentier de la Fôret des Cèdres,** que serpentea a través de un impresionante bosque sombreado. A medida que se empieza a descender, con el **6 Vallon de Sanguinette** a la izquierda, el camino rocoso tiene algunas curvas técnicas.

En el desvío del Vallon de Lare, hay que ir hacia el sur. Aparecen dos caminos, uno a la izquierda y otro a la derecha: se baja por el de la izquierda, que discurre por una colina empinada cubierta de matorrales. Se pasa por el **7 Vallon de Roumias** de camino al aparcamiento.

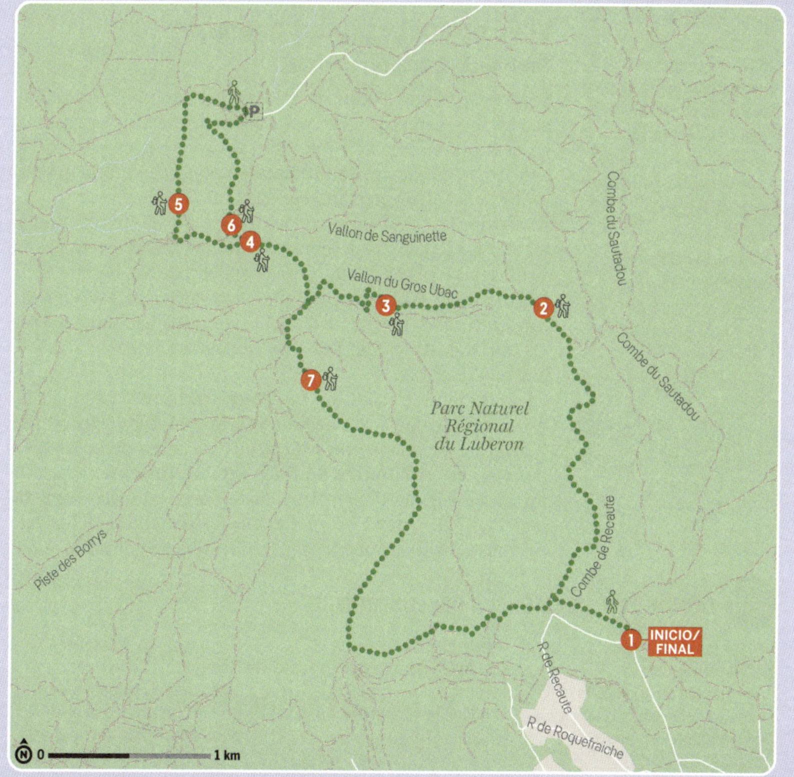

RESTAURANTES ECORRESPONSABLES

Moris Restaurant
En Cucuron, Moris ha apostado por la alta gastronomía en el Luberon. Hay un patio agradable donde degustar los platos del día, que pueden incluir lenguado con boniato y maracuyá. **€€€**

Matcha Restaurant
El moderno restaurante de Cucuron está orientado a la salud, pero sigue siendo satisfactorio. El *plat du jour* puede ser un Wellington de verduras o un perrito caliente casero. En cualquier caso, seguro que será bueno. Cafés excelentes. **€€**

Lou Pebre D'Ail
Tartas de calabaza, *onglet* (entraña) con salsa bearnesa y *panna cotta* de vainilla con *coulis* de frutas: las comidas en este pequeño restaurante de Lauris son potentes y deliciosas. **€€**

Aprender a teñir

Un jardín de colores

El **Jardin des Plantes Tinctoriales** es el único jardín de su tipo en Europa. Está dedicado a las plantas que se pueden utilizar para elaborar tintes, cosméticos y nutrición. Fue fundada en Lauris en el año 2000 por Michel García, un reconocido químico y experto en tintes naturales, con el propósito de preservar el conocimiento tradicional y las técnicas de teñido.

Actualmente lo gestiona Les Amis du Jardin. El jardín incluye una amplia gama de plantas como el añil, la roja tintórea y la gualda, que se han utilizado durante siglos para crear una gama de colores. Los jardines están meticulosamente diseñados, y los visitantes pueden presenciar el proceso de crecimiento de estas plantas y aprender sobre su historia y usos. El centro también ofrece talleres sobre técnicas de teñido natural, donde el participante puede aprender sobre el proceso de creación de tintes y teñir sus propios tejidos. El centro está abierto para visitas; por un suplemento de 6 € por persona (mínimo 5) es posible recorrer los jardines con un guía.

En junio, Lauris se llena de color: los talleres, visitas guiadas, juegos, proyecciones de películas y música en directo le aportan al pueblo un aire festivo veraniego.

Viaje en coche por las colinas

Una ruta plenamente provenzal

Si el viajero solo dispone de un día en el Luberon meridional, puede alquilar un coche de época y salir a descubrir los castillos de la comarca y la personalidad única de cada pueblo. Se empieza en el elegante **Lourmarin:** no hay cafetería mala si está en el centro y permite ver pasar el mundo. Luego se va a **Ansouis.** La elegante historia de este pueblo parcialmente fortificado todavía se percibe en la actualidad: Ansouis fue en su día residencia de verano para la nobleza de Aix-en-Provence. Las murallas, las torres de vigilancia y las puertas de entrada rodean el casco antiguo del pueblo, y también alberga uno de los pocos castillos del Luberon que está abierto al público; hay que reservar.

La siguiente parada es **La Tour-d'Aigues** y su castillo renacentista, que hoy alberga un museo de *faïence* (cerámica vidriada). Se puede comprar aceite de oliva de la zona en la *boutique* **À l'ombre de l'olivier. Mirabeau** tiene una fortaleza fascinante, pero es más famoso como escenario de la película de culto *Manon del manantial* (1986). Si hay que ver una película francesa antes o durante el viaje a Provenza,

DÓNDE DORMIR EN EL SUR DEL LUBERON

La Maison de Lourmarin
Habitaciones chic y confortables en una casita en el centro del pueblo. Dispone de lavandería y cocina. **€€**

Domaine de Fontenille
Una fiesta del lujo y el bienestar. Los viernes por la noche hay barbacoa en el jardín. **€€€**

L'Auberge de la Fenière
Confortable hotel rural vinculado al restaurante y granja con estrella Michelin de la chef Nadia Sammut. **€€€**

EKATERINA POKROVSKY/SHUTTERSTOCK ©

Mirabeau.

esta es la indicada. Está basada en la novela *El agua de las colinas* (1963), del escritor local Marcel Pagnol. En el centro hay una estatua de Manon sentada al borde de la fuente. Si entra hambre, se puede comer algo al lado, en **Chez Luni.**

Al norte se encuentra el último pueblo de la lista, **Vitrolles-en-Luberon.** Es menos célebre que otras localidades de esta ruta. El castillo está en proceso de renovación, pero hay un agradable B&B para excursionistas llamado **Le Vieux Presbytère,** que sirve comida sencilla y bebidas frescas.

DÍAS DE MERCADO EN EL LUBERON

No hace falta esperar hasta el fin de semana para visitar un mercado. Con tantos pueblos en los alrededores, hay un mercado cada día. Los precios no siempre son más baratos que en el supermercado, pero los productos suelen proceder de los alrededores y, con frecuencia, los vende directamente el agricultor. Hay que pensar como un chef: elegir un ingrediente de temporada y convertirlo en el protagonista de la comida.

Lunes:
Lauris, Cadenet

Martes:
Lacoste, Cucuron, La Tour d'Aigues

Miércoles:
Coustellet (noches de verano)

Jueves:
Mirabeau, Ménerbes

Viernes:
Lourmarin, Bonnieux

Sábado:
Petit Palais, Apt

Domingo:
Ansouis, Coustellet, Puyvert

DÓNDE COMER DULCES EN EL SUR DEL LUBERON

Pâtisserie Volpert
Postres creativos como *le mistral,* una golosina aglomerada con ganache de nuez, caramelo y pasta *choux.* En Ansouis. €

Chez Jarry
Esta cafetería y pastelería del corazón de Cavaillon es ideal para degustar troncos de Navidad y postres de verano. €

La Maison de Gibassier
En Lourmarin. Hay que probar un *gibassier*, la galleta navideña con sabor a anís, o una *lourmarinoise* de caramelo y manzana. €

ALPES DE ALTA PROVENZA

DESDE VALLES ALPINOS A CAMPOS DE LAVANDA

La meseta de Valensole, las Gorges du Verdon y los Alpes hechizan a los fotógrafos y a los montañeros con sus paisajes únicos y espectaculares.

Los Alpes de Alta Provenza son una región mayormente rural que se extiende desde las suaves colinas del extremo este del Luberon hasta los dentados picos de los Alpes, en la frontera con Italia. Los visitantes suelen centrarse en las Gorges du Verdon, que ofrecen múltiples aventuras, y en los campos de girasol y lavanda de la meseta de Valensole, en la zona sur del departamento, pero también es posible empaparse de vida rural en la región de Banon (tomando queso de cabra conservado en hojas de castaño), contemplar galaxias desde los observatorios (bajo unos cielos de los más oscuros de Francia), o hacer una excursión por una vía *ferrata* en Digne-les-Bains, seguida de un tratamiento en los baños termales para calmar los músculos doloridos.

Las montañas de Alta Provenza, cubiertas de nieve hasta bien entrada la primavera, están divididas por seis valles principales, conectados por pasos de carretera que son de los más altos y espeluznantes de Europa. Al norte está el valle de Ubaye, con paisajes inolvidables. Las estaciones de esquí, sencillas y poco concurridas, son ideales para familias o aventureros. Y en verano, los siete puertos de montaña que salen del valle están llenos de ciclistas y coches que siguen las curvas cerradas hasta la cima del mundo.

Pág. opuesta: Gorges du Verdon (p. 237); recuadro: campos de lavanda (p. 240).

ZONAS PRINCIPALES

DIGNE-LES-BAINS
Aguas curativas y excursiones.
p. 230

GORGES DU VERDON
Aventuras al aire libre y campos de lavanda.
p. 237

VALLE DE UBAYE
Pistas de esquí y ambiente de montaña.
p. 243

Orientarse

La autopista más cercana es la A51, que une Aix-en-Provence con Grenoble y conecta con Digne-les-Bains a través de la N85. La N202, al oeste de Digne, da acceso a varios valles y conecta con Niza, unas horas al sureste.

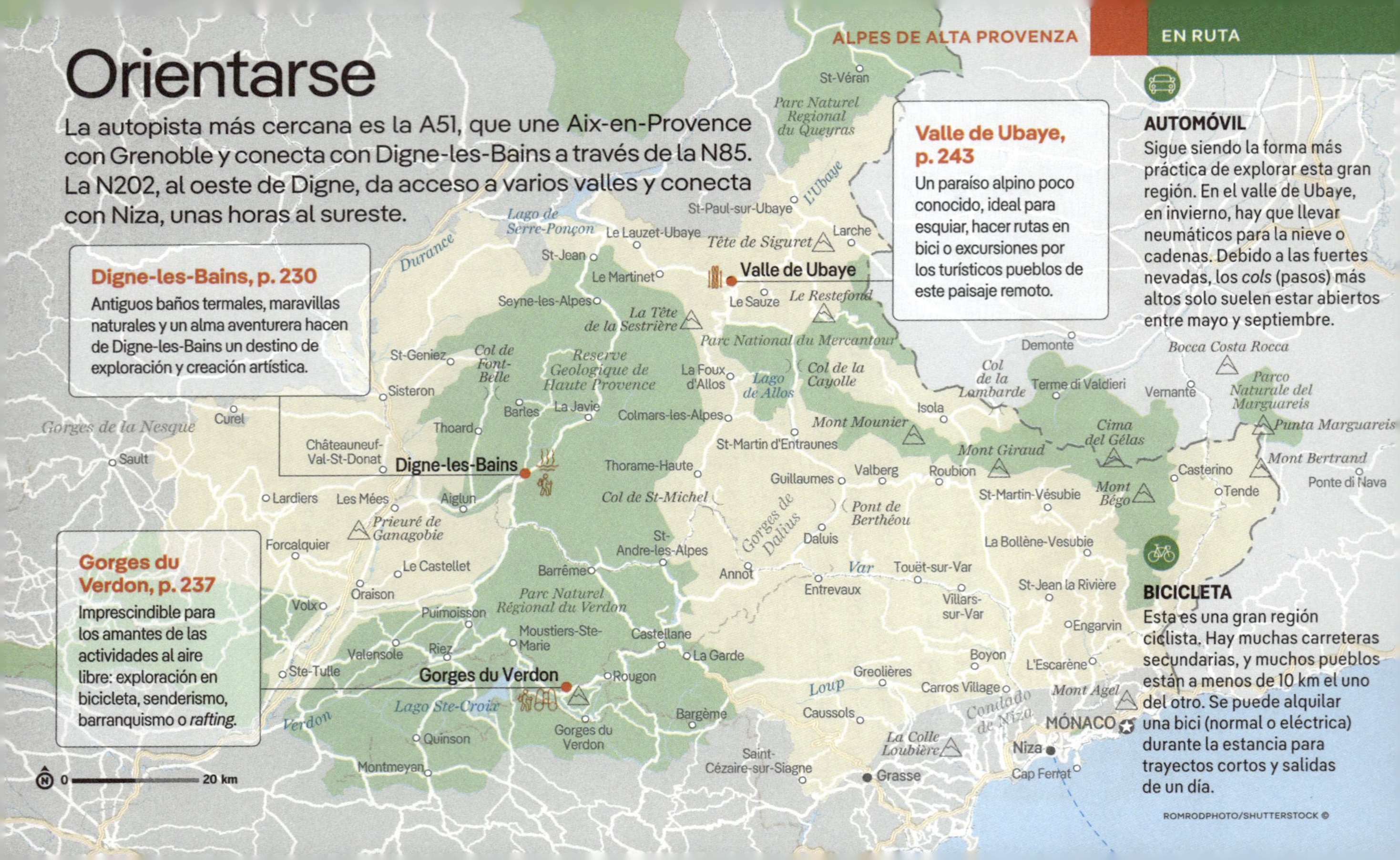

Digne-les-Bains, p. 230

Antiguos baños termales, maravillas naturales y un alma aventurera hacen de Digne-les-Bains un destino de exploración y creación artística.

Gorges du Verdon, p. 237

Imprescindible para los amantes de las actividades al aire libre: exploración en bicicleta, senderismo, barranquismo o *rafting*.

Valle de Ubaye, p. 243

Un paraíso alpino poco conocido, ideal para esquiar, hacer rutas en bici o excursiones por los turísticos pueblos de este paisaje remoto.

AUTOMÓVIL

Sigue siendo la forma más práctica de explorar esta gran región. En el valle de Ubaye, en invierno, hay que llevar neumáticos para la nieve o cadenas. Debido a las fuertes nevadas, los *cols* (pasos) más altos solo suelen estar abiertos entre mayo y septiembre.

BICICLETA

Esta es una gran región ciclista. Hay muchas carreteras secundarias, y muchos pueblos están a menos de 10 km el uno del otro. Se puede alquilar una bici (normal o eléctrica) durante la estancia para trayectos cortos y salidas de un día.

Gorges du Verdon (p. 237).

Planificarse

Si hay poco tiempo, se puede ir a las Gorges du Verdon para disfrutar de una aventura al aire libre, o bien a las altas cumbres del valle de Ubaye.

Con poco tiempo

- Caminar por la cresta sobre **Moustiers-Ste-Marie** (p. 242) y visitar talleres de cerámica.
- Pasar el día siguiente explorando las **Gorges du Verdon** (p. 237) a pie, en *rafting* o en bici.
- En verano, recorrer la **meseta de Valensole** (p. 240) para ver la lavanda en plena floración.
- Durante las demás estaciones, visitar la **Réserve Géologique de Haute-Provence** (p. 234) para viajar a la época de los dinosaurios.

Cinco días para viajar

- Pasar una o dos noches en **Banon** (p. 235) para disfrutar de la vida del pueblo, hacer caminatas durante el día y pasar las noches mirando las estrellas (p. 234).
- Ir a **Digne-les-Bains** (p. 230) para pasar una noche y disfrutar de los **baños termales** (p. 230) o recorrer la **vía 'ferrata'** (p. 231).
- Conducir hasta **Barcelonnette** (p. 243) para explorar el valle de Ubaye: ciclismo, *rafting* o senderismo en un paisaje increíble.

Destacado por temporada

PRIMAVERA
La primavera varía según la altitud. Hay que comprobar las temperaturas y la capa de nieve antes de ponerse en marcha.

VERANO
Lavanda en la meseta de Valensole; en julio, los pasos de montaña del valle de Ubaye están abiertos para ciclistas y coches.

OTOÑO
Caminar por las Gorges du Verdon a principios de otoño, el momento perfecto para admirar los desfiladeros y los cambios de estación.

INVIERNO
Esquiar en las pistas del valle de Ubaye (o fuera de pista) para vivir aventuras sin las multitudes y el lujo de los Alpes del norte.

DIGNE-LES-BAINS

Este municipio situado a 600 m de altitud es famoso por sus baños termales curativos. A menudo, los soldados de Napoleón eran enviados aquí para recuperarse después de las campañas. Un espíritu sanador místico rodea Digne-les-Bains. Además, se puede visitar la casa y la asociación de la intrépida exploradora Alexandra David-Néel, que encontró aquí descanso e inspiración entre sus viajes pioneros (especialmente por el Tíbet).

A 30 min a pie del centro, la vía *ferrata* Rocher de Neuf Heures ofrece un ascenso emocionante e impresionantes panorámicas. Al volver, nada mejor que disfrutar de la cocina regional: *daube* (estofado de ternera), *tourtons* (buñuelos cuadrados) o el célebre cordero de Sisteron.

En agosto, Digne-les-Bains se vuelve aún más mágico durante el Corso de Lavande, una celebración dedicada a la belleza y el aroma de los campos que la rodean; culmina con un desfile por la ciudad, donde los lugareños se visten con trajes tradicionales provenzales y decoran carrozas con lavanda.

CÓMO DESPLAZARSE

Digne es muy práctico como núcleo de transporte en autobús por la región. Zou! tiene conexiones frecuentes con pueblos y ciudades cercanas, y líneas directas a Aix-en-Provence y Barcelonnette.

CONSEJO

Se puede explorar Digne-les-Bains con las bicis eléctricas que alquila Stations Bee's. Así, el viajero podrá descubrir la diversidad de paisajes a su propio ritmo, desde los valles y los imponentes acantilados hasta los frondosos bosques y los *maquis* aromáticos. Es una forma fantástica de empaparse de la belleza natural de la región.

Curas termales

Relajarse en los baños

La reputación del municipio como lugar de curación natural se remonta a la Antigüedad. Se cree que los romanos fueron los primeros en descubrir las propiedades curativas de las **Thermes de Digne-les-Bains.** A lo largo de la historia, mucha gente ha acudido en busca de alivio para una gran variedad de enfermedades, incluidos problemas respiratorios, reumatismo y afecciones cutáneas.

Incluso los soldados de Napoleón reconocían los beneficios de las aguas termales de la ciudad, y muchos eran enviados aquí para recuperarse después de sus campañas. Hoy, es posible experimentar la capacidad reparadora de estas aguas con diversas opciones asequibles. Un buen punto de partida son los programas de minicura, que duran cuatro días y es-

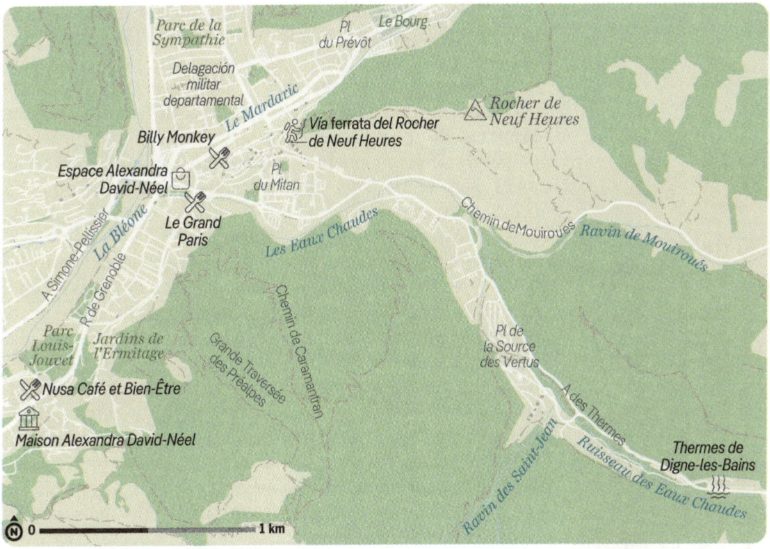

tán considerados un tratamiento médico. También hay salidas de un día al *spa* (desde 18 €/medio día), con la posibilidad de añadir un masaje u otros tratamientos. Los manantiales están 3,5 km al este de la ciudad.

Tras los pasos de Alexandra David-Néel

Una aventurera pionera

Alexandra David-Néel (1868-1969) fue una exploradora, escritora y conversa budista que vivió la última década de su vida en Digne-les-Bains. Fue una de las primeras occidentales en visitar el Tíbet (1916) y llegar a la ciudad prohibida de Lhasa (1924). Realizó estos viajes disfrazándose de mendiga y de monje. Su conocimiento del tibetano y sus encuentros con el 13º dalái lama y el panchen lama abrieron la puerta para que los occidentales aprendieran más sobre su cultura y su religión. Durante sus años en Digne, escribió varios libros, entre ellos *Mi viaje a Lhasa* y *Magos y místicos del Tíbet,* que todavía se leen y se admiran.

Se puede visitar la **Maison Alexandra David-Néel,** que cuenta con un museo y un jardín. Los viajeros bilingües deben reservar una visita guiada a la villa. En el centro está el Espace Alexandra David-Néel, con una excelente librería y tienda de productos artesanales tibetanos. Los beneficios se destinan a apoyar a los aldeanos en el Tíbet.

Subir a las alturas

Diversión en una vía 'ferrata'

No hay muchos pueblos que tengan acceso a pie a una vía *ferrata.* Estas rutas, desarrolladas por los italianos durante la II Guerra Mundial, son una mezcla de montañismo, circui-

LOS MEJORES RESTAURANTES DE DIGNE-LES-BAINS

Le Grand Paris
La carta combina sabores regionales y toques modernos, en un ambiente acogedor e íntimo. €€

Billy Monkey
Amplia variedad de hamburguesas excelentes: hay ternera, pero también filete de pollo, costillas de cerdo y falafel. €

Nusa Café et Bien-Être
Un paraíso vegetariano. Ya sea para el desayuno, el almuerzo o el *brunch* dominical, esta cafetería tiene opciones frescas y saludables para tomar en la terraza. €

to de cuerdas y escalada. Para los amantes de la montaña, es una forma excelente y segura de acceder a las amplias vistas y las emociones fuertes de la escalada, pero sin necesidad de conocimientos técnicos. El centro de Digne-les-Bains está a 30 min a pie de la **Via Ferrata du Rocher de Neuf Heures.** El impresionante ascenso pasa por una mezcla de peldaños de acero, puentes colgantes, tirolinas y roca escarpada, pero el arnés va sujeto a cables metálicos todo el camino, lo cual hace que toda la aventura sea segura (aunque hay que estar en forma).

Para quien tenga su propio arnés, casco y demás material, la vía *ferrata* es gratuita. De lo contrario, alquilan kits en la oficina de turismo (17 €) o en el **Decathlon** local. Se puede organizar una visita guiada desde la oficina de turismo, algo muy recomendable si no se ha hecho nunca, o incluso si se ha hecho alguna vez, porque se evitan errores. El acantilado está orientado al sur, así que hay que salir por la mañana o a última hora de la tarde para evitar el calor. Material esencial: calzado con agarre, guantes, agua y tentempiés para mantenerse con energía durante la aventura (2-3 h).

Llegar a la cima recompensa con unas vistas impresionantes del **valle de Durance.**

VISTAS PANORÁMICAS

Les Trois Chapelles
Esta ruta circular intermedia de 3,4 km sube a las tres capillas con vistas a Digne-les-Bains, que ofrecen acceso a las cordilleras de Cousson y de Trois Évêchés.

St-Pancrace
Una ruta intermedia de 6,1 km (ida y vuelta) que lleva a la capilla de St-Pancrace, del s. XIII, con vistas al valle de Durance.

Trou de St-Martin
Ruta para expertos de 10,8 km que sale de la Oficina Forestal de Serre, en la Réserve Géologique de Haute-Provence, y sigue una cresta hasta el Trou de Saint-Martin. Los rayos del sol pasan a través del agujero en la roca dos veces al año.

FRANCOIS ROUX/SHUTTERSTOCK ©

Valle de Durance.

DÓNDE DORMIR EN DIGNE-LES-BAINS

Le Richelme
Este tranquilo hotel está conectado con el complejo termal; es posible reservar media pensión. €€€

Hotel et Pension Village Gaïa
Pequeño hotel para 15 personas en una casa solariega del s. XIX; posibilidad de reservar media pensión. €€

Ce Nid d'Aigle
Gîte (casa de huéspedes) en la parte alta de Digne-les-Bains, con acceso directo a las rutas de senderismo. €€

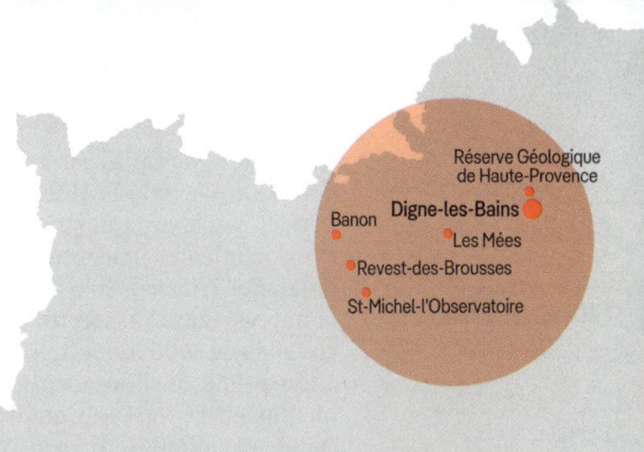

Alrededores de Digne-les-Bains

Aquí, cada pueblo tiene su propia personalidad; el desafío es encontrar el que mejor se adapte a cada uno.

Es hora de salir de Digne-les-Bains y empaparse de vida rural. El paisaje tiene mucha historia, desde las formaciones rocosas que se elevan sobre Les Mées hasta las huellas de dinosaurios en la Réserve Géologique de Haute-Provence. Para una experiencia estelar, hay que ir a Saint-Michel l'Observatoire, donde se pueden contemplar las estrellas y admirar las maravillas del universo. Y para probar los sabores locales, no hay que perderse Banon, pueblo conocido por su queso de leche de cabra envuelto en hojas de castaño. Se puede hacer una caminata matutina para abrir el apetito, disfrutar de un almuerzo delicioso en el campo y echarse la siesta bajo un castaño.

El sendero de los penitentes

Un lugar curioso

Les Pénitents es una ruta de senderismo que recorre el paisaje sobre el pueblo de **Les Mées,** 26 km al oeste de Digne. La caminata dura unas 3½ h, está bien marcada y empieza en el centro del pueblo. Se pasa por una larga y llamativa franja de cañadas de pudinga (conglomerado), formados hace millones de años por sedimentación. Tiene el aspecto de un montón de piedras de río pegadas con cemento.

La explicación mítica es que la quebrada estaría formada por los monjes de la montaña de Lure, petrificados por san Donato durante las invasiones sarracenas como castigo por enamorarse.

La caminata pasa por un paisaje variado, que incluye bosques densos, colinas onduladas y afloramientos rocosos, y tiene vistas impresionantes del pueblo y los campos circundantes. Hay aparcamiento cerca del principio del sendero.

CÓMO DESPLAZARSE

Si hay tiempo, estas carreteras son ideales para ir en bicicleta, y muchos pueblos distan menos de 10 km uno de otro. De lo contrario, lo mejor es el coche.

CONSEJO

Pasar unos días en los alrededores de Digne-les-Bains: su ritmo de vida más lento es ideal para darse un respiro.

Admirar el rastro del tiempo

Explorar un parque geológico al aire libre

Acantilados de caliza, rocas volcánicas y capas sedimentarias destacan por toda la **Réserve Géologique de Haute-Provence,** que abarca 18 sitios. El parque también contiene varios yacimientos paleontológicos importantes, con fósiles que datan del Triásico. Solo 3 km al norte de Digne se encuentra la impresionante **Dalle aux Ammonites** (losa de amonitas), con más de 1500 amonitas fosilizadas.

Los primeros dinosaurios vagaron por aquí y dejaron sus huellas en la roca sedimentaria. Se hacen visitas guiadas (también en inglés). Para visitar todo el parque hace falta coche y un día completo.

Si se quiere ver algo más reciente que esas huellas de hace un millón de años, frente a la Réserve Géologique se hallan las obras de la **Route d'Arte Contemporain,** una iniciativa francoitaliana que lleva el arte contemporáneo a los espacios rurales.

Observación astronómica en Provenza

Contar las estrellas fugaces

Los cielos despejados y la escasa contaminación lumínica hacen de los Alpes de Alta Provenza un destino ideal para observar estrellas. Uno de los mejores lugares para ver las galaxias distantes es el **St-Michel-l'Observatoire,** un centro de investigación científica abierto al público, 65 km al suroeste de Digne. Se puede participar en las salidas guiadas y observar las estrellas a través de telescopios con la ayuda de astrónomos experimentados. En verano se celebran veladas en inglés.

Otra opción es visitar el **Observatoire Astronomique de Puimichel.** Se puede conocer el funcionamiento del observatorio y explorar el cielo nocturno mediante telescopios.

Los cielos despejados de la región ofrecen muchas oportunidades para ver estrellas y algunos planetas (como Venus y Júpiter) a simple vista.

Caminar para abrir el apetito

Espíritu de pueblo, calidad de ciudad

El plan es caminar para hacer hambre. El punto de partida es el pueblo de **Revest-des-Brousses,** 62 km al oeste de Digne. Aquí está el **Lupin Blanc,** un *bistrot de pays* (restaurante rural donde se preparan buenas comidas con productos locales). La caminata bien señalizada dura 2-3 h y recorre unos 13 km de terreno ondulado, entrando y saliendo

CENAS DE PUEBLO

Le Bistrot Gaby
Hermano del cercano Bonne Étape. Ideal para disfrutar de platos locales de temporada sin pretensiones; magnífica atención al detalle. Cerca de St-Auban. €€

La Trattoria
Pizzería a las afueras de Malijai con *pizzas* excelentes y frecuente música en directo. Para parar en un viaje por carretera o cenar si se duerme cerca. €

Les Vielles Casseroles
Está un poco en medio de la nada, cerca de Châteauredon, pero la acogida es muy buena. Apartado de la carretera, con terraza tranquila y lasaña casera. €€

PUEBOS CERCA DE DIGNE-LES-BAINS

St-Étienne-les-Orgues
A los pies del monte Lure. Es un pueblo pequeño con cafetería y fácil acceso a las colinas.

Puimichel
Pueblo apacible cerca de un observatorio con un *bistrot de pays* y gente amable.

Entrevennes
Aldea de montaña pequeña y compacta, con un restaurante, rodeada de campos de lavanda.

BRUNO M PHOTOGRAPHIE/SHUTTERSTOCK ©

Dalle aux Ammonites, Réserve Géologique de Haute-Provence.

de bosques y campos. Desde el sendero se pueden ver aves rapaces dando vueltas sobre los campos. El circuito empieza y acaba en la plaza del pueblo y pasa por Aubenas-les-Alpes antes de volver a Revest-des-Brousses para un almuerzo muy especial. El *bistrot* ofrece una buena selección de licores locales y un menú nuevo cada día. Se recomienda reservar con antelación.

'BISTROT DE PAYS'

Los Alpes de Alta Provenza tienen el mayor número de *bistrots de pays*, que desempeñan un papel importante para mantener vivos los pueblos pequeños; también se pueden encontrar en otras partes de Provenza. Además de Menton en Castillon, se recomienda **L'HarTmonie** (p. 73).

Queso y castaños en Banon

Visitar en día de mercado

El Banon AOP es un queso de cabra suave envuelto en hojas de castaño, que lleva el nombre del pueblecito de **Banon.** Ya se hacía en la Edad Media e incluso podría ser más antiguo. Según una historia típicamente francesa, se atribuye la muerte del emperador romano Antonino Pío a una indigestión: supuestamente, se atiborró de Banon. Hecho con leche de cabra cruda, emana un olor muy potente, pero su aspecto más característico es el envase, pues se conserva envuelto en hojas de castaño empapadas en *eau-de-vie,* un aguardiente de frutas.

DE PUEBLO EN PUEBLO

Fiel a su pasado agrícola, el oeste de los Alpes de Alta Provenza se caracteriza por sus abundantes pueblos con centros estrechos y ordenados, rodeados de campos ondulados. Esto hace que la región sea perfecta para ir de pueblo en pueblo en bici eléctrica o en coche. Nunca se suele estar a más de 10 km del pueblo vecino.

Desde Banon, es fácil explorar **Simiane-la-Rotonde** sobre una colina, el florido **Jardin de l'Abbaye de Valsaintes** o, un poco más adelante, el enigmático monte **Lure,** con su estación de esquí ideal para familias (cuando hay suficiente nieve).

Durante todo el año, estos pueblos invitan a explorar la cultura, el campo y la gastronomía provenzales.

QUESO BANON DIRECTO DE LA GRANJA

Granja Le Petit Troutouil
A 7 km de Banon, en Simiaine-la-Rotonde, Valérie todavía ordeña manualmente sus cabras cada día a las 18.30. Se puede comprar el queso AOP Banon en la granja o en el mercado de los sábados en Banon.

Fromagerie GAEC du Grand Jas
Tienda de granja cerca de St-Michel-l'Observatoire, abierta a diario de 8.00 a 12.00 y de 15.00 a 19.00. En verano es posible organizar visitas en grupo.

Fromagerie Domaine de la Haute Lèbre
En Revest-du-Bion. Venden Banon y otros quesos de cabra frescos y envejecidos.

Queso Banon AOP envuelto en hojas de castaño.

Por lo general, el **queso Banon** solo se produce los meses de verano, cuando las cabras pastan en las montañas; se deja madurar varias semanas hasta que está listo y, a menudo, se sirve como postre, acompañado de fruta fresca y vino blanco.

La fama del queso tal vez ha ayudado a mantener el dinamismo del pueblo de Banon, a pesar de su aislamiento. El mercado semanal tiene lugar todos los martes y sábados por la mañana en la plaza. En él se encontrarán quesos artesanales, productos frescos y artesanía. Para disfrutar del ambiente de una antigua cafetería francesa, se puede pasar por el **Café de l'Union. Les Vins au Vert** es un bar de vinos con una buena selección de caldos locales e internacionales.

En el pueblo también se encuentra la **Librairie le Bleuet,** una librería muy recomendable para los bibliófilos. Cada mes de mayo, el pueblo organiza una Fête du Fromage y un festival de literatura.

LA PROVENZA DE GIONO

El escritor provenzal Jean Giono tenía una granja en **Forcalquier** (p. 214), donde escribió su novela *El húsar en el tejado*. La finca, ubicada 20 km al este de Revest y 25 al sureste de Banon, es ahora un B&B.

DÓNDE COMER CERCA DE DIGNE-LES-BAINS

La Chouette Gourmand
Restaurante familiar con vistas a Digne-les-Bains que fusiona cocina provenzal, corsa y armenia. €€

Les Lavandins
Un *bistrot de pays* chic que sirve *pieds et paquets* (manitas y callos de cordero) y *alouettes sans tête* (rollo de ternera). €€

D'Ici et d'Ailleurs
Comida sencilla y abundante de aquí y allá en el pueblo de St-Étienne-les-Orgues. €€

GORGES DU VERDON

Pocos lugares de Provenza pueden igualar la espectacularidad de las Gorges du Verdon. Para aprovechar al máximo el viaje, se recomienda elegir una actividad al aire libre y prepararse para explorar las gargantas y su entorno. A los excursionistas les encantan los senderos del lecho del desfiladero. Los ciclistas pueden enfrentarse al desafío de subir por una empinada carretera en cornisa, para luego hacer un descenso frenético. Y la elección de actividades de aventura no es fácil: barranquismo, escalada o *rafting*. Aunque también se puede optar por la observación de vida silvestre.

El desfiladero principal empieza en Rougon, cerca de la confluencia de los ríos Verdon y Jabron. Los puntos de partida más útiles son Moustiers Ste-Marie en el oeste y Castellane en el este.

En bicicleta por la cornisa

Ascender el Verdon

Una de las actividades más atractivas es la ruta en bicicleta por la **carretera en cornisa** (Route des Crêtes), construida como vía circular de 24 km para ser recorrida desde **La Palud-sur-Verdon.** El servicio del parque está empezando a limitar el número de vehículos por día y, en ocasiones especiales, está reservada para ciclistas. Se pueden alquilar bicis eléctricas en **Verdon E-bike,** en La Palud. Pedaleando por esta carretera en cornisa (de 655 m de desnivel), se podrán contemplar las aguas turquesas del corazón de las Gorges du Verdon, cuidándose de los buitres que sobrevuelan los acantilados. La mejor época para recorrerla es en primavera u otoño, cuando las temperaturas son más frescas y hay menos turistas; en invierno, un tramo está cerrado.

CÓMO DESPLAZARSE

En temporada alta, el Verdon está de lo más concurrido. Lo mejor es aparcar el coche en Moustiers-Ste-Marie o La Palud y moverse en bicicleta, a pie o en barca. El autobús nº 450 sale de Moustiers-Ste-Marie, pasa por La Palud y va hasta el punto de partida de muchas excursiones, y luego hasta Castellane. Los excursionistas también pueden reservar la Navette Blanc Martel (navette.parcduverdon.fr), que los dejará y los recogerá en los puntos de inicio y salida de la famosa excursión del mismo nombre.

CONSEJO

En temporada alta, interesa acampar. Las temperaturas nocturnas son agradables y las vistas desde la tienda pueden ser extraordinarias.

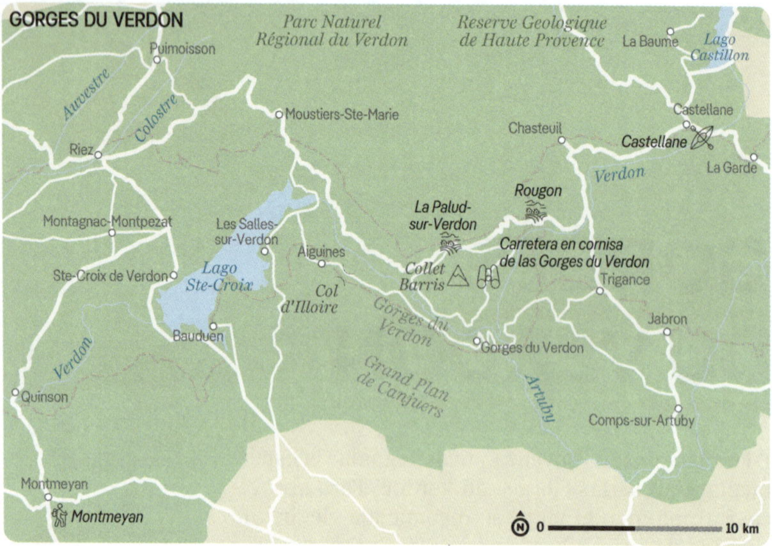

LOS MEJORES 'CAMPINGS' EN GRANJAS

Camping à la Ferme de la Graou
Vistas magníficas del Verdon y parcelas a la sombra. No hay electricidad ni agua caliente, pero es una opción económica genial y cercana a la naturaleza. €

Camping à la Ferme du Maunard
Camping limpio y tranquilo junto al lago. Ideal para familias. €

Camping Bio Verdon
En una granja de verduras ecológicas dirigida por Jean-Marc, que también es guía de escalada. Es un buen *camping* con mucho espacio, baños limpios y buen ambiente. €

Caminar por las Basses Gorges du Verdon

Ver de cerca el desfiladero

Para los amantes del senderismo, las **Basses Gorges du Verdon** son una ruta clásica que permite descubrir los cañones desde el lecho del valle. El aparcamiento para el sendero está nada más pasar el pueblo de **Montmeyan,** 37 km al sur de Moustiers, en una dirección totalmente diferente del acceso a la carretera en cornisa. Es una ruta de 12 km (3-4 h aprox.). Los excursionistas inexpertos y los niños pueden hacerla, pero hay algunas secciones técnicas, incluido el paso por un túnel. Es fácil mojarse los pies. En verano, hay que estar en el sendero antes de las 9.00 y llevar comida y agua abundante.

Discurren decenas de senderos por los campos en torno a de Castellane y Moustiers. Las oficinas de turismo ofrecen el excelente *Canyon du Verdon* (en inglés), que describe 28 rutas, con mapas de las cinco principales.

Barranquismo en las Gorges du Verdon

Seguir el curso del río

No hay mejor lugar en Francia para hacer **barranquismo.** Si no se ha probado nunca, aquí aguarda toda la diversión de un parque acuático, pero en un precioso entorno natural, explorando el desfiladero tras cada meandro del río. La oficina de turismo de Moustiers-Ste-Marie es un buen lugar para reservar un circuito.

Se recorre el desfiladero saltando, deslizándose y haciendo rápel por cascadas y terrenos rocosos. La mayoría de las salidas son de medio día. Solo hace falta un traje de baño y calzado con agarre, pues los guías proporcionan neoprenos, arneses, cascos y cuerda.

Si bien el barranquismo requiere cierta resistencia física y agilidad, es adecuado tanto para principiantes como para expertos. Los guías dan instrucciones sobre las técnicas y medidas de seguridad adecuadas, y adaptan cada experiencia a la habilidad del grupo.

'Rafting' en aguas bravas

Una descarga de adrenalina

Descender el río Verdon es una aventura recomendable para los amantes de las emociones fuertes de todos los niveles. De abril a junio, los niveles de agua ofrecen un descenso emocionante río abajo. Los rápidos van desde clase I hasta clase IV; desde aguas tranquilas (principiantes) hasta los rápidos más desafiantes (expertos). Suele salirse del pueblo de **Castellane,** en el extremo oriental de las gargantas. Hay que reservar con al menos una semana de antelación con una empresa como **Yeti Rafting.**

Los requisitos varían según la dificultad de la ruta: para las opciones más fáciles, los participantes deben tener una edad mínima de 7 años, mientras que los circuitos más extremos están limitados a mayores de 16 años. Todo el mundo debe saber nadar.

'Rafting', río Verdon.

POR QUÉ ME ENCANTAN LAS GORGES DU VERDON

Ashley Parsons, redactora

A pesar de que las Gorges du Verdon están en la lista de prioridades de muchos viajeros, y a pesar del tráfico denso en la carretera principal en verano, me encanta que aún sea posible explorar y perderse en el Verdon.

Entre los cañones, las rutas de senderismo y la zona que hay más allá, cada vez que voy siento que descubro algo nuevo. El aire es limpio y la gente, amable. Siempre me voy del Verdon más centrada y vigorizada que cuando llegué.

DÓNDE COMER CERCA DE LAS GORGES DU VERDON

Ferme Ste-Cécile
Para disfrutar de especialidades rurales como pollo asado a fuego lento entre las gargantas y Moustiers-Ste-Marie. **€€**

Chalet de la Maline
Restaurante anejo al Club Alpin Français, con terraza sobre las gargantas y cerveza local. **€**

Chez Steph
Un *snack bar* en Rougon con decoración moderna y un ambiente relajado. *Pizzas* personalizadas, platos de queso, refrescos y cerveza. **€**

Alrededores de las Gorges du Verdon

Visitar los campos de lavanda más famosos del mundo en la meseta sobre las Gorges du Verdon.

Aunque la meseta de Valensole es el lugar más famoso para ver campos de lavanda, el encantador **Moustiers-Ste-Marie** es un pueblo relajado y elegante. Conocido por su capilla en lo alto del cañón, ofrece mucho más que campos de lavanda y vistas impresionantes. Hay mucha actividad ceramista, con tiendas y estudios en sus estrechas calles.

Y para los que busquen una experiencia más activa, una excursión a la estrella que hay sobre el pueblo es un desafío gratificante. Además, la meseta de Valensole ofrece la oportunidad de conocer la agricultura sostenible visitando una destilería de lavanda ecológica.

CÓMO DESPLAZARSE

La empresa de autobuses Zou! tiene líneas regulares entre Moustiers-Ste-Marie, Marsella, Manosque y Niza. Visitar la meseta de Valensole en bicicleta es encantador, pero en verano no debe hacerse a pleno día debido al calor.

CONSEJO

La cosecha de lavanda puede comenzar el 1 de julio; para asegurarse, se puede tratar de llegar a mediados o finales de junio.

Visitas de lavanda sostenibles

El futuro de la lavanda

Se puede descubrir la producción sostenible de lavanda visitando una granja ecológica en la **meseta de Valensole.** En los campos han permitido que crezca hierba dorada entre las hileras púrpuras de lavanda para preservar así el suelo. Muchas granjas están abiertas todo el año para los huéspedes, pero realizan visitas especiales durante la cosecha. Una visita no está completa sin probar algunos productos a base de lavanda, como aceites esenciales, jabones y perfumes producidos con métodos sostenibles.

LAVANDA POR DOQUIER

Para ver más hileras de lavanda perfectamente simétricas, se puede visitar **Sault** (p. 196), en Vaucluse, y la meseta de **Claparèdes** (p. 213), en el Luberon.

Los campos de lavanda de Valensole suelen ser el punto culminante de un recorrido fotográfico por Provenza. Se recomienda llegar a finales de junio o principios de julio, no más tarde. En esta época, los campos aromáticos están llenos de color y son un magnífico telón de fondo. Para sacar la foto perfecta hay que levantarse temprano: el amanecer es el período más largo de luz tenue, que reduce las sombras y la luz intensa. ¿Y qué ropa hay que ponerse? Se recomiendan colores que complementen los campos de lavanda. Los tonos pastel suaves o terrosos y los colores neutros funcionan bien en este entorno. Hay que evitar los colores chillones que puedan chocar con la flor o desviar demasiado la atención de la belleza del paisaje.

Al recorrer los campos, hay que pisar con cuidado entre las hileras, ya que son cultivos muy valiosos para los agricultores.

RAYOMAND DUMASIA/SHUTTERSTOCK ©

Moustiers-Ste-Marie.

LAGOS STE-CROIX Y QUINSON

El **lago Ste-Croix** (al suroeste de Moustiers Ste-Marie) es el mayor de los lagos del Parc National Régional du Verdon. Fue creado en 1974. Se alquilan tablas de *windsurf*, canoas y kayaks (por ejemplo, en L'Étoile). La orilla sureste baña el bonito pueblo de Bauduen.

El **lago Quinson** se encuentra a los pies de la parte meridional de las Gorges du Verdon. En el pueblo de Quinson está el **Musée de la Préhistoire des Gorges du Verdon,** que explora los tesoros naturales y arqueológicos de las gargantas (con abundante taxidermia). De marzo a octubre, organiza expediciones mensuales a la **Grotte de la Baume Bonne,** una cueva prehistórica. Hay varios *campings* a orillas del lago, como el gran Domaine du Petit Lac, orientado a las actividades.

Moustiers-Ste-Marie desde arriba

Un reino de acantilados, lavanda y cañones

Suspendida entre las paredes del acantilado sobre **Moustiers-Ste-Marie** hay una estrella dorada. La leyenda dice que la original fue colgada por un caballero en 1210 en honor a la Virgen María. Vale la pena subir a ver la estrella, con vistas de las Gorges du Verdon a lo lejos. Hay dos formas de llegar al camino (el **Sentier de la Chaîne**): a pie o en bici de montaña eléctrica.

A pie desde el centro, se toma el sendero en el Parking Haut, que lleva al Chemin de Courchon (la antigua calzada romana). Después de 1,5 km, se toma el Sentier de la Chaîne hasta llegar a la estrella. Es una caminata empinada, no recomendada para niños pequeños.

En bici de montaña eléctrica, se toma la carretera principal que va a Puimoisson. Se gira a la derecha hacia En Naups y Le Castillon; la ruta pasa por encima de este último y recorre la colina hasta que vuelve a dar casi una vuelta entera hasta Moustiers-Ste-Marie, al otro lado de la colina. Pasado el *camping,* se enciende el motor de la bicicleta para subir a la cima de la colina por la antigua calzada romana. Está marcada con carteles VTT (bicicleta de montaña) amarillos y blancos.

Cerámica en Moustiers-Ste-Marie

Una tradición ancestral

La *faience* (loza vidriada) es una artesanía practicada en Moustiers-Ste-Marie desde la Edad Media. En su día, adornaba las mesas de las casas más aristocráticas de Europa. La decoración típica de una pieza de loza incluye tonos azules (como la porcelana), *aux Guirlandes,* que generalmente representa una sola escena en el centro del plato, y los "grotescos", que suelen incorporar figuras de animales o incluso fantásticas. Actualmente hay siete talleres que venden cerámica, entre ellos **Atelier Serrailler, Atelier du Barri** y **Atelier Bondil.** Se pueden ver obras maestras antiguas en el pequeño **Musée de la Faïence,** junto al ayuntamiento.

CHAPELLE NOTRE-DAME DE BEAUVOIR

Se encuentra en una zona tranquila entre dos acantilados sobre Moustiers-Ste-Marie. Fue construida entre los ss. XII y XVI y es parcialmente románica, parcialmente gótica.

Una escalera de caracol sube a la capilla, que ofrece vistas épicas de las llanuras circundantes; es una subida de unos 20 min desde el centro.

Supuestamente, tiene poderes especiales. En el s. XVII se registraron varios casos de aldeanos que trajeron bebés muertos al nacer, que volvieron a la vida el tiempo suficiente para recibir bautismo.

El 8 de septiembre, la misa de las 5.00 celebra la natividad de la Virgen María, seguida de flautas, tambores y desayuno en la plaza.

GRANJAS DE LAVANDA EN LA MESETA DE VALENSOLE

La Ferme du Riou
Esta granja ecológica realiza visitas a la destilería durante la cosecha y a la granja todo el año.

La Marché du Plateau Producteur Valensole
Productor ecológico con una cabaña en el campo durante la cosecha.

Lavandes Angelvin
Realiza visitas a la destilería en temporada alta y guiadas los martes a las 15.00.

VALLE DE UBAYE

El valle de Ubaye, en el sur de los Alpes franceses, está subestimado. Está lleno de historia, con destinos curiosos como la ciudad de Barcelonnette, que mantiene un estrecho vínculo con la cultura mexicana, con celebraciones todo el año dedicadas a la música y la cocina de la zona. En el valle se preparan generosos platos de montaña y se puede degustar miel y licores locales, además de especialidades como la *fondue de l'Ubaye*. En la región de Ubaye hay dos estaciones de esquí notables: Pra Loup y Le Sauze, con excelentes pistas de esquí y *snowboard,* pero sin las multitudes que se pueden encontrar en las estaciones más conocidas de los Alpes del norte. Tanto si se quiere explorar la historia y la cultura como si se pretende disfrutar de su deliciosa cocina, practicar *rafting* en el río o esquí, el valle de Ubaye estará esperando.

CÓMO DESPLAZARSE

Hay transporte gratuito a las estaciones en temporada de esquí y en verano; consúltense horarios en la oficina de turismo. Si se va a ir en coche en invierno, hay que llevar neumáticos de nieve o cadenas.

Barcelonnette: "C'est la Fête"

Pueblo escondido con celebraciones diversas

La Fête de la Morte es una fiesta anual en **Barcelonnette** que tiene lugar los dos primeros días de noviembre, y que comparte similitudes con el Día de Muertos de México. Tiene una larga historia, desde que los emigrantes de Barcelonnette a México regresaron a finales del s. XIX. Se realizan diversas actividades, desde vistosos desfiles y espectáculos callejeros hasta rituales y ofrendas tradicionales.

Además de la Fiesta de la Muerte, el cercano pueblo de **Jausiers** acoge la Fête de la Transhumance a principios de junio, que marca el inicio de la temporada de pastoreo. Se pue-

CONSEJO

Los Bajos Alpes son menos ostentosos que los del norte, relajados y orgullosos de las tradiciones. En la región, las acciones dicen más que las palabras; los lugareños son acogedores pero no demasiado extrovertidos.

DÓNDE COMER Y BEBER EN EL VALLE DE UBAYE

Villa Morelia
Villa mexicana en Jausiers, con altos ventanales y platos espectaculares. Se recomienda reservar. **€€€**

Maison de Pays
En las afueras de Jausiers. Hay que pedir una selección de quesos locales de la cooperativa. **€**

Brasserie des Hautes Vallées
La microcervecería local de St-Paul-sur-Ubaye; salas de degustación y fabulosas vistas alpinas. **€**

de presenciar esta impresionante trashumancia mientras se exploran los bosques y pastos de los alrededores, disfrutando de las vistas del Parc National du Mercantour. Esta fiesta también permite descubrir la cocina local, la música tradicional y las actividades culturales, a tener en cuenta si se quiere conocer la historia y las tradiciones únicas de la región.

'Rafting' en el río Ubaye

Frenesí y salpicaduras río abajo

Desde finales de la primavera hasta otoño, amantes del *rafting* de todos los niveles llegan al río Ubaye por encima de Barcelonnette en busca de una descarga de adrenalina. Dependiendo de la combinación de lluvia y deshielo, se sale de Jausiers, Barcelonnette o más abajo del río. La edad y la experiencia también son importantes: desde los 4 años, los niños pueden probar la *baby-raft,* pero deben ser mayores para probar los rápidos de clase IV. El equipo de **Anaconda Rafting** ofrece descensos de *rafting,* kayak para dos personas o *hidrospeed* (una embarcación individual).

LA CONEXIÓN MEXICANA

Casas de estilo colonial mexicano, una fiesta del Día de Muertos y más de un restaurante mexicano en este pequeño pueblo de montaña... ¿qué pasa en Barcelonnette?

En el s. XIX, los emigrantes que abandonaron la región para buscar fortuna en el Nuevo Mundo regresaron con los bolsillos llenos gracias al exitoso negocio textil que emprendieron en México. Esta nueva burguesía construyó alrededor de 50 villas mexicanas, entre 1880 y 1930.

En la **Villa La Sapinière** se encuentra el **Musée de la Vallée.** La exposición sigue no solo a los emprendedores de Barcelonnette en México, sino también las idas y venidas de los pueblos del valle entre Italia y Francia, y los viajes de vecinos notables por todo el mundo.

Esquí, Pra Loup.

Esquiar en los Bajos Alpes

Para familias y aventureros

En invierno, el valle de Ubaye es un hervidero de actividad. Además de albergar dos populares estaciones de esquí, Pra Loup y Le Sauze, el microclima (que garantiza abundantes nevadas incluso en inviernos secos) lo convierte en un destino ideal para los amantes del esquí.

Pra Loup, la mayor de las estaciones, 9,5 km al suroeste de Barcelonnette, cuenta con 180 km de pistas, con una altitud de entre 1600 y 2575 m. Con un 80% de las pistas por encima de los 2000 m, tiene garantizada una temporada más larga, incluso en inviernos suaves. También cuenta con tres pistas señalizadas de esquí de travesía, que permiten a ascender a cumbres más altas para disfrutar de una experiencia más emocionante. Hay dos zonas principales: Pra Loup 1500 (a veces llamada Les Molanes) y Pra Loup 1600 (con más infraestructura y vida nocturna). Juntas forman el mayor destino de deportes invernales de los Bajos Alpes. En verano, los telesillas transportan a ciclistas de montaña y excursionistas hasta la cumbre.

Le Sauze, 5,5 km al sureste de Barcelonnette, es otro paraíso para esquiadores: 65 km de pistas y 1000 m de desnivel, alcanzando los 2400 m. Cuenta, además, con cinco senderos marcados para caminar con raquetas de nieve, para explorar más relajadamente el paisaje invernal del valle.

El valle también ofrece otras actividades de invierno, como paseos en motos de nieve, trineo, patinaje sobre hielo y *spa*.

QUESOS DE UBAYE

Se vaya donde se vaya en los Alpes franceses, se encontrará una versión local de uno de los tres sagrados platos de quesos: *tartiflette, raclette* y *fondue.*

Para una *fondue à la vallée d'Ubaye,* lo mejor es la **Cooperative Laitière.** Se puede elegir la combinación perfecta de *meule, miche gavotte* y *carline* para una *fondue* personalizada.

La cooperativa también produce otros quesos, como *tomme de chèvre* (queso de cabra), *bleu d'Ubbaye* (queso azul) y *tomme au Génépy.*

El *tomme de chèvre* es perfecto para añadir un toque intenso a ensaladas o platos de pasta. El *bleu d'Ubbaye* es potente y cremoso con un sabor nítido, ideal para maridar con un vino tinto. El *tomme au Génépy* suele gratinarse al horno con patatas.

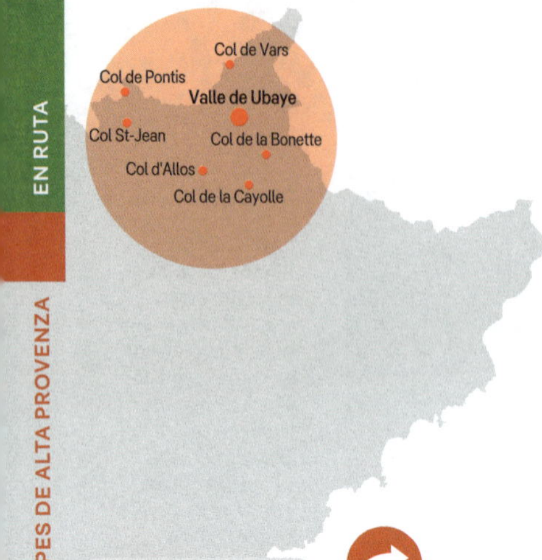

Alrededores del valle de Ubaye

Una ruta célebre en bici o en moto para cruzar un puerto de montaña.

El valle de Ubaye está rodeado por siete puertos de montaña, y forma parte de la Route des Grandes Alpes. Esta famosa ruta por los Alpes franceses abarca más de 700 km, desde Thonon-les-Bains (en el lago Ginebra) hasta Menton (costa mediterránea), y pasa por 17 puertos y por la carretera asfaltada más alta de los Alpes, el Col de l'Iseran (2764 m). Cerca del final, pasa por St-Paul-sur-Ubaye, la parte baja del valle de Ubaye después de Barcelonnette. Aunque solo se vaya a pasar por uno de estos puertos, vale la pena descubrir los Bajos Alpes sobre una moto o una bici.

CÓMO DESPLAZARSE

Los autobuses locales llevan a Barcelonnette desde Digne-les-Bains y Gap. Si se va en coche, las carreteras son estrechas (difíciles para autocaravanas). En invierno la mayoría de los puertos están cerrados, pero incluso antes, las carreteras pueden estar nevadas o heladas en la parte alta y hay que llevar neumáticos idóneos.

CONSEJO

Llevar algo de dinero en efectivo para tomar un café o una cerveza en el alto: *Après l'effort, le reconfort* ("después del esfuerzo, el alivio").

Puertos de montaña sobre dos ruedas

Ascensos épicos

Durante todo el verano, el valle de Ubaye atrae a aventureros con ganas de conquistar sus siete puertos, generalmente en bici o en moto.

Para hacer la foto perfecta, hay que ir al **Col de la Cayolle,** uno de los más fotogénicos de la zona. Pedalear hasta el puerto es todo un desafío, con numerosas secciones empinadas y curvas cerradas.

El **Col de la Bonette** es uno de los puertos más altos de los Alpes (alcanza 2715 m). A veces aparece en el Tour de Francia y el ciclista podrá imaginarse que se ha unido al pelotón.

Si se busca velocidad, ahí está el **Col de Vars.** A los ciclistas les encanta por el descenso rápido y estimulante.

Si se va hacia Italia, entonces que sea el **Montée de Ste-Anne** (ciclistas) o el **Col de Larche** (motoristas). El primero es para ciclistas, a quienes se les prohíbe recorrer el segundo.

El **Col de Pontis** es pequeño pero poderoso. Hay menos bombo alrededor de este puerto, pero aun así proporciona un ascenso desafiante que hace arder los cuádriceps.

En el extremo oeste del valle se encuentra el **Col St-Jean;** buena parte del camino transcurre por una pintoresca zona boscosa.

La ruta más clásica es el **Col d'Allos.** El descenso desde la parte superior del puerto llega hasta las Gorges du Verdon.

En **Cycle Ubaye Sports,** en Barcelonnette, se pueden conseguir buenos consejos y bicicletas de alquiler. Y para los motoristas que tengan algún problema, **Sport Moto** puede sacarlos de un apuro.

En bicicleta, Col de la Cayolle.

LAS MEJORES ACTIVIDADES ALPINAS EN UBAYE

Sylvain Boudou es guía de montaña en los Bajos Alpes. *@sylvainboudou*

Como guía, mi trabajo es pasar tiempo en la montaña, sea donde sea. Pero los Bajos Alpes siempre serán un lugar especial para mí. Estas son mis actividades favoritas por estación.

Invierno
Esquí de travesía en el alto Ubaye y escalada en hielo en el Vallon de Maljasset.

Primavera
Las mañanas son para esquiar; por la tarde, hace suficiente calor para ir en camiseta a escalar en roca en el lecho del valle.

Verano
El montañismo es el rey. Hay cumbres y crestas de todos los niveles, y no hay colas como en los Alpes del norte.

Otoño
La escalada vuelve a dominar el panorama. Se sacan los esquís del trastero y se preparan para el invierno.

AZUR
SAUNA
VIZCAYA Immobilier
2 AEROPORT

GUÍA PRÁCTICA

Los apartados de esta sección abarcan los temas más importantes que hay que saber sobre Provenza y la Costa Azul, con mucha información práctica y consejos valiosos que ayudarán a entenderlas, a orientarse y a sacar el máximo partido del viaje.

INFORMARSE ES IMPORTANTE

Antes y durante el viaje recomendamos que cualquier información relacionada con la seguridad, la salud, los trámites administrativos como con la expedición de visados, etc., sea verificada con el Ministerio de Asuntos Exteriores del país del viajero. Nuestras guías están actualizadas al cierre de la edición original, pero los cambios políticos, sociales y naturales son cada vez más rápidos e inciertos.

Tranvía, Niza (p. 54).

ARTMEDIAFACTORY/SHUTTERSTOCK ©

Cómo llegar

El aeropuerto de Niza-Costa Azul es un punto de acceso importante a la región, y el de Marsella-Provenza también está conectado con muchos destinos europeos. Según la temporada, hay conexiones aéreas con Europa desde dos aeropuertos más pequeños: Aviñón y Tolón. Aviñón, Aix-en-Provence y Marsella conectan con París a través del tren de alta velocidad (TGV). Muchos servicios siguen por la costa hasta Niza, pero más despacio.

Fronteras

Como parte del espacio Schengen, no hay que completar formalidades al cruzar a Francia desde otros países europeos. Excepcionalmente, puede haber controles de identidad en la frontera italiana en Menton.

Visas

Los viajeros del Reino Unido, EE. UU. y otros pueden permanecer sin visado un máximo de 90 días dentro de un período de 180 días. Más información en schengenvisainfo.com.

Wifi

Hay que seguir las indicaciones para conectarse al wifi gratuito en los aeropuertos y en muchas estaciones de tren. Ahora, bares, cafeterías y hoteles suelen ofrecerlo. Hay wifi público gratuito en Niza y Marsella.

Devolución de impuestos

Los no residentes en la UE pueden solicitar la devolución del IVA en compras realizadas en Francia superiores a 175 € en máquinas de autoservicio o en las oficinas de cambio de las terminales 1 y 2 del aeropuerto de Niza-Costa Azul.

Transporte público del aeropuerto al centro

	Niza	Marsella	Mónaco
TREN	4 min **2,10 €**	N/A	40 min **5,40 €**
AUTOBÚS	30 min **1,70 €**	25 min **10 €**	60 min **19,40 €**
TAXI	15 min **32 €**	30 min **50-60 €**	45 min **95 €**
TRANVÍA	30 min **10 €**	N/A	N/A

ETIAS

En el 2025 empezará a funcionar el nuevo sistema electrónico de investigación de antecedentes de la Comisión Europea, el Sistema Europeo de Información y Autorización de Viajes (SEIAV o ETIAS). Los ciudadanos de países no pertenecientes a la UE exentos de visado, como el Reino Unido, EE.UU. y otros, deberán completar un formulario por internet previo a su llegada. Una vez aprobados, podrán permanecer hasta 90 días en los 27 países de la zona Schengen. El SEIAV o ETIAS tendrá una validez de tres años y costará 7 €, que se podrán pagar a través de la web de ETIAS o de la aplicación móvil. Para información actualizada, consúltese etiasvisa.com.

Cómo desplazarse

La red regional combinada de trenes y autobuses Zou! es perfecta para viajar entre los principales centros turísticos. Para otras zonas, lo mejor es tener transporte propio.

PRECIOS

Alquiler
desde 48-60 €/día

Gasolina
1,90 €/l aprox.

Alquiler bici eléctrica
40 €/día

Billete de tren Niza-Marsella
desde 30,50 €

Bicicleta

Desde carriles-bici por la costa hasta puertos de montaña de nivel profesional, la región es ideal para los ciclistas. En la mayoría de las ciudades y pueblos grandes se pueden alquilar bicis de carretera y eléctricas. Niza, Mónaco, Marsella y Aviñón tienen redes públicas de bicicletas (normales y eléctricas) fáciles de usar.

Taxi y coche compartido

Aquí no siempre se puede parar un taxi por la calle, lo que nunca falta es una parada de taxis en la estación de tren. Uber es una compañía bien establecida en las ciudades más grandes, aunque puede dejar al viajero en Mónaco pero no recogerlo (cuestión que podría cambiar).

CONSEJO

La *app* para compartir coche BlaBlaCar nació en Francia y es la favorita del país para conectar a los conductores con viajeros que van en la misma dirección.

¡HUELGA!

El transporte público de Provenza y la Costa Azul es genial cuando funciona, que es el 95% del tiempo. Pero los franceses son muy dados a las huelgas, y lo primero que suelen verse afectados son los trenes y los autobuses (a veces con un solo día de advertencia). En estas ocasiones, siguen operando en un horario muy reducido y vuelven a funcionar normalmente al día siguiente. La mayoría de las huelgas tienen lugar en jueves.

A TENER EN CUENTA

Se conduce por la derecha.

Hay *priorité à droite* (la derecha tiene prioridad).

0,05

El límite de alcohol en sangre es de 0,05%.

130

Límite de velocidad

La velocidad en autopista es de 130 km/h en toda la región, excepto en los Alpes Marítimos, donde baja a 110 km/h. Hay que tener en cuenta las cámaras, las obras, los atascos y otros obstáculos; se puede calcular la mejor ruta mediante Waze, una aplicación de navegación basada en la comunidad.

Aparcamiento

Cada vez es más difícil aparcar en las grandes ciudades y en los destinos turísticos, aunque están surgiendo nuevas opciones de Park + Ride en las afueras. Muchas ciudades ofrecen aparcamiento gratuito con parquímetro de 30 min a 1 h, pero hace falta tique.

Hora punta

En las horas punta de la mañana y la tarde, puede haber atascos en las salidas de la autopista en torno a Aix-en-Provence y Tolón, entre Niza y Antibes, y en Mónaco. Entre Menton y Saint-Tropez, la emisora Riviera Radio (106.5 FM) informa sobre el tráfico en directo (en inglés).

Dinero

MONEDA: **EURO (€)**

Tarjetas de crédito y débito

Muchos negocios (pero no todos) aceptan pagos con tarjeta de crédito o de débito, aunque conviene llevar algo de efectivo, sobre todo en pueblecitos y mercados. Los negocios pequeños pueden solicitar un gasto mínimo para pagar con tarjeta. Los pagos sin contacto están autorizados hasta 50 €.

Pagos digitales

En Francia, cada vez es más habitual usar la billetera digital del teléfono para pagar (hasta 300 € aprox. por compra), pero interesa tener a mano un modo de pago alternativo (efectivo, tarjeta física) para cuando no esté disponible.

Cajeros automáticos

Los *distributedurs automatiques de billets* (DAB) abundan, sobre todo en las zonas más pobladas. Puede que se apliquen cargos bancarios al retirar efectivo (consúltese con el banco). En Francia, no es posible conseguir un reembolso de efectivo en supermercados u otros puntos de venta.

CUÁNTO CUESTA...

French Riviera Pass (48 h)
40 €

tumbona en la playa
20-50 €

barco de Ste-Maxime a Saint-Tropez
desde 8,40 €

entrada a un museo
gratis-20 €

Cómo ahorrar dinero

Al comer fuera
Se puede ahorrar pidiendo el *plat du jour* (plato del día) al mediodía. A menudo se combina con un entrante o un postre (o ambos) en un *menu du jour* (menú del día) a un precio similar.

Primer domingo del mes
Muchos museos estatales son gratuitos.

Transporte público
Si se hace más de un viaje en transporte público, los billetes multiviajes y los pases diarios son más baratos que los individuales.

CONSEJO LOCAL

Hay que tener siempre a mano monedas para pagar los lavabos públicos (entre 0,50 y 1 €), un café, un refresco o un billete de autobús.

PROPINAS Y REGATEO

En Francia no hay cultura de propinas. Tal y como indica la expresión *service compris* en la cuenta de restaurantes o cafeterías, ya está incluido el servicio (un 15%). Sin embargo, para agradecer una buena atención, son bien recibidas unas monedas de *pourboire* ("propina"), pero no es obligatorio.

En los mercados de antigüedades de Isle-sur-la-Sorgue, se puede regatear un poco. En todas partes los precios son fijos, excepto en los *brocantes* y los *marchés aux puces* (rastros y mercadillos).

Alojamiento

'Chambre d'Hôtes'

Ya sea rodeado de lavanda en el Luberon o de limoneros en Menton, las acogedoras *chambres d'hôtes* son el equivalente francés de los B&B: una casa particular que ofrece habitaciones. Suelen ser dobles, por lo que las familias deberán reservar dos. El desayuno está incluido y los servicios pueden variar; la piscinas y el aparcamiento son complementos habituales en Provenza.

'Gîtes'

Para vivir unas vacaciones provenzales de ensueño, nada como una *gîte* de piedra o una casa rural con cocina. Se suelen alquilar por semana en verano (o por menos tiempo el resto del año). Las hay de muchas formas y tamaños, desde graneros rústicos reconvertidos hasta amplias villas con piscina, casas adosadas y chalés de montaña.

Refugios y 'gîtes d'étapes'

Los excursionistas descansan en *refuges* (refugios de montaña) y *gîtes d'étapes* (casas de descanso) esparcidos por las montañas y junto a los lagos, cerca de los senderos más transitados. Las instalaciones son básicas (literas en dormitorios compartidos y duchas de agua caliente), pero a menudo se hacen amistades durante las cenas. Suelen cerrar fuera del verano o abren solo con reserva. Se recomienda reservar con antelación y llevar saco de dormir (para los refugios).

'Campings'

La acampada libre es ilegal en Provenza y la Costa Azul, pero hay muchos *campings*. Unos son parques vacacionales con casas móviles y discoteca nocturna; los *campings municipaux* ("*campings* municipales") pueden ser una buena opción si solo se busca una parcela llana para montar la tienda o aparcar la autocaravana.

CUÁNTO CUESTA UNA NOCHE EN...

una *chambre d'hôte*
€50-150

un refugio de montaña
20-30 €

un *hôtel de charme*
desde 110 €

'Hôtel de charme'

En Provenza abundan los *hôtels de charme*, hoteles íntimos e independientes con un aire rústico. Suelen implicar buen diseño, servicio personalizado y restaurante de calidad, en edificios singulares como mansiones, castillos, prioratos y *hôtels particuliers* (casas privadas) con jardines cuidados y anfitriones amables.

COSTES OCULTOS

Todos los proveedores de alojamiento (incluido Airbnb) están obligados a cobrar un impuesto turístico para el municipio. El importe depende de la calificación de la propiedad: suele rondar 1 € por noche en establecimientos de una estrella y 4 € aprox. en un cinco estrellas. Los *campings* tipo parque vacacional no suelen incluir sábanas ni toallas; si el viajero no lleva, puede pagar un suplemento por un paquete de ropa de cama. En las *gîtes* de alquiler no siempre las incluyen. Además, se suele aplicar una tarifa de limpieza al final de la estancia.

Viajar en familia

Relajarse en una tumbona en la playa mientras los niños juegan o tumbarse en la hierba en uno de los parques y jardines cerrados... Para los padres de niños pequeños, el estilo de vida al aire libre y la abundancia de sol de Provenza y la Costa Azul suponen una buena dosis de vitamina D.

Precios reducidos

Los menores de 4 años viajan gratis en los trenes y autobuses Zou! si se sientan sobre sus padres.

En muchos museos y monumentos estatales, la entrada es gratuita para menores de 12 años (y a veces hasta 18 años); siempre suele aplicarse una tarifa reducida a los niños. Interesa localizar las entradas familiares para dos adultos y dos niños.

Comer con niños

La mayoría de los restaurantes tienen un *menu enfant* ("menú infantil") para el almuerzo y la cena; suele costar entre 10 y 12 € e incluir una hamburguesa o pollo con patatas fritas, más una bebida y un postre. Las cenas rara vez se sirven antes de las 19.00. Las panaderías ofrecen *croissants*, *pains au chocolat* y otras delicias para merendar. Las abundantes heladerías, con su variedad de sabores, son un placer para todas las edades.

No es país para cochecitos

Las estrechas calles peatonales que encandilan a los fotógrafos son una carrera de obstáculos para los cochecitos. Las sillas pequeñas y ligeras (como las plegables que se llevan en los aviones como equipaje de mano) andan mejor en los adoquines.

Sin cambio

Las tablas para cambiar pañales son la excepción y sorprende encontrar un restaurante o una cafetería que las tenga. Hay que llevar un cambiador de viaje e improvisar. Los espacios para lactancia casi no existen.

PLANES CON NIÑOS

Musée Océanographique de Monaco (p. 96)
Cuatro plantas llenas de maravillas, que incluyen un atractivo acuario y un fascinante espectáculo multimedia.

St-Martin-Vésubie (p. 72)
Diversión de interior en el Vésubia Mountain Park y aventuras al aire libre en el majestuoso Mercantour.

Playa de Pampelonne (p. 107)
La mejor de la región con su larga curva de fina arena dorada.

Gorges du Verdon (p. 237)
Rafting, escalada, barranquismo y senderismo para que los adolescentes gasten energías en estos desfiladeros.

VIDA DE CAMPISTA

Acampar en Francia es mucho más que plantar una tienda de campaña. Por lo general, los *campings* son parques de vacaciones híbridos donde se puede montar la tienda, aparcar la caravana o reservar una casa móvil. Como todo el país parece emigrar hacia el sur en verano, la región ofrece un sinfín de opciones desde la costa hasta las profundidades de Provence Verte. Los *campings* son espaciosos y tienen piscina, restaurante y zona de juegos, y es fácil que los niños hagan amigos. En temporada alta, muchos tienen un club infantil entre semana dirigido por un equipo capacitado.

Salud y seguridad

ASISTENCIA MÉDICA

- En Francia proliferan las farmacias y siempre hay una cerca. Una cruz verde iluminada indica que está abierta. Es el primer lugar al que acudir para tratar cortes, picaduras de insectos, rasguños y quemaduras.
- La Pharmacie Riviera de Niza (66 Avenue Jean Médecin) está abierta las 24 h, 7 días a la semana.
- Se puede localizar una farmacia abierta en domingo en la web www.3237.fr.
- Se puede pedir una ambulancia llamando al 112.

Temporada de caza

La caza (*chasse* en francés) es el tercer deporte de Francia. La temporada va de septiembre a febrero. Se colocan carteles de *chasse en cours* en las pistas forestales para que los excursionistas sepan que hay una cacería, aunque quizá sea mejor dejar la excursión para otro día.

Incendios forestales

Más de un tercio de la región de Provenza-Alpes-Costa Azul está cubierta por bosques y el calor puede provocar incendios de principios de julio a mediados de septiembre. En verano se publican actualizaciones diarias sobre el riesgo de incendios en las redes sociales del departamento de Var (@Prefet83 en Facebook y X). La aplicación My Calanques también está actualizada.

EN LA PLAYA

No hay que dejar objetos de valor desatendidos cuando se entra en el agua. Atención a las medusas luminiscentes, especialmente en verano y otoño.

SEGURIDAD EN LA PLAYA

Bandera verde
Es seguro nadar

Bandera amarilla
Precaución; peligros potenciales en el mar

Bandera roja
No se permite nadar

Bandera púrpura
Contaminación u otro peligro

Roja y amarilla
Zona supervisada por socorrista si el puesto de primeros auxilios está abierto

Cuadros blancos y negros
Zona de deportes acuáticos; nadar con precaución

Delitos menores

Hay que vigilar bolsos y teléfonos, ya que abundan los carteristas, especialmente en zonas turísticas concurridas y en los trenes abarrotados de la Costa Azul durante el período vacacional. Hay que cerrar las puertas y ventanas del coche al conducir por las ciudades grandes, ya que se producen robos en semáforos en rojo. No hay que dejar nada valioso a la vista en los coches aparcados.

TORMENTA ALEX

En octubre del 2020, la tormenta Alex arrasó los pueblos de montaña de la Costa Azul, en particular los valles de Vésubie y Roya. Derribó casas y mató a 10 personas. La recuperación ha sido lenta, debido a los daños en la infraestructura vial que conecta estas poblaciones con la costa. En la reconstrucción de estos pueblos, el turismo es clave.

ARRIBA: MACRONATURA.ES/SHUTTERSTOCK ©; MÁS A LA IZDA.: RASTKO BELIC/EYEEM/GETTY IMAGES ©

Comida, bebida y fiesta

CUÁNDO COMER

'Petit déjeuner' (7.00-10.00) Los desayunos franceses son simples: una *baguette* tostada o un *croissant* con café.

'Déjeuner' (12.00-14.30) El almuerzo puede ser un bocadillo de *baguette* sobre la marcha o una comida en mesa con una copa de vino. Los restaurantes son estrictos con los horarios.

'Dîner' (7.00-22.00) La cena suele ser pausada y, por lo general, incluye tres platos (entrante, principal, postre) y, a veces, cuatro (queso).

Dónde comer

'Brasserie' Restaurante informal abierto todo el día, con carta de platos tradicionales.

'Snack' Comida económica. Puede haber un par de mesas, pero casi siempre es para llevar.

'Kiosk' Un puesto junto a la carretera, que a menudo sirve especialidades regionales como *panisse* y *pan bagnat*.

'Boulangerie' Panadería que vende panes y pastas.

'Pâtisserie' Pastelería que vende pasteles de todo tipo.

'Cave' Tienda de vinos; puede servirlos por copa.

'Bistrot de pays' Restaurante rural donde elaboran comidas con productos locales y gran relación calidad-precio.

DESCIFRAR LA CARTA

Entrée Entrante o aperitivo
Plat Plato principal
Dessert Postre
Plat du jour Plato del día
Formule Menú; también en panaderías
Carte Carta
Menu Menú de dos o tres platos
Fait maison Casero
Menu dégustation Menú degustación
Menu enfant Menú infantil (comida, postre y bebida)
Viande Carne
Fruits de la mer Marisco
Légumes Verduras
Glace Helado
Gâteau Pastel
Boisson Bebida
Pichet de vin Jarrita de vino
Bouteille de vin Botella de vino
Vin blanc Vino blanco
Vin rouge Vino tinto
Vin rosé Vino rosado
Pression Cerveza de barril
Démi Caña de cerveza (25 cl)
Carte des vins Carta de vinos
Eau plat Agua sin gas
Eau pétillante Agua con gas
Carafe d'eau Jarra de agua (gratis)
Soft Refresco

Cómo pedir un 'rosé'

Aunque en otros países se relaciona con los meses cálidos, en Provenza siempre es época de vino rosado. Es la región que desató el furor por el *rosé*. Se puede pedir *au verre* (por copa), *au pichet* (por jarra; 25/50 cl) o *à la bouteille* (por botella) en la *carte des vins* (carta de vinos). Un *pichet* cuesta menos, pero suele ser un vino más rústico. Nadie se extrañará si se piden un par de *glaçons* (cubitos de hielo) y es común tomar una *piscine de rosé:* una copa de vino rosado con mucho hielo (o también una *piscine de vin blanc*). Côtes de Provence es la mayor AOP (denominación de origen protegida) de la región. En la carta no suelen encontrarse muchos rosados de otros lugares.

CUÁNTO CUESTA...

un *croissant*
1-1,50 €

un café
1,50 €

una copa de vino
desde 3-5 €

una pinta de cerveza
7 €

una *pizza*
10-15 €

un *plat du jour*
10-15 €

una cena en un restaurante con estrella Michelin
desde 100 €

una bola de helado
2,50 €

Cómo beber 'pastis'

Pocas cosas hay más veraniegas en el sur de Francia que pedir un vaso alto de *pastis,* la bebida anisada nacida en Marsella. Para los puristas, solo se debe tomar *à l'ancienne*. Para prepararlo bien, hace falta una dosis de 20 ml en un vaso alto, una jarra de agua y una cubitera de hielo. Por cada parte de *pastis* se añaden cinco de agua para diluir la bebida. El líquido de color ámbar se vuelve opaco a medida que se mezcla con el agua. Los hielos se añaden al final; si se hace antes, se detiene la liberación de aromas (y los lugareños le tildarán a uno de *parisien*). El *pastis* se pide por marca; el Pastis 51 (Ricard) es el original, y para muchos sigue siendo el mejor.

Una vez dominados los conceptos básicos, se le pueden añadir *sirops*. Para un *mauresque,* se añaden 10 cl de sirope de *orgeat* (almendra) a la dosis de 20 cl antes del agua y el hielo. Un *perroquet* es verde gracias a una dosis similar de sirope de menta, mientras que *la tomate* se vuelve roja al combinarse con 10 cl de sirope de granadina. Los más atrevidos pueden cambiar el agua por Coca-Cola para conseguir un *pétrole* (también llamado *mazout*).

Cócteles

En toda Provenza, una nueva ola de destilerías artesanales está aportando su toque a esta bebida clásica. La Distillerie de la Plaine de Marsella organiza talleres de mezcla de *pastis* (cerca de Cours Julien). En Niza, no hay que perderse el *Pastis de Nice*.

CAFÉ, TÉ Y CAFÉ 'GOURMAND'

Cuando se pide un café, la mayoría de la gente asume que es un expreso, la forma ideal de empezar la mañana o de redondear una comida. Para un cortado, hay que pedir une *noisette.* La leche añadida al café (ya sea fría, calentada o espumada) suele ser ultrapasteurizada. La carta puede incluir también capuchino y *café crème* (con crema).

La cultura cafetera se está diversificando y cada vez es más fácil encontrar un *latte* o un *flat white,* además de café de calidad para llevar. Unos cafeteros australianos han instalado Lorgues Coffee Roasters en Var. Y no hay que perderse las cafeterías ciclistas de Niza (p. 65).

Convine visitar un *salon de thé* (tetería). El entorno suele ser bohemio-chic, con bebidas calientes y dulces servidos en platos de porcelana desiguales. Se elige entre una amplia selección de bolsitas de *tisanes* (infusiones). Encontrar un té inglés con leche es más difícil.

La carta de los restaurantes esconde un secreto dulce: una combinación de café y postre llamada *café gourmand.* Consiste en un expreso (o *noisette*) servido con una selección de minipostres de diferentes estilos, texturas y colores; un bonito plato ideal para comensales indecisos. El contenido del *café gourmand* cambia a diario, incluso en el mismo restaurante.

Turismo responsable

El cambio climático y los viajes

Es imposible ignorar el impacto que se deja al viajar, y la importancia de hacer cambios donde se pueda. Lonely Planet insta a todos los viajeros a responsabilizarse de la huella de carbono de su viaje. Hay muchas calculadoras por internet que permiten estimar las emisiones de carbono generadas por los viajes, por ej.: resurgence.org/resources/carbon-calculator.html. Muchas compañías aéreas y webs de reservas ofrecen a los viajeros la opción de compensar el impacto de las emisiones de gases de efecto invernadero contribuyendo a iniciativas respetuosas con el medio ambiente en todo el mundo. Lonely Planet compensa la huella de carbono de todos los viajes de su personal, aunque reconoce que es un atenuante más que una solución.

Un enfoque flexible

Por primera vez, la aplicación de navegación Waze está trabajando con la región de PACA (Provenza-Alpes-Costa Azul) para notificar a los usuarios si un sitio se está saturando de turistas y dirigirlos a una alternativa cercana.

Mejor playa

Se recomienda tumbarse en la Baia Bella de Beaulieu-sur-Mer, la primera playa neutra en carbono de Francia según Allcot. Paneles solares, agua reciclada, muebles de madera y limpieza del fondo marino son algunas de las iniciativas sostenibles aplicadas.

km 0

Se puede comer en restaurantes que se abastezcan de productores locales. Muchas cartas especifican la procedencia de sus ingredientes.

Mirada local

En Marsella, Niza y Cannes, algunos vecinos hacen de guías voluntarios, o *greeters* (p. 82), y muestran el lado menos conocido de sus ciudades. Es una experiencia gratuita, aunque se agradecen las propinas. Véase greeters.fr.

Escanea para reservar visita a pie.

Apoyar a los bistrós rurales

En un *bistrot de pays* se descubren los sabores locales a un precio excelente. Esta asociación nacida en los Alpes de Alta Provenza defiende los bistrós rurales en peligro de extinción. Los hay por toda la región. Véase bistrotdepays.com.

Escanea para encontrar un 'bistrot de pays'.

UNA ESTÉTICA CAMBIANTE

La extensión morada de los campos de lavanda en flor es muy representativa de Provenza, pero la imagen tiene que cambiar. Las hileras de lavanda con cultivos de cobertura intercalados apuntan a un futuro sostenible.

Toque verde

Pueden encontrarse alojamientos únicos y otras experiencias con Mercantour Ecotourisme (mercantourecotourisme.eu), una asociación que une alojamientos, restaurantes, productores y artesanos con mentalidad sostenible en el Parc National du Mercantour.

Sueños eléctricos

Hay puntos de recarga de coches eléctricos por toda la región, tanto en hoteles de cinco estrellas como en *campings* y redes públicas de Eborn (Alpes de Alta Provenza, Var), Wiiiz (Alpes Marítimos), larecharge (Bocas del Ródano) y Vauclus'elec (Luberon).

Energía solar

El restaurante marsellés Le Présage funciona al 100% con energía solar. Es más relajado que un restaurante formal, y la cocina es flexible y fresca. Pronto habrá una ubicación más permanente.

Refrescarse

Una puerta cerrada no implica que la tienda lo esté, especialmente en verano. Ante el aumento de los precios de la energía, las tiendas ahora están obligadas a cerrar sus puertas si quieren tener en funcionamiento el aire acondicionado.

Viajar en verde

Uber Green permite viajar en un vehículo eléctrico o híbrido por un pequeño suplemento.

Fuentes de agua

Se reduce el plástico de un solo uso llevando una botella reutilizable. En Niza, hay dispensadores públicos que ofrecen agua con o sin gas. La aplicación Free Taps (freetaps.earth) dirige a la fuente más cercana.

Escanea para encontrar la fuente más cercana.

No tirar nada

Descargando Too Good to Go (toogoodtogo.com) se encontrarán panaderías, supermercados, cafeterías y restaurantes que venden "bolsas sorpresa" o paquetes de comida a punto de caducar a precios muy reducidos.

Escanea para encontrar comida a bajo precio.

Llevarse la basura

Después de visitar las islas de Lérins, hay que llevarse la basura de vuelta. Las dos islas que hay delante de Cannes no tienen contenedores desde que los desperdicios turísticos provocaron la proliferación de ratas.

WEBS

laclefverte.org
Web de referencia internacional sobre alojamiento sostenible.

bienvenue-a-la-ferme.com
El alojamiento, la comida o la visita ayudan a un agricultor independiente.

blablacar.com
App de viajes compartidos, muy popular en Francia.

Comunidad LGTBIQ+

Los franceses siempre han respetado la privacidad de cada cual. Esta actitud de *laissez-faire* hace que Francia sea uno de los países más respetuosos con las personas LGTBIQ+. La bandera arcoíris ondea ampliamente en Niza y con más discreción en Marsella. También hay bares gay en Cannes, Aix-en-Provence y Aviñón. Las zonas rurales tienden a ser más conservadoras que las ciudades.

Eventos de Niza

Niza es el centro de la comunidad LGTBIQ+ en la región; se recomienda planificar la visita para que coincida con alguno de sus eventos.

El brillo y el confeti cubren Niza en febrero durante el primer carnaval *queer* de Francia, **Lou Queernaval,** con bandas, bailarines, carrozas y *drag queens*.

El festival de cine *queer* **Rencontres In&Out** dura una semana en abril. Hay ediciones de otoño en Cannes y Tolón.

Las multitudes recorren las calles principales de Niza en el **Pink Parade** (Orgullo), en julio.

Se ha de vestir de blanco en la bulliciosa fiesta callejera **Dolly Party** del Centre LGTB de Niza, en agosto.

MONACO PRIDE

Inaugurado en el 2022, es un evento formal al que le falta un toque excéntrico, pero supone un paso: en el 2022, la Comisión Europea contra el Racismo y la Intolerancia (ECRI) apercibió al principado por diferencias injustificadas en el trato entre parejas del mismo sexo y heterosexuales.

Lugares abiertamente gais

Rue Bonaparte, pintada con los colores del arcoíris, es la sede LGTBIQ+ de Niza. Marsella, a pesar de la gran cantidad de bares, saunas y restaurantes gais, carece de un barrio gay. De hecho, el primer centro LGTBIQ+ de la ciudad abrió sus puertas en el 2023. El panorama musical alternativo es antifascista y *queer-friendly*.

IRISÉE NATURELLEMENT EN NIZA

Se pueden identificar los restaurantes y hoteles gais de Niza por el distintivo Irisée Naturellement ("naturalmente iridiscente"). Se recomienda consultar la guía gay de la ciudad (explorenicecotedazur.com/en/prepare-your-holidays/my-nice-cote-dazur/gay-friendly) para obtener una lista de locales, tiendas, teatros, bares, clubes, saunas y clubes de *cruising*.

Otros eventos

En junio, los desfiles del Orgullo de la **Marche des Fiertés** ocupan Arlés, Tolón y Aviñón. El Pride Marseille de julio tiene ya 30 años; el día de celebración va precedido por dos semanas de debates, exposiciones, talleres y espectáculos.

Los espectáculos *queer* suben al escenario en el **Festival Off de Aviñón** (verano).

El festival de cine LGTBIQ+ **ZeFestival** (otoño) invade las pantallas de Niza, Marsella, Tolón, Aviñón y Seillans.

Accesibilidad

Viajar por Provenza y la Costa Azul aún plantea desafíos de accesibilidad, aunque se hacen esfuerzos para que el turismo sea más inclusivo. Muchas oficinas de turismo publican una guía de movilidad. En Mónaco hay un mapa de la extensa red de ascensores para moverse por el montañoso principado.

Calles adoquinadas

Los pueblos medievales y los cascos antiguos se caracterizan por calles adoquinadas irregulares no adaptadas para sillas de ruedas. Las aceras asfaltadas a menudo se convierten en plazas de aparcamiento o terrazas de restaurantes.

Aeropuerto

Los aeropuertos de Niza-Costa Azul y Marsella-Provenza ofrecen una amplia gama de servicios para los viajeros que requieren asistencia; hay que notificar a la compañía aérea las necesidades al menos 48 h antes de la salida.

Alojamiento

Los ascensores y las habitaciones accesibles son más difíciles de encontrar en hoteles antiguos y pequeños B&B. La web Gîtes de France (gites-de-france.com) filtra los B&B y los alojamientos por accesibilidad.

TREN

Para viajar en tren, se puede organizar una asistencia especial a través del servicio Zou! Accès Plus (zou.maregionsud.fr/en/accessibility). Es imprescindible reservar con 48 h de antelación. Los anuncios de audio avisan a los pasajeros de las próximas paradas.

Alquiler de automóvil y traslados

Se pueden alquilar coches adaptados para toda la estancia con Libertans (libertans.com). La flota de vehículos adaptados de MCMobility (monaco-mobilites.wixsite.com) proporciona traslados al aeropuerto y a la estación de tren.

Autobús y tranvía

El servicio de movilidad de Ligne d'Azur ofrece un autobús bajo demanda en Niza y poblaciones cercanas, incluidas Villefranche-sur-Mer, Èze, Vence y la zona del Vésubie. La mayoría de los autobuses y todos los tranvías tienen rampa retráctil. Véase mobilazur.org.

GRAN PREMIO

TEl Automobile Club de Mónaco reserva una tribuna para espectadores con movilidad reducida para ver el Gran Premio, el ePrix y el Gran Premio Histórico de Mónaco. Se requiere preinscripción a través de la Association Monegasque Handicapes Moteurs (AMHM; amhm98.com).

WEBS

tourisme-handicaps.org
Hoteles, restaurantes, operadores turísticos, rutas de senderismo y sitios naturales accesibles se agrupan bajo la etiqueta Tourisme & Handicaps.

visitmonaco.com
El folleto Access Monaco cubre aspectos prácticos como desplazamientos, alojamiento e itinerarios sugeridos por todo el principado.

info.urgence114.fr
114 es el número de emergencia francés para sordos y personas con problemas de audición. Hay que enviar un mensaje de texto, visitar la web (info.urgence114.fr) o descargar la *app*.

Mercado provenzal.

Visitar los mercados

Los mercados, bulliciosos y llenos de colores, aromas y sabores, son un ingrediente esencial de la vida en Provenza y la Costa Azul. Además de ser el lugar donde llenar el cesto de productos frescos para la cocina, el mercado es un acto social, una oportunidad para ponerse al día con vecinos y amigos y escuchar chismes. Lo mejor es la posibilidad de comprar productos de temporada; todo lo ecológico está más caro. Algunos mercados funcionan a diario; otros, una vez a la semana.

De temporada

La lista de la compra se confecciona en torno a las especialidades de temporada: en verano, melones dulces de Cavaillon y jugosas fresas de Carros; en invierno, potentes trufas de Carpentras y castañas confitadas de Collobrières.

Hora de comer

Los mercados de abastos cubiertos son un tesoro de delicias culinarias a la hora del almuerzo. Son ideales para probar platos regionales a precios asequibles cocinados al momento. Se puede comer en el Marché de la Condamine de Mónaco o comprar para llevar en el Marché Forville de Cannes.

Qué hacer en el mercado

- **Madrugar para triunfar** Llegar temprano. No antes de las 8.00, cuando están montando los puestos, sino sobre las 9.00 o 9.30 para poder elegir los mejores productos. Los vendedores empiezan a recoger cuando se acerca la hora del almuerzo. A las 13.00, tal vez no quede ni rastro del mercado.
- **Bolsa** Llevar una propia, ya sea un cesto, una bolsa de lona o de supermercado reutilizable.
- **Efectivo** Llevar dinero suelto; los puestos que aceptan tarjetas suelen pedir un gasto mínimo.

Qué no hacer en el mercado

- **No tener miedo de pedir consejo** Dejar que el vendedor elija la fruta y la verdura. Lo mismo ocurre con las sugerencias de presentación y los consejos de cocina para pescado, carne y quesos.
- **Regatear** Solo en mercados de antigüedades y mercadillos, no en el resto.

TIPOS DE MERCADOS

'Marché provençal' Además de frutas y verduras, se puede comprar *tapenade*, quesos y embutidos, flores, un sombrero o una camisa de lino.

'Marché des producteurs' Mercado de agricultores donde reina el producto de proximidad.

'Marché de nuit' (o *marché nocturne*) Cobra vida cuando el sol empieza a ponerse. Se vende artesanía local entre gastronetas y música en directo.

'Marché à la brocante' Mercado de antigüedades donde puede comprar un recuerdo único; en Cours Saleya de Niza, junto a los canales de L'Isle-sur-la-Sorgue.

Lo esencial

HORARIO

Los bancos abren sobre las 9.00, cierran para el almuerzo (al menos 1 h entre 12.00 y 14.00) y por la tarde cierran a las 17.30 o 18.00. Pueden cerrar los lunes.

Las tiendas abren a las 10.00 y cierran sobre las 19.00. Las *boutiques* pequeñas a veces cierran al mediodía.

Las tiendas que no están en centros comerciales cierran los domingos.

Los supermercados suelen abrir los domingos por la mañana.

Fumar

Está prohibido fumar dentro de restaurantes, cafeterías y bares, en el transporte público y cerca de los bosques en verano. Ciertas playas ahora son espacios libres de humo.

Lavabos públicos

Hay que llevar dinero suelto para pagar los baños públicos (0,50 o 1 €). En las cafeterías, se puede pedir algo para poder usar el baño.

INFORMACIÓN ÚTIL

Zona horaria
GMT+1

Prefijo nacional
33

Urgencias
112

Población
5,1 millones

Electricidad 230 V/50 hz

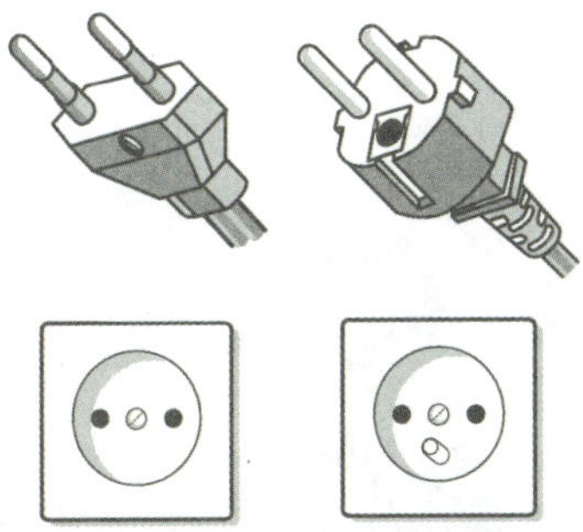

Tipo C
220V/50Hz

Tipo E
220V/50Hz

Pesos y medidas

Francia utiliza el sistema métrico decimal. Los decimales se indican con comas y los miles, con puntos.

FIESTAS OFICIALES

El Viernes Santo y el día de San Esteban no son vacaciones públicas en **Provenza y la Costa Azul.**

- **Año Nuevo** 1 enero
- **Domingo y Lunes de Pascua** Finales marzo/abril
- **Día de los Trabajadores** 1 mayo
- **Día de la Victoria en Europa** 8 mayo
- **Día de la Ascensión** Mayo (40 días después de Pascua)
- **Pentecostés** Entre mediados mayo y mediados junio (7° domingo después de Pascua)
- **Día de la Bastilla (Fête Nationale)** 14 julio
- **Asunción de María** 15 agosto
- **Todos los Santos** 1 noviembre
- **Día del Recuerdo** 11 noviembre
- **Navidad** 25 diciembre

Mónaco comparte algunas fiestas oficiales con Francia, pero no todas. He aquí algunas diferencias:

- **La Sainte Dévote** 27 enero
- **Jueves de Corpus Christi** 60 días después de Pascua
- **Día Nacional de Mónaco** 19 noviembre

PARA SABER MÁS

Nuestros redactores profundizan en diferentes aspectos de la vida de Provenza y la Costa Azul.

Les Arènes, Arlés (p. 267).

UNA HISTORIA DE PROVENZA Y LA COSTA AZUL EN 15 LUGARES

Pinturas rupestres prehistóricas, grandes anfiteatros romanos, palacios papales, edificios de la *belle époque* y maravillas arquitectónicas modernas. En muchos sentidos, Provenza y la Costa Azul son como un gran museo al aire libre. ¿Quién quiere embarcarse en una fascinante aventura que abarca más de 3000 años? *Por Chrissie McClatchie.*

ESTE ES UN RINCÓN DEL MUNDO que transporta a los libros de historia, empezando por una losa de amonitas fosilizadas de 200 millones de años expuesta para la eternidad en los Alpes de Alta Provenza. Después de eso, los misteriosos grabados rupestres del Vallée des Merveilles pueden parecer modernos, pero datan de entre los años 1800 y 1500 a.C. Los griegos, que fundaron Marsella en el 600 a.C. y trajeron consigo aceitunas y uvas para hacer vino. Los romanos no se quedaron atrás y dejaron la huella de su grandeza en pueblos y ciudades de toda la comarca.

En la Edad Media, gran parte de la población huyó a las montañas y se refugió en pueblos de gruesos muros que ofrecían protección contra los invasores. El Papado cambió Roma por Aviñón. Siguieron guerras y plagas, y Napoleón marchó por toda la región para reclamar su trono en París. Luego llegaron los primeros turistas en busca del sol de invierno en la Costa Azul. Tanto si al viajero le interesan las historias de los primeros humanos como episodios más recientes de emperadores hambrientos de poder, personajes de la *belle époque* o encantadoras tradiciones rurales, Provenza y la Costa Azul despertarán su interés.

1. Réserve Géologique de Haute-Provence

CUANDO LOS MARES CUBRÍAN LA TIERRA

Hace más de 100 millones de años, los Alpes estaban cubiertos por un vasto mar templado. Hoy, 230 000 Ha de la cordillera están incluidas dentro de la reserva geológica protegida más grande de Europa: la Réserve Géologique de Haute-Provence. Si bien se extiende por tres departamentos de Provenza (Alpes de Alta Provenza, Var, Altos Alpes), su lugar más emblemático está a las afueras de Dignes-les-Bains, en los Alpes de Alta Provenza. La pared conocida como La Dalle aux Ammonites ("la losa de las amonitas") es una maravilla geológica, con más de 1500 conchas de amonita de hace 200 millones de años; el espécimen más grande mide 70 cm de diámetro.

Para ver las amonitas de la Reserve Géologique de Haute-Provence, véase p. 234

2. Vallée des Merveilles

ARTE ANCESTRAL

Más de 40 000 misteriosos petroglifos (imágenes talladas en la roca) cubren las piedras rojas del Vallée des Merveilles y dan nombre a este estrecho desfiladero: el "Valle de las Maravillas". Se desconoce la identidad de los artistas, pero es indudable la importancia de estos grabados prehistóricos de animales, armas, herramientas e incluso personas, para hacerse una idea de la vida en la región en la Edad del Bronce. Para hacerle justicia, se le deben dedicar un par de días; dado que solo se puede acceder con un guía cualificado, es uno de los pocos sitios vírgenes de la Costa Azul.

Para saber más sobre el Vallée des Merveilles, véase p. 74

3. La Arlés romana

"VENI, VIDI, VICI"

Arelate (Arlés) debe su antigua prosperidad a Julio César, que elevó el estatus de la ciudad como recompensa por su apoyo cuando sus tropas saquearon la cercana Marsella (49 a.C.). Como correspondía a su nueva condición, Arlés acogió eventos de la alta sociedad, como combates de gladiadores, carreras de cuadrigas y representaciones en su anfiteatro de 20 000 plazas y su teatro de 12 000. El anfiteatro, conocido como Les Arènes, inspirado en el Coliseo de Roma, es el monumento romano más grande de Francia. A una manzana está el Théâtre Antique; varios siglos de saqueos le han pasado factura, pero sigue siendo un escenario majestuoso para los eventos de verano.

Para seguir los pasos de los romanos en Arles, véase p. 164

4. Théâtre Antique, Orange

PAX ROMANA

Luis XIV llamó al Théatre Antique de Orange "la muralla más bella de mi reino", pero sus orígenes se remontan al Imperio romano, en concreto al reinado de Augusto (27 a.C.-14 d.C.), que encargó su construcción. Era un escenario magnífico, digno de un emperador, construido para albergar a 10 000 espectadores. La acústica natural es tan excelente que incluso los que estaban en las esquinas más alejadas podían escuchar lo que ocurría en la escena. En siglos posteriores, fue saqueado y utilizado como prisión y como refugio. Hoy, está bajo la protección de la Unesco y vuelve a acoger actuaciones de verano.

Para retroceder en el tiempo en el Théatre Antique de Orange, véase p. 194

Palais des Papes (p. 186).

JAN ZABRODSKY/SHUTTERSTOCK ©

5. Monastère Notre-Dame de Clémence de la Verne, Collobrières

UN REFUGIO DEL MUNDO

A 1 h de Saint-Tropez, pero a un mundo de distancia de las cámaras de los fotógrafos, este monasterio del s. XII se eleva sobre una cresta del macizo de Maures, rodeado de poco más que castaños y robles. Se dice que se construyó en el emplazamiento de un templo pagano a la diosa Laverna, que protegía a los bandidos que se refugiaban entre los pliegues frondosos de las montañas. Tres incendios en tres siglos diferentes no lograron expulsar a los monjes, pero la Revolución francesa sí. Pasarían casi 200 años antes de que otra orden religiosa lo ocupara de nuevo.

Para caminar por senderos con indicaciones, atravesando antiguos castañares, hasta el Monastère Notre-Dame de Clémence de la Verne, véase p. 128

6. Palais des Papes

JUEGO DE TRONOS

Una serie de siete papas nacidos en Francia pusieron a Aviñón en el mapa en el s. XIV, cuando hicieron de esta ciudad junto al río Ródano el centro del universo católico romano. Fue la sede del poder casi 70 años: durante el Gran Cisma (1378-1417), los papas rivales residieron en Roma y Aviñón, denunciándose y excomulgándose entre sí. La presencia papal aún se puede sentir en el inmenso Palais de Papes, el mayor palacio gótico de los construidos, como también en el preciado vino tinto que sale de las bodegas de la cercana Châteauneuf-du-Pape, residencia de verano del papa.

Para visitar el Palais des Papes, véase p. 186

7. Palais Princier de Mónaco

UNA HISTORIA DE AMOR DE HOLLYWOOD

El palacio de Le Rocher (el barrio más antiguo de Mónaco, que se alza sobre el Mediterráneo) es la residencia de los Grimaldi, la familia real de Mónaco y la más antigua de Europa. Entre estas paredes doradas, el príncipe Raniero III conoció a la actriz de Hollywood Grace Kelly en 1955. Pero esto es solo una parte de la historia que se explica en una visita a los ornamentados Grands Appartements, o Salones de Estado, la única sección de la residencia abierta al público. Los minuciosos trabajos de restauración siguen sacando a la luz los frescos renacentistas, ocultos durante siglos bajo capas de pintura.

Para admirar arte antiguo y nuevo en el Palais Princier de Mónaco, véase p. 94

8. Route Napoléon

EL INICIO DE LOS CIEN DÍAS

En febrero de 1815, Napoleón Bonaparte regresó a su tierra después de huir del exilio en la isla italiana de Elba. Desde Cannes, emprendió una ruta hacia los Alpes franceses y luego hacia París. Cuando llegó a la capital dos semanas y media después, recuperó el poder y retomó el mando militar. El camino de 325 km que hizo desde la Costa Azul hasta Grenoble está considerado uno de los grandes viajes épicos por carretera de Francia y pasa por destinos como el pueblo alfarero de Vallauris (inspiración para Picasso) y la ciudad perfumada de Grasse, para luego recorrer las llanuras alpinas de los Alpes de Alta Provenza.

Para descubrir los aspectos más destacados de esta ruta por la Costa Azul, véase p. 91

9. Casino de Montecarlo

HAGAN SUS APUESTAS

Si hay un ejemplo de un edificio que cambió el curso de la historia de una nación, es el Casino de Montecarlo. Este espectacular edificio de la *belle époque* se construyó en una meseta árida moteada de olivos y cítricos. Su inauguración en 1863 anunció la aparición de un nuevo destino para la élite europea. También supuso una nueva dirección para el pequeño principado mediterráneo, que hasta ese momento dependía de la agricultura como principal fuente de ingresos. Poco después de que el casino abriera sus puertas, se inauguró el igualmente lujoso Hôtel de Paris y nació el deslumbrante barrio de Montecarlo.

Para maravillarse con los deslumbrantes salones de juego del Casino de Montecarlo, véase p. 96

10. Barcelonnette

DE LOS ALPES A MÉXICO

A principios del s. XIX, una oleada de jóvenes abandonó los pueblos del valle de Ubaye en los Alpes de Alta Provenza para buscar una nueva vida en México. Encontraron el éxito en los sectores textil y bancario, y muchos regresaron a Provenza con mucho dinero para gastar. Construyeron grandes villas como testimonio visible de su riqueza. En Barcelonnette y Jausiers pueden verse unas 50 de ellas, construidas principalmente entre 1890 y 1930. En conjunto, estas elegantes residencias burguesas son conocidas en el valle como las "villas mexicanas".

Para conocer las villas mexicanas de Barcelonnette, véase p. 243

11. Niza

PASEO JUNTO AL MAR

Durante años, mucha gente se vio atraída por los inviernos suaves de la Costa Azul, desde aristócratas hasta artistas. Se pensaba que la luz del sol curaba la tuberculosis. Los visitantes regresaban cada año atraídos por los colores, la luz y el clima templado, y se dejaban ver en los amplios bulevares frente al mar y en las casas de juego de la *belle époque*. A finales del s. XIX y principios del XX, el invierno era temporada alta en Niza. El rico legado arquitectónico que queda ha conferido una nueva distinción a Niza: es conocida como la "ciudad de va-

Promenade des Anglais, Niza (p. 56).

TRAVEL-FR/SHUTTERSTOCK ©; DCHA.: BEGIR/SHUTTERSTOCK ©

Ménerbes (p. 216).

caciones de invierno de la Riviera francesa" y está declarada Patrimonio Mundial.

Para saber más sobre los edificios de Niza declarados Patrimonio Mundial, véase p. 54

12. Villa Ephrussi de Rothschild

ESTILO DE VIDA DE RICOS Y FAMOSOS

En la frondosa península millonaria de St-Jean-Cap-Ferrat está la Villa Ephrussi de Rothschild, una de las joyas de la *belle époque* de la Costa Azul. Este edificio rosado de dos plantas está lleno de ornamentados detalles arquitectónicos y rodeado de jardines bien cuidados. Se construyó como residencia de invierno para la baronesa Béatrice Ephrussi de Rothschild en 1912. Las habitaciones están llenas de objetos de su colección personal de arte. Antes de su muerte en 1933, cedió la villa y todas sus colecciones a la Académie des Beaux-Arts, que la ha mantenido como un espléndido museo de la época.

Para visitar la Villa Ephrussi de Rothschild, véase p. 68

13. Auberge St-Martin

COCINA DE TRASHUMANCIA

Provenza tiene unas profundas raíces pastoriles. Todavía se practica la trashumancia (traslado de los rebaños a los pastos en verano). En el pequeño pueblo de La Brigue, en el noreste de la Costa Azul, el chef Patrick Teisseire está devolviendo el patrimonio culinario de la trashumancia a la cocina del Auberge St-Martin, su hotel y restaurante. Se llama *cucina bianca* por la naturaleza blanca de los ingredientes que en su día se recogían por el camino. Las recetas básicas incluyen *sügeli* (pasta con forma de concha) y se dan muchos usos al queso de leche de oveja.

Para disfrutar de un plato de sügeli *recién hecho en el Auberge St Martin, véase p. 76*

14. Ménerbes

'TOUJOURS PROVENCE'

Es la historia de siempre: los ocupados profesionales que viven en la ciudad lo dejan todo para abrazar la tranquila vida rural en otro país. Peter Mayle cambió su carrera publicitaria en Londres por una granja destartalada en el Luberon. El libro que siguió, *Un año en Provenza,* no solo puso en el mapa el tranquilo pueblo de Ménerbes (para luego ser imitado por numerosos escritores de viajes), sino que, además, su trabajo consolidó el idilio provenzal que sigue definiendo la región hoy en día, y atrae cada vez a más visitantes.

Para ver Ménerbes, el pueblo donde empezó todo, véase p. 216

15. LUMA Arles

PASADO Y FUTURO

La fachada cromada de Luma Arles se puede ver desde todos los ángulos; sus 11 000 paneles de acero inoxidable brillan bajo el sol del sur de Francia. La estructura diseñada por Frank Gehry se eleva hasta los 56 m de altura (es el edificio más alto en kilómetros a la redonda) y es una obra atrevida enfocada al futuro, en un lugar a menudo definido por su pasado, aunque el arquitecto se inspiró tanto en Vincent Van Gogh como en los romanos. El campus creativo es un nuevo centro para las artes, que promueve la reflexión sobre temas como el diseño sostenible.

Para adentrarse en el visionario Luma Arles, véase p. 161

CUANDO ITALIA INSPIRÓ A NIZA

Una ciudad con un pie en dos países. *Por Chrissie McClatchie*

NIZA ES LA PERLA DE LA COSTA AZUL, y durante años ha habido un tira y afloja entre Francia e Italia por hacerse con ella. Finalmente Francia salió victoriosa, pero la influencia italiana sigue siendo fuerte, desde la cultura de la comida callejera hasta las vistosas fachadas del casco antiguo.

La capital de la Costa Azul está a menos de 30 km de la frontera y desde Niza es más rápido ir en coche a Roma que a París; no es extraño que pueda parecer tan italiana como francesa. Se nota al recorrer los callejones sombreados de Vieux Nice, invadidos por cálidos tonos amarillos y rojizos de las fachadas italianizantes. Se saborea al morder una porción de *socca*, la delgada crep de harina de garbanzo que está relacionada con la *farinata* de Liguria. Y se escucha en los comerciantes, que cambian de uno a otro idioma, dependiendo de su clientela.

Poco más de 160 años separan a Niza de la época en que fue italiana a todos los efectos.

En dirección horaria desde arriba a la izda.: Vieux Nice (p. 54); monumento a Catherine Ségurane (p. 57); 'socca' (p. 61).

Una lección de historia

El tira y afloja de Nissa La Bella, como se conoce cariñosamente a la ciudad, tiene sus raíces a finales del s. XIV, cuando estalló una guerra civil en Provenza, desencadenada por una lucha de sucesión digna de una serie. En 1388, el condado de Niza juró lealtad a la Casa de Saboya, un condado del Sacro Imperio Romano Germánico, en un movimiento clásico de protección. Fue un acuerdo sólido para ambas partes: este ducado sin costa, que se extendía desde Ginebra hasta el norte de Italia, finalmente podría acceder a unos pocos kilómetros de litoral.

El territorio de los Saboya no era italiano, ya que Italia no se convirtió en una nación hasta 1861, pero la casa adquiriría tanto tierras como dominio en Piamonte a principios del s. XV. En el s. XVIII, un tratado anexionó Sicilia, aunque después se cambió por otra isla: Cerdeña. Un duque de Saboya, Víctor Manuel II, fue coronado como el primer rey de la Italia unificada.

Mientras expandían sus dominios, los Saboya estuvieron en momentos emblemáticos de la historia de Niza: principalmente en 1543, cuando lucharon junto a los nizardos al ser sitiada la ciudad por fuerzas francesas y turcas. Los invasores lograron tomarla (la actual Vieux Nice), pero no la ciudadela (la Colline du Château); cuenta la leyenda que fue gracias a una lavandera local, Catherine Ségurane, que noqueó a un atacante turco con su pala de lavar. Si se busca bien, aún se puede ver una bala de cañón en Vieux Nice.

En 1561, los duques cambiaron el idioma oficial de Niza del latín al italiano.

Vuelven los franceses

Los franceses siguieron insistiendo y la siguiente vez hubo un final diferente. En 1691, las tropas de Luis XIV se apoderaron de Niza y empezó la partida de pimpón: cinco años después la devolvió en virtud de un tratado, pero regresó en 1705 y esta vez arrasó la ciudadela, como demuestran las ruinas de la Colline du Château, visibles actualmente. En 1713, volvió a entregar Niza a Italia.

A finales del s. XVIII, las fuerzas revolucionarias francesas ocuparon Niza. Por primera vez, se permitió que la población tuviera voz en su soberanía. La votación fue a favor de la 'reincorporación' a Francia. El resultado fue el establecimiento del departamento de Alpes Marítimos, con capital en Niza.

LA LÍNEA FERROVIARIA RECIÉN CREADA SE DESPLEGÓ DESDE EL OESTE, TRAYENDO CONSIGO TURISTAS EN BUSCA DEL SOL DE INVIERNO. ASÍ NACIÓ LA MÍTICA COSTA AZUL.

Vías del tren y playa, Villefranche-sur-Mer (p. 64).

Pero la pelea no terminó aquí. Tras la abdicación de Napoleón, la ciudad fue devuelta una vez más a la Casa de Saboya en el Tratado de París de 1814. Y así se mantendría hasta 1860, cuando fue la recompensa para Francia por acudir en defensa del futuro rey italiano, Víctor Manuel II, contra la invasión de Austria.

Se celebró otro referéndum sobre si unirse o no a Francia, pero fue un mero espectáculo. Según la historia, el día de la votación no se vieron por ninguna parte las papeletas de "no".

Ese fue el último cambio, y la victoria para Francia no tardó en dar beneficios: cuatro años más tarde, la línea ferroviaria recién creada se desplegó desde el oeste, trayendo consigo turistas en busca del sol de invierno. Así nació la mítica Costa Azul.

Paseo artístico

Dando un paseo artístico por Promenade des Anglais, entre las esculturas que se ven están las imponentes 9 Lignes Obliques. Es una instalación que ha dividido a los nizardos: para algunos no es más que una colección de largas barras de metal oxidado; para otros, una obra maestra. Se instaló en el 2010 para conmemorar el 150 aniversario de la anexión de Niza en 1860. Las nueve líneas representan los nueve valles del Condado de Niza.

A solo unos minutos, en el Jardin Albert 1er (con vistas a la bahía de Anges), hay otro testimonio de esta historia. Se trata de una Victoria alada erigida en 1896 en lo alto del Monumento Centenario, esculpida en bronce y envuelta en una bandera francesa. La estatua conmemora la primera anexión de Niza en 1793 y la creación del departamento de Alpes Marítimos.

Parte francesa, parte italiana, 100% nizarda

En el siglo y medio transcurrido desde que volvió a manos francesas por última vez, Niza se ha convertido en la quinta ciudad más grande del país y la segunda más visitada. Los visitantes acuden no solo a la playa bordeada de palmeras, sino también a las numerosas plazas llenas de cafeterías para tomar un expreso por la mañana o una copa de *rosé* frío. Todo ello resume el relajado estilo de vida al aire libre de la ciudad. En los restaurantes, se puede disfrutar de un bufé libre de *moules-frites* o encontrar el mejor plato de pasta al pesto. La historia ha hecho de Niza el destino único que es hoy y ha creado un pueblo orgulloso e independiente, con ricas tradiciones y un idioma, el *niçois,* que todavía se enseña en las escuelas.

Pero esa es otra historia.

'Moules frites'.

POWERED BY LIGHT/ALAN SPENCER/ALAMY STOCK PHOTO ©

"LE MISTRAL GAGNANT"

El temible viento de Provenza. *Por Ashley Parsons*

EN EL PRIMER DÍA DEL MISTRAL, una sensación de tranquilidad recorre Provenza. Ha llegado el viento que se llevará la humedad y las nubes. Traerá consigo los cielos azules despejados y el sol brillante que definen el pintoresco paisaje provenzal. Los agricultores están contentos por lo que significa para sus cultivos, y la gente intercambia dichos y leyendas sobre el viento que han escuchado desde que eran pequeños.

El viento mistral, famoso por su ferocidad y persistencia, ha formado parte de la identidad provenzal durante siglos. La primera mención se remonta al año 700 a.C., cuando fue descrito como una "fuerza horrible". La tribu celta de los álbicos creía que el viento era el hijo del dios galo Vintur y una mujer álbica.

En una leyenda, los aldeanos encerraron al mistral dentro de una cueva con tablones de olivos centenarios, un árbol muy resistente al temperamento de ese viento. Cuando despertó, advirtió a la gente que, sin su presencia, la desolación caería sobre la tierra, los mosquitos infestarían sus campos, el agua se pudriría y la fiebre arrebataría la vida de niños y ancianos. Pero los aldeanos se mantuvieron firmes y dejaron al viento encerrado.

EL VIENTO MISTRAL, FAMOSO POR SU FEROCIDAD Y PERSISTENCIA, HA FORMADO PARTE DE LA IDENTIDAD PROVENZAL DURANTE SIGLOS.

Mistral (p. 34), Provenza.

MASLENKA/SHUTTERSTOCK ©

El mistral resultó tener razón. Durante una noche de debate entre los campesinos, el viento habló y se comprometió a mostrar clemencia si los aldeanos le concedían la libertad. Prometió no arrancar árboles frutales, llevarse tejados o destruir las cercas de los campos. Finalmente, acordaron liberar al viento.

Cuando retiraron el último tablón de la cueva, el mistral se precipitó y empezó a soplar con todas sus fuerzas. Los vecinos se quedaron congelados, sin saber cómo reaccionar. En-

tonces apareció un niño valiente, que le recordó al viento su promesa. Al instante, las feroces ráfagas disminuyeron.

En el segundo día del mistral

La ropa lavada ayer ya está guardada, y hoy la gente podría lavar las sábanas o incluso una alfombra. El viento incesante secará las sábanas mojadas en menos de 1 h. Pero al mediodía, empieza a llegar el cansancio.

El mistral, nacido de la convergencia de anticiclones y depresiones, es de naturaleza fría y árida. Barre toda la región con una velocidad media de 50 km/h, llegando a alcanzar ráfagas superiores a los 100 km/h. Con una naturaleza tan intrusiva, penetra incluso en las grietas más pequeñas, haciendo que se estremezcan puertas y ventanas. Los remolinos de arena recorren los campos, para frustración de los resignados habitantes.

PENETRA INCLUSO EN LAS GRIETAS MÁS PEQUEÑAS, HACIENDO QUE SE ESTREMEZCAN PUERTAS Y VENTANAS. LOS REMOLINOS DE ARENA RECORREN LOS CAMPOS, PARA FRUSTRACIÓN DE LOS RESIGNADOS HABITANTES.

La llegada del mistral a menudo genera reacciones encontradas. Si bien trae consigo fuertes ráfagas y un clima inestable, también limpia el aire, dotando de claridad y colores vivos al paisaje. El efecto refrescante del viento en los calurosos días de verano es bienvenido, ya que supone un respiro del sol abrasador. Desata una danza de emociones entre la alegría y la frustración, entre el agradecimiento y la molestia.

El viento parece recordar a los habitantes su interconexión con la naturaleza y los desafíos a los que se deben enfrentar. Mientras aúlla por las estrechas calles, el viento teje historias y lazos. Afecta a los aspectos de la vida de Provenza, donde la gente coexiste con las fuerzas de la naturaleza. Un simple viento moldea el carácter de la tierra y sus pobladores. La protección contra el mistral en Provenza llega incluso a influir en la arquitectura rural: el antiguo *mas* provenzal (casa de campo) suele estar orientado al sur y tiene pocas ventanas (normalmente pequeñas y en el lado norte).

En el tercer día de mistral

Es habitual encerrarse en el café del pueblo para esperar que se agote el viento. En toda Provenza, decenas de bares, estancos y bistrós llevan el nombre del mistral (en provenzal *lou mistrau*, "el maestro").

Este viento poderoso no solo da forma al entorno físico, sino que también desempeña un papel crucial en la viticultura de la región. La influencia del mistral en los viñedos es significativa y beneficiosa. Al soplar entre las vides, ayuda a secar las hojas, reduciendo el riesgo de enfermedades fúngicas como el mildiu. Este efecto de secado, combinado con la capacidad del viento para evitar el exceso de humedad, crea condiciones favorables para el cultivo de la uva. El mistral es un aliado natural de los célebres viñedos de Provenza y contribuye a la producción de vinos Côtes du Rhône de alta calidad, como los famosos Châteauneuf-du-Pape.

Frente a las implacables ráfagas, los provenzales se refugian en sus tradiciones. Las cafeterías y *brasseries* locales se convierten en santuarios donde los amigos se reúnen para compartir sus quejas con una copa de vino tinto o *pastis*. El tintineo de los vasos y la charla animada forman una sinfonía de frustración y resistencia, que se hace eco del espíritu de Provenza.

Haciendo un guiño al viento, al tiempo y a la nostalgia, el dueño del bar podría poner un disco de Georges Brassens, en el que se escucha "Le Chapeau de Mireille", con la esperanza de que esa noche el viento se calme y que tres días no se extiendan a seis.

Hay un dicho que reza: *"Le mistral qui dit 'bonjour' (débutant le jour) est là pour 3, 6 ou 9 jours, alors que celui qui dit 'bonsoir' (débutant le soir) est là jusqu'à demain soir"*. Es decir: "El mistral que dice 'buenos días' (empieza por la mañana) está aquí durante 3, 6 o 9 días, pero el mistral que dice 'buenas noches' (empieza por la noche) está aquí hasta mañana por la noche".

Pág. opuesta: viñedos, Châteauneuf-du-Pape (p. 188).

CALOR EN MARSELLA

En verano, Marsella se transforma con *la canicule* (ola de calor), y tanto marselleses como visitantes pasan tiempo al aire libre.
Por Michael Frankel

EL CALOR VERANIEGO TRANSFORMA la personalidad de Marsella y obliga a los vecinos a adaptarse a la vida al aire libre. Esta es una ciudad rebelde, donde la gente reclama las calles como propias. Cuando cae la noche, se quedan hasta tarde en las plazas abarrotadas o salen a los balcones y observan la vida de los demás en los estrechos callejones. Desde las calles adoquinadas se escucha el sonido íntimo de mil salas de estar: televisores, risas, conversaciones sobre música, el rechinar de las patas de la silla en las baldosas o de un tenedor en el plato. Todos estos sonidos resuenan desde las ventanas abiertas después de pasar un día sobre rocas y guijarros, al borde de las aguas agitadas suavemente por el Mediterráneo.

Verano en la ciudad

El calor obliga a las moléculas que nos rodean a vibrar más rápido a medida que la

Marsella (p. 136).

vida se ralentiza, alterando nuestros niveles de energía, nuestros patrones de sueño y lo que elegimos comer. Con el tiempo, empieza a definir quiénes somos. El calor afecta a cuerpo y mente cuando nos despertamos en mañanas tardías, escuchando el zumbido hipnótico y somnoliento de un ventilador. El edredón lleva mucho tiempo guardado, objeto olvidado e inimaginable. Extendemos la mano en busca de un vaso de agua y la idea de que algo toque nuestra piel es totalmente abominable; incluso la proximidad de otro cuerpo bronceado irradiando a nuestro lado puede ser excesivo.

EL CALOR AFECTA A CUERPO Y MENTE CUANDO NOS DESPERTAMOS EN MAÑANAS TARDÍAS, ESCUCHANDO EL ZUMBIDO HIPNÓTICO Y SOMNOLIENTO DE UN VENTILADOR.

Abrimos las persianas al cielo azul y la luz blanca, y pronto nos aventuramos al aire libre. El sol es abrasador y el calor se refleja en el hormigón, que ha absorbido tanto como ha podido. Es como vivir en un horno. La temperatura penetra en nuestra existencia de la misma manera que lo hace la gravedad: completamente.

'Calanques', Marsella (p. 146).

SUFIYAN GANGAT/SHUTTERSTOCK ©; MÁS A LA IZDA.: DEMAN/SHUTTERSTOCK ©

Pero estos veranos nos obligan a levantarnos agradecidos. Si se visita la ciudad en julio o agosto, hay que estar preparado para sudar. No se puede escapar del calor, incluso en interiores o a la sombra. Las gotas de sudor recorren todo el cuerpo y explotan a nuestros pies. El cerebro envía sangre a la superficie de la piel, regulando la temperatura para mantenernos frescos, vivos.

Tomamos duchas frías. Despertamos el cerebro reptiliano. Rociar agua sobre la cabeza y el cuello vigoriza. Iremos a la costa para observar a las multitudes que se postran en las rocas o las tumbonas de vivos colores. Al subir las temperaturas, la visión se vuelve sinuosa y el cerebro se confunde. Hace demasiado calor y, a veces, tomamos decisiones que pueden no parecernos propias. Es el punto en el que nuestra función cognitiva se vuelve lánguida con el sobrecalentamiento del cuerpo.

Quien no es de Marsella puede sorprenderse al ver los cuerpos esbeltos y bronceados al sol, semidesnudos o completamente desnudos. Cuerpos que desaparecen en las aguas para volver renovados, dorados, húmedos. ¿Adónde mirar? Se acaba normalizando. Hay una conexión pagana atemporal con todo: adorar al sol y sus efectos. Nuestra tarde se vuelve meditativa o incluso espiritual, y es como si nos convirtiéramos en una ofrenda a los dioses, ya que ola tras ola de calor infernal nos obliga a retirarnos a un mundo interior de gloria. Los pensamientos se alejan hasta que quedamos reducidos a una voz que dice: "¡Pero qué calor!". Seguimos incrédulos mientras damos un trago a una cerveza fría. Puede convertirse en un desafío, pero de nuestros poros fluye la limpieza de nuestro mundo interior, permitiendo que se vaya todo lo malo, todo lo no deseado. Podemos sudar tanto que es casi a nivel celular. Nuestro cuerpo es un universo en sí mismo.

Esperamos tanto como podemos antes de penetrar en el mar, incapaces de soportar más el sol que arde en la piel. Sumer-

girnos en el Mediterráneo puede parecer un renacimiento, con los colores del agua y toda esa quietud debajo. Es la oportunidad de dejarlo todo atrás, eliminar todo lo estático y conectar con la voz interior. Nos deja renovados, preparados para volver a desafiar el caos de la vida real, de vuelta a una ciudad sofocante de un millón de habitantes, cada uno con su personalidad; a una ciudad que es reactiva, provocativa, temperamental y salvajemente expresiva y audaz, nos guste o no. Una ciudad cuya personalidad se ha forjado a fuego.

Con un calor tan sofocante, no pasa nada si decidimos no hacer nada. Sería imposible esperar algo de nosotros en tales condiciones. La vida está en pausa. No parece haber ni futuro ni pasado, y solo existe el momento abrasador. Un largo y caluroso verano donde nuestras ambiciones se anulan, donde lo único que queremos hacer es tumbarnos en la playa con un grupo de amigos y reír durante días. Vivir el verano como si flotáramos en medio de una neblina. Todo se vuelve más sencillo y ligero, incluso lo que comemos.

LOS ESPACIOS QUE MÁS NOS GUSTAN, A LOS QUE ACUDIMOS PARA HUIR DEL CALOR, SON TAMBIÉN LOS QUE MÁS RIESGO CORREN. PRESERVAR LA NATURALEZA JUNTOS ES PRESERVAR TODA UNA CULTURA.

Los espacios que más nos gustan, a los que acudimos para huir del calor, son también los que más riesgo corren. Preservar la naturaleza juntos es preservar toda una cultura. En verano, está restringido el acceso a las *calanques,* así que es esencial descargar la aplicación Mes Calanques para informarse sobre el acceso a los espacios naturales más preciados. La aplicación nos anima a ser responsables, a informar de incidentes y hacer preguntas. El parque nacional se ha convertido en un polvorín, tan árido que una sola colilla y una llama avivada por el furioso mistral pueden destruir la biodiversidad de hectáreas de matorral.

Los efectos del calor en la ecología son los que más impactan cuando volvemos de la playa y vemos imágenes del fin del mundo en las noticias, con regiones enteras destruidas. Los informes meteorológicos se convierten en mapas rojos y signos de exclamación. Vemos familias que huyen, con lágrimas surcando sus rostros cubiertos de hollín. Vemos a la gente que lucha desesperada contra las llamas, mientras los aviones arrojan toneladas de agua y sustancias retardantes del fuego. Es tan habitual como el propio verano y aparentemente ineludible. Marsella ve las noticias mientras los medios alcanzan un punto de ebullición. Es una ciudad descuidada por el Estado, la más pobre de Francia y de las más pobres de Europa. El verano fue en su día el gran igualador, donde lo único que necesitábamos para sobrevivir era un sombrero y una bebida fría. Ahora amenaza con engullirnos a todos.

'Calanques' (p. 146), Marsella.

ALEXANDRE.ROSA/SHUTTERSTOCK ©

ÍNDICE

Páginas de los mapas **000**

Páginas de los mapas **000**

Páginas de los mapas **000**

Q

R

S

T

U

V

W

Z

Siempre es temporada de 'rosé' (p. 158) en Provenza y la Costa Azul.

El pueblo de Fontaine-de-Vaucluse (p. 205) es conocido por poseer el manantial kárstico más grande de Francia y el quinto de este tipo en el mundo.

IZDA.: MAGSPACE/SHUTTERSTOCK ©, DCHA.: SEBASTIEN COUTHURES/SHUTTERSTOCK ©

geoPlaneta
Av. Diagonal 662-664, 08034 Barcelona
www.geoplaneta.com - www.lonelyplanet.es

Lonely Planet Global Limited
Lonely Planet Global Limited, Digital Depot,
The Digital Hub, Dublín D08 TCV4, Irlanda
www.lonelyplanet.com
Contacta con Lonely Planet en: lonelyplanet.com/contact

Provenza y la Costa Azul
5ª edición en español - septiembre del 2024
Traducción de *Provence & the Côte d'Azur*, 11ª edición - mayo del 2024
© Lonely Planet Global Limited
1ª edición en español - mayo del 2010

Editorial Planeta, S.A.
Av. Diagonal 662-664, 7º. 08034 Barcelona (España)
Con la autorización para la edición en español de Lonely Planet Global Ltd
A.B.N. 36 005 607 983, Lonely Planet Global Limited, Digital Depot,
The Digital Hub, D08 TCV4 Dublín, Irlanda

ISBN: 978-84-08-28837-4
Depósito legal: B. 3.502-2024
Impresión y encuadernación: Macrolibros
Printed in Spain - Impreso en España